JN076290

「問う力」

を育てる理論と実践

問い・質問・発問の活用の仕方を探る

小山義徳・道田泰司編

ひつじ書房

前書き

　昨今、教育現場で教えられている内容が大きく変わろうとしています。具体的には、これまでの、知識暗記型の教育から、知識活用型の教育へとかじ取りが行われ、自ら問いを立て、自律的に考えることのできる人材を育成することが求められています。

　これまでに、授業における教師の発問について解説した本や、児童・生徒の質問スキルについて書かれた本がいくつか出版されています、しかし、理論的背景と教育実践の両方が1つの本に収まったものは実はあまり多くはありません。理論に偏りすぎており、実際の授業で具体的に何をしたらよいのか分からない本や、実践の紹介が主で理論の紹介がないため表面的にしか理解が進まない本もあります。そこで、本書は1つの本の中で理論と実践の両方を扱うことにしました。

第1部　問いに関する主な理論や歴史的背景

　本書の第1部では、理論や歴史を中心に「問い」に関する実践を4つ紹介しています。

　「第1章　質問研究の意義」では、章の前半で、「質問は分かった時に初めて生まれるものであること」や、「社会的相互作用の中でいかに「質問」が引き出されるか」について解説しています。章の後半では、「問いが生成されるメカニズム」について解説した後、「教師誘導型」（教師が児童生徒を誘導して問いを持たせる）と、「自由生成型」（児童生徒が自由に問いを生成する）の2つの実践を紹介しています。そして、章の最後では、「これからの質問の実践研究に向けて」と題し、「教師等学びの場をデザインする人自身が自ら仮説を構築し、それを実践して結果を検証し、自らの現場に役立つ理

論を構築していくこと」を提案しています。

　「**第2章　予習での問いをもとに授業理解を深める**」は、「予習における質問生成」ついて興味のある方におすすめの章です。この章では、まず、「物事の意味を理解しようとする志向が低い学習者」に「なぜ」質問を生成するよう指導しても形式的に「なぜ」をつけるだけの表面的な問いになってしまうことを報告しています。さらに、その対策として、予習の中で設定された問いに対して「解答を作成させること」、自分の解答に対する「自信度を評定させること」を行うと、学習者の注意が「問いに関連する情報に向くようになる」ことを報告しています。

　「**第3章　環境が授業における学習者の質問を引き出す**」では、冒頭で「学習者はなぜ質問をしないのか」と問いを立て、「教室で質問がなかなか出ない原因」を分析しています。そして、「質問づくり」を促す介入の仕方や、「教室で質問を引き出す方法」について具体的な事例を用いて解説しています。さらに、「質問を思いつくか否かに学級間差があるか」を「教室の目標構造」等の観点から分析しています。

　「**第4章　児童の問いに基づいた小学校道徳授業の展開―木下竹次と手塚岸衛の大正自由教育の実践を踏まえて**」の前半では、大正時代に「児童の問い」を中心にした教育を行った、木下竹次と手塚岸衛の実践を当時の資料を元に紹介しています。後半では、「泣いた赤おに」を題材に筆者らが行った、「児童の問いに基づく授業」の手順の詳細な説明と、その結果について述べています。小学校で、児童の問いに基づいた授業を行ってみたい方にぜひ読んでいただきたい章です。

学習者の「問い」は2つに分類できる

　本書では学習において生まれる「問い」を、「知識・技能の習得」において生まれる「問い」と、「探究に関わる学習」において生まれる「問い」の2つに分けています。

第2部 「知識・技能の習得」における「問い」

「知識・技能の習得」において生まれる「問い」に関しては以下の3つの章が対応しています。

「**第5章 批判的思考としての質問を重視した授業づくり**」では、前半において「質問」と「批判的思考教育」の関係について解説しています。そして、後半では、この章の筆者が行った、「質問生成を通して批判的思考を育成する実践」を2つ紹介しています。1つ目は、教科書を予習した際の疑問点を学生に書いてもらい、さらに講義の最後に質問を作ってもらう実践、2つ目は、受講生によって構成された発表グループが講義テーマに関連した発表を行い、それに対して聞き手のグループが質問を生成し、質疑応答を行う実践です。それぞれの実践について工夫した点、実践の振り返りが丁寧に記されています。

「**第6章 学習で生まれる問い、学習を進める問い―協調問題解決をとおした問いの創発**」では、学習者が自ら問いを見出すことを指導者が助ける、「問いの創発の支援」に着目しています。そして、学校外の科学教室において、協調問題解決活動を柱とした授業をデザインし、実践を行い、問いの発見・創発の実態を調べました。その結果、「教師が課題を提示し、解決させる」という、一見、問いの創発と矛盾するような授業において、児童生徒が「主題に関する理解を深めると共に、次の学びにつながる問いを自分たちで見出すことができた」ことを報告しています。

「**第7章 授業後の質問作成を通したアクティブラーニング―留学生を対象とした実践とその改善**」では日本語・日本文化を専攻する留学生を対象に、「歴史」の授業の中で、筆者が試行錯誤を重ねながら、学生に質問を生成してもらう実践に取り組んでいる様子が記されています。「何回目の授業でどのような指導を行ったか」が詳細に書かれており、日本人を対象にした質問生成の実践にも応用可能な、読み応えのある内容となっています。

第3部 「探究に関わる学習」における「問い」

「探究に関わる学習」において生まれる「問い」に関しては、3つの章が含まれています。

「第8章　問いに基づく探究的な学習とその実践」では、「探究に関わる学習」の中でも特に「課題設定」にフォーカスをあて、「問いを立てたり、問いを明確にしたりする過程を支援する実践事例」について解説しています。また、筆者が公立小学校の教諭と「自由研究の質を高める」ことを目的に夏休み前に行った2時間の特別授業の内容が、実際に使用したワークシートと共に詳細に解説してあります。そのため、小学校で「問い」に基づいた探究的な学習を実践したい方に役立つ内容となっています。

「第9章　大学での卒論・修論指導時における「問い」の役割」では、まず、前半で、大学における「初年次教育とアカデミックライティングの関係」や、「21世紀型能力と「問い」の関係」等について述べています。後半では、卒論・修論指導において「問いの型（テンプレート）を用いた「アカデミックライティング」の指導」の仕方を解説しています。探究学習における「問い」に興味のある方におすすめの章です。

「第10章　学会で質疑応答できる力を育成し評価する」では、内科医である筆者が、医学生が学会で「質問」するための3段階の指導法を提案しています。第1段階は学内の発表会における「質問振り返り表」の活用、第2段階は「質問評価表」の作成による質問の質評価、第3段階が「質問振り返り表」と「質問評価表」を用いた学会における実践です。また、筆者が開発した「質問振り返り表」や「質問評価表」といったツールを具体的に紹介しており、学会における質問力の育成はもちろん、職場や学校といった場面での質問力育成にも応用できる充実した内容となっています。

第4部　教師の「発問」について

本書では、教育において、教師の「発問」も学習者の「問う力」の育成に

おいて重要であると考え、「第4部　教師の「発問」について」には、4つの章を含めました。

「第11章　「学習者のつまずき」をもとに設計する国語授業―「深い学び」を促す教師の発問」では、「学習者のつまずきを踏まえながら授業の流れや発問を考えること」を提案しています。また、「なぜ」や「そもそも」といったことを自ら説明できる児童生徒の育成についても触れています。さらに、「コツを知り、体験し、自分の特徴を知るための発問」や「自分の考え方や生活と結びつけることを促す発問」、「自分自身の言葉で内容を分かりやすく説明することを促す発問」について、小学校国語を素材に具体的に提案しています。「ごんぎつね」、「わらぐつの中の神様」といった、著名な題材も取り上げられており、実践に役立つ内容となっています。

「第12章　わからないことがわかるための問い―授業補助者から授業者へ」は、「分かる」とは何か、「問う」と「尋ねる」の違い等、語の定義の違いから「問う」ことについて改めて考えることのできる章です。答えのない問いが遍在する人生を生きていくために、問いを考えていくことの有益さについて述べています。また、「誰に何を何のために問うのか」という観点から「問い」を分類して解説しています。さらに、正統派の「問い」と対比する形で、今まで学んだ事に基づいて、その科目の範疇を超えて「考える」ことを目的にした「問うてみた」という、新たな「問い方」を提唱しています。

「第13章　考えることが楽しくなる発問」において、小学校と中学校の元教員である筆者は、教師の発問は主体的、対話的で教科書を超えた深い学びへと子供を誘うと考え、発問を「子供の問いを教師の発言という形で代弁した発問」、「知識活用に関する発問」、「認知的な矛盾や見逃し等を顕在化させる発問」の3つに分け解説しています。さらに、「発問で育つ資質・能力」について解説した上で、「発問作成の視点」と共に、「発問の具体例」を多く示しており、小学校と中学校における実践にとても役立つ内容となっています。

「第14章　児童の気づきを自らの問いに変える英語の授業デザイン」は、小学校の英語教育において「問い」をいかに指導に生かすかに着目した章で

す。児童が生み出す「問い」を基に、「思考力・判断力・表現力」を涵養す
るための実践を紹介しています。外国語活動のプロジェクト型学習 (Project-
based learning: PBL) として、「ネームプレートを作るというアクティビティ」
を通した実践についての解説があります。また、他教科連携の例として、内
容言語統合型学習 (Content and language integrated learning: CLIL) として、
「コンピュータープログラムを通した英語活動」の中で、児童の問いがどの
ように生まれ、それをどう指導に生かしていくかについて書かれています。
問いに基づいた英語の授業をどのように展開したらよいかお悩みの方におす
すめです。

第 5 部 「問い」の理論と実践の整理

　「終章　質問実践の意義と方法—本書各章からの示唆」では、学習者が問
いを発することに関して、why（なぜ）、when（いつ）、how（どのように）、
what（なに）という 4 つの観点から、この本に載っている章を整理していま
す。特に「学習者の問い」にフォーカスをあてているため、「学習者に問い
を作ってもらうにはどうしたらよいか」、「学習者の問いを授業の中でどう生
かしたらよいのか」等に興味がある方は、この章から読まれると各章の概要
とつながりが把握できます。

コラムについて
　実際の教育現場で「質問」や「問い」を活用した実践がどのように行われ
ているかが分かるように、本書には現職の小学校、中学校、大学の教員が執
筆した 5 つのコラムが含まれています。

「コラム 1　児童の問いを元にした道徳授業の展開」のコラムでは、第 4 章
の著者でもある筆者が、「児童の問いを元にした授業」に込めた思いや、児
童の問いを元にすることで「予想外の展開」となった時には、「教師の思考
を児童が超えたということであるのだから、達成できなかったねらいについ

ては別日に再度、取り上げることで担保すればよい」等、実践上の問題への解決策として、実際に「児童の問いを元にした授業」を実践した著者が感じた課題について書いています。

「コラム2　沖縄県「問いが生まれる授業」」では、児童に「問い」を持ってもらうことは「難しく考える必要はない」と述べ、小学校の校長先生がいくつかの実践例を紹介しています。例えば、友達の考えや作品、作者の主張などに対して評価をする場面で「私ならこうする」と感じたとき、「なぜこうしなかったのだろう」「なぜそうしたんだろう」と、問いが生まれる。根拠を考えることは、「どうして〜といえるのか?」と問いを発することにつながると述べています。

「コラム3　生徒の問いに基づいた授業における教師の学び」では、中学校の技術科を担当する筆者が、「ペットボトル水稲栽培」の実践の中で、土の配合や肥料の量を生徒自身に検討させた実践について解説しています。その結果、上手く生育しない生徒だけでなく、稲が順調に育った生徒もなぜうまくいったのかが分からず悩み、両者の間に対話が生まれました。そこで、筆者は「学習者の「問い」は、自身の持つ理論では解決できない課題と出会うことから始まることに気が付いた」と記しています。さらにコラムには、筆者のユニークな実践である、生徒が考え問いを生みだす「ちばふ工場の改善計画」の実践について、授業に参加した生徒の感想文と共に、書かれています。

「コラム4　問いを活かした授業」では、共編者である道田が小学校の授業を紹介しています。その授業では、図形の問題を、小グループで児童に考えさせていました。そこでは、どのように考えて立式して答えを出すかの説明を小グループで考え、黒板に考えを書かせていました。その際に、先生からの「ある一言」により、「児童が疑問を出す機会が保証され」、児童から問いが出て深まる授業となりました。教員の指導の工夫により、「問いを活かした授業」が可能になることが伝わってくるコラムです。

「コラム 5　授業において問い続ける生徒を育てる仕掛けづくり」 のコラム
では、「単元冒頭で実験をしたり、現象やモノを見せたり、日常経験を想起
させたうえで、「単元を貫く大きな課題を教員から投げかける」ことで、生
徒の問いを引きだすことができることを述べています。また、「知識構成型
ジグソー学習」、「1 枚ポートフォリオ」、「問いを発しても許される文化づく
り」等、明日の授業からでもすぐに取り入れることができる実践例が満載
で、理解以外の科目を教える教員にも参考になる内容となっています。

　この本は、「問い」の研究している研究者や大学院生、教育現場で教えて
いる方を読者として想定しています。そのため、本書では学校場面に特化し
て、質問の理論と実践について解説しました。本書が「問い」を中心とした
実践の普及に貢献できましたら幸いです。

編者代表　小山義徳

目　次

前書き　　iii

第1部　問いに関する主な理論や歴史的背景

第1章　質問研究の意義
白水始・小山義徳　3
1. はじめに　3
2. 学びにおける質問の意味　4
3. 問いの生成に関する教育心理学の研究の概観と教育実践　8
4. これからの質問の実践研究に向けて　17

第2章　予習での問いをもとに授業理解を深める
篠ヶ谷圭太　23
1. 予習時の質問生成に着目した背景　23
2. 問題の意識化を促す介入　29
3. 問いの生成手順への介入　32
4. おわりに　37

第3章　環境が授業における学習者の質問を引き出す
生田淳一　41
1. 学習者は質問をしない　42

第 1 部

問いに関する主な理論や歴史的背景

第1章

質問研究の意義

白水始・小山義徳

1. はじめに

　質問 ── 問うこと ── は自他の考えや理解に不足感や違和感を抱き、さらなる説明や探究を求めたり、不理解や不同意・異議を表明したりする認知活動である。それゆえ、質問の意義は、個人や社会が学び続けるところにある。個人が自らの見つけた答えで満ち足りていれば、そこから先の学びは起きない。個人が先人から受け継がれた答えをただ覚えて適用することに自足していれば、社会的な変革など生じない。稲垣・波多野 (1989) の言葉を借りれば、文化の再生産でとどまり、創造が生じないことになる。

　そうだとすれば、質問を研究することの意義は、人がいかに自らの、そして社会全体の先端知を作り変えていくことができるかを明らかにするところにある。それを通じて、学びがどれほど自ら新しいものをつくり出す生成的で前向きなものになり得るかを明らかにするところにある。

　本書でも、質問を子どもたちにいかに出してもらうか、その質問を授業で教師がどう取り上げるか、教師自身がいかに発問するかなど、質問に関する理論的・実践的研究が数多く紹介される。そのいずれについても、質問の意義とその研究の意義を筆者自身がどう考えているかを読み解きながら、各章を楽しんでほしい。例えば、筆者が子どもの質問を「すぐ答えてあげて解消してあげるべきもの」と捉えるか、「子ども自身が引き受けて学びの主体として自主的に掘り下げていくべきもの」や「教員が大人として引き受けてクラスメート全員で深掘するにたる問いかを見極め提示すべきもの」と捉え

るかで、実践研究の方向性が異なる。そうした読み解きが読者のみなさんの
「学びにおける質問の意義」の理論的考察と、より豊かな実践につながるだ
ろう。

　そこで本章では、まず2節で質問に関する基礎的研究を押さえ、3節の教
育心理学研究の紹介をはさんで、4節で質問の実践研究の意義を検討する。
なお、1、2、4節は白水、3節は小山が分担執筆し、章内で建設的な批判を
行って読者の理解を深めることを狙った。

2. 学びにおける質問の意味

2.1　質問はわかって初めて生まれる

　問いはある程度物事がわかって初めて生まれてくる。

　例えば、読者の皆様も、学会や研究発表会において積極的に質問をするの
はベテランばかりという経験をなさったことがあるだろう。学会に入りたて
の若手は未知の話が多いだけに質問しそうに思えるが、自分の専門以外だと
そうはいかない。そこには、発表者との人間関係や慣れといった要因もある
だろうが、発表内容に関する既有知識が影響している可能性も考えられる。

　実際、Miyake and Norman (1979) は、人がどのようなときに質問するのか
を「予習の有・無」2条件×「教材の難・易」2条件で調べた。その結果、
予習した実験参加者が難しい教材で学ぶときや、予習していない参加者が易
しい教材で学ぶときなど、ある程度学ぶことと既有知識のギャップがあり、
何が知りたいかをわかる程度の準備状態があるときに質問が出やすいこと
を明らかにした。予習していない参加者が難しい教材を学ぶときは、知識の
ギャップが大きすぎて、何がわからないのかもわからないということだ。

　だから、授業の最後に児童生徒や学生から質問が出ないとしても、決して
授業がよくわかったためではなく、何がわからないかもわからないほど授業
が理解できなかった可能性があるということは肝に銘じておきたい。

　以上のことを逆に言うと、そもそも子どもたちの理解深化を十分促進して
おかないと、子どもが自由に問いを思いついてくれないということでもあ

る。その意味で、問いの量と質を学習の成果として評価することができる。分析できるだけの質問が集まれば、質問の形について、テキストに書いてある言葉をそのまま引用しているのか、自分で言い換えているのか、自分で考えてその理由まで付けて質問しているのかなど、何種類かのレベル分けを考えることができる。例えば、Bereiter (2002) は、電子的な学習支援掲示板上での生徒の投稿内容を分析し、そこに含まれる質問について、「レベル1：用語の定義」「レベル2：事実確認など一般的質問 (例：なぜこうなるんですか？)」「レベル3：提案を伴う質問 (例：私はこう思うんですけど、この考えはどうですか？)」「レベル4：自分で作った説明に基づく質問 (例：この原因からはこういう結果になると思うんですが、どうですか？)」というレベル分けを試みた。それによって、学習の進展に伴ってレベルの高い質問が増えるなど、内容理解の評価に質問という指標が使えることや、そのレベル変化を追うことで理解深化に効いた要因を明らかにできることを示した。

　平成20年告示学習指導要領における「関心・意欲・態度」や平成29年告示学習指導要領における「学びに向かう力」も、授業中の挙手など一般的な態度ではなく、授業後に生まれた質問を評価対象にすることを考えてよいだろう。その質問を学習者一人ひとりが「疑問帳」などの形で記録しておけば、それが教師の授業評価にも役立つし、学習者自身にとっての将来の学習のチャンスにもキャリア形成の資料にも使えるだろう。

2.2　質問は学びにつながる

　問いは次の学びにつながる特徴を持つ。

　プロジェクト学習 (Project Based Learning) や問題解決型学習 (Problem Based Learning) は、問いが学びを駆動するという性質をもとにしている。それゆえ PBL の問いを「駆動質問」と呼ぶこともある (三宅・白水 2003)。適切な駆動質問は、教員が提示したものであれ、学習者自身や仲間が思いついたものであれ、一問一答の学びではなく、持続的な探究学習を可能にし、好奇心を喚起し、長期保持できる知識や探究スキル、問題解決スキルの獲得を促し得る (Krajcik and Shin 2014; Hmelo-Silver 2004)。

　そもそも人が興味を持った問いへの答えをよく覚えて後に活用することを
示す基本的な実験として、Adams ら（1988）がある。「どんなゲームでも始ま
る前のスコアはゼロ対ゼロである」という事実だけを聞かされる条件と、「あ
なたはどんなゲームでもプレイが始まる前からスコアを予測できる」と聞か
されて、2秒のポーズを置いたのちに「なぜならスコアはゼロ対ゼロだから
である」と聞かされる条件とでは、後で「著名な超能力者ウリヤ・フラーは、
どんなゲームが始まる前にもスコアを予測できるという。その秘密は？」と
いった問いを聞かれたときに、後者の方が正解を答えられる。なぜなら、
ポーズ前の文が「なぜ？」という問いを聞き手に創り出して、それに対する
答えをポーズ後の文に探させるためである。これは一問一答の例だが、それ
でも「気の利いた」問いが Adams らの論文には並んでいる。
　探究学習で教師に求められる支援は、「よい質問の開発」と「コーチング」
「探究過程の足場掛け（scaffolding）」だが、この「よい質問の開発」が難し
い。問題解決の研究に比べて問題発見の研究がどの分野でも遅れており、現
場実践でも「よい問いの作り方や見極め方」のデザイン原則が立っていない
ためである。加えて、そこで起きる学びの評価に決め手がなく、何が起きれ
ば望ましい問いだったのかという振返りが甘くなりがちなためである。一般
的に「探究」を引き起こす際には、答えと解法が一意に決まるクローズド
エンドの問題よりも、オープンエンドの問題が好んで取り上げられる。しか
し、「マイクロプラスチックを減らして環境問題に貢献する」「地方の特色を
生かして地方創生を実現する」といった現実の真正な問題になるほど、そ
の問題の下位問題空間や必要となるリソース（既習や新規資料など）がコント
ロールできなくなり、期待した学びを起こすのが難しくなる。
　人の問いがいかに生まれ、次の学びにつながるかに関する知見が必要であ
る。例えば、Miyake（1986）は「ミシンの縫い目のでき方」をペアに考えさ
せる実験を通して、ある現象の仕組みの理解が、その仕組みを成り立たせて
いる下位の現象のメカニズムについての問いを生み出すことを明らかにして
いる。実験におけるペアの最初の説明は、上糸と下糸が絡み合って縫い目が
できるというレベルのものだったが、「端のない2本の糸がどう絡み合うの

か」という疑問や「ボビンが糸の端の役割を担っているのだとするとそのボビンは本体にどう取り付けられているのか」というさらなる疑問が生まれ、どのペアも数時間会話が続いた。ミシンの機能と機構の理解レベルに沿って発話を分析したところ、あるレベルの理解が次のレベルの不理解に繋がること、つまり、少しわかってくると次の疑問が生まれ、その疑問が解けると次のレベルの疑問が生まれる形で、理解が螺旋的に続く姿が見えてきた。逆に言えば、どのような説明や理解にも不足が存在することを示した。

　古くから知られている「ソクラテスメソッド」やトヨタの「Five Whys（何か問題に直面したら、「それがなぜ問題なのか」「解決はなぜ解決足り得るのか」など5回「なぜ」を繰り返して問題を分析する方法）」もこのような人の認知の特徴があるから、実効的なものと知られてきたのかもしれない。問いが次の学びに繋がる特徴を持つからこそ、そのような特徴を引き出す学びの場をデザインすべきだということになる。

2.3　質問は社会的相互作用で引き出される

　ここまで見たような「わかって初めてわからなくなり、わからなくなると次がわかりたくなる」というプロセスは協調場面で喚起されやすい。人が一人で考えている時は、自分なりの問いを設定し知識を総動員して答えを得ているため、その妥当性をチェックするリソースが残っていない。これに対して、考えを聞いてくれる他者がいると再検討のチャンスが生まれ、聞き手は聞き手なりの考えに基づいて不同意や批判を行いやすく、それが話し手の再考を促す。つまり、「わかって終わり」になり難くなる。それゆえ、上記のMiyakeの実験でも「建設的相互作用」と呼ばれる過程、すなわち、同じ問題を解いていても二人の理解過程が違い、だからこそ、わかっていない人の批判がよりわかっている人の理解深化に役立つ過程や、一人が問題解決に積極的に従事する課題遂行者の役割を取れば、もう一人がそれを見守るモニターの役割を取ることで苦境を脱する飛躍的な提案を行う過程が見えてきた。建設的相互作用が起きると、問いと答えのペアリングが限りなく連鎖することになり、参加者一人ひとりの理解が深化し得る。だからこそ、本書6

章の「知識構成型ジグソー法」の授業に見るように、児童生徒は授業後に次の授業に繋がるような疑問を生み出すだけでなく、授業中にも無数の質問を互いに生み出し、互いに投げ掛けながら自らの理解を深めていく。

　この螺旋的な深化はなかなか意識的には引き起こしにくいため、おそらくこうした協調的な場面での疑問生成を無数に繰り返す経験が「質問スキル」なるものの獲得には必要だろう。

3. 問いの生成に関する教育心理学の研究の概観と教育実践

　本節では、教育心理学の知見から、問いが発生する仕組みに関する知識欠如仮説（Knowledge deficit hypothesis）と知識対立仮説（Knowledge clash hypothesis）、目標―障害仮説（obstacle + goal hypothesis）の3つの仮説の解説を行う。その上で、「教師主導型」と「自由生成型」の2つの児童生徒の問いに基づいた授業実践を紹介する。

3.1　問いが生成されるメカニズム

　人はどのよう段階を経て問いを生成するのだろうか。この問いに関して、Dillon（1988）は人が命題または表象を知覚した後、新しく知覚されたものと、すでに知覚されたものを区別し、困惑した気持ちを経験することで「問い」が生まれ、質問をするとした。

　しかし、Dillon（1988）のモデルでは、人が問いを生む要因として「新しく知覚された命題とすでに知覚されている命題との区別」としか説明されていない。この点を認知心理学の観点から、より詳細に検討したのがメンフィス大学のグレーザー（A.C. Graesser）を中心とした研究グループである。彼らは、人間の質問生成に関して、知識欠如仮説（Otero and Graesser 2001）と知識対立仮説（Otero and Graesser 2001）、目標―障害仮説（Otero 2009）の3つの仮説を提唱している。

3.1.1　知識欠如仮説（Knowledge deficit hypothesis）とは

　知識欠如仮説（Knowledge deficit hypothesis）では、「与えられた情報の中に
欠落した情報がある」と受け手が知覚した際に問いが生まれると考える。

　例えば、「おばあさんが川に行くと大きな桃が流れてきました、おしまい」
という話があったとする。この場合は、読み手が期待している「話の結末」
に関する情報が「欠如」しているために、読み手の頭の中には、「桃はどう
なったのか」知りたいという疑念感が生まれ、「問い」が生起する。

　同様のことは「知らない言葉」に対しても起こる。例えば「桃太郎はヘケ
を使って鬼を退治しました」という文があった場合、多くの人の頭には「ヘ
ケとは何だろう」という問いが頭に浮かぶ。これは「ヘケ」に該当する情報
を自分が持ち合わせていないことに気づいたために起きた問いである。

　しかし、常に自分自身で知識の欠如に気づけるとは限らない。情報が欠如
していても、自分の頭の状態をモニターするメタ認知が十分に機能していな
い場合や、知っているつもりになっている場合は、「知らない自分」に気づ
きにくいからである。例えば、小学校の授業で、児童がクラスメートの前
で「夏休みの思い出」を話した際に、聞き手の児童に自由に質問させても、
一部の児童からしか質問が出ない場合が多い。しかし、教師が「いつ」、「ど
こで」、「誰が」、「何を」、「どのように」、「なぜ」、等が空白になっているワー
クシートを使って質問をするよう促すと、多くの児童が問いを作ることがで
きる。つまり、自分では何の情報が不足しているかに気づきにくいが、他者
から質問を喚起されると問うことができるのである。

3.1.2　知識対立仮説（Knowledge clash hypothesis）とは

　一見、知識欠如仮説で、人間の「問いの発生メカニズム」を説明できそう
だが、そう単純ではない。このことをクリアに示したのが、先述の Miyake
and Norman（1979）の研究である。Miyake らの研究では、初心者が難しい内
容のテキストを読んだ際に作成した問いの数と、熟達者が難しい内容のテキ
ストを読んだ際に作成した問いの数を比較した。

　知識欠如仮説に基づけば、知識が乏しい初心者が難しいテキストを読んだ

方が知らない情報が多くなるため、問いの数が多くなるはずである。しかし、結果はそうならなかった。熟達者が難しい内容のテキストを読んだ際に作成した問いの数の方が、初心者が難しい内容のテキスト読んだ場合よりも多くなったのである。これは、熟達者の方が、新しく学んだ知識と自分がすでに知っている知識と照合することができ、多くの問いを生んだからだと考えられる。このように、すでに持っている知識と新しい知識が対立する際に問いが生まれるとする仮説は、知識対立仮説（Knowledge clash hypothesis）と呼ばれている（Otero and Graesser 2001）。

　Costa, Caldeira, Gallástegui and Otero（2000）の研究では、実験参加者に雨雲の生成に関する資料を読ませ、どのような問いが生まれるか分析を行った。

　資料には「雲は水蒸気ではない」という記述があり、参加者から様々な問いが出た。読者の中にもこの文章を読んでいて「雲は水蒸気でできていないとすると、何でできているのだろう」と思い、調べたい気持ちになった方もいるのではないだろうか。これは、「雲は水蒸気からできている」という既有知識と、資料に載っている「雲は水蒸気ではない」という新しく得られた知識が対立（clash）したことによる。これが、知識対立仮説が主張する問いの生成メカニズムである。

　さらに、豊富な知識を持つ人の問いは、知識が少ない人の問いよりも質が高いことが知られている。例えば、Graesser and Olde（2003）らの研究では、「機械の不調」の原因を言い当てる課題を用いて、知識のある人の方が、解決につながる質の高い問いを生成したことを報告している。このように、知識のある人の方が、知識が少ない人よりも多くの問いを生み、問いの質も高いことが報告されている。

3.1.3　目標―障害仮説（Obstacle+goal hypothesis）とは

　一方、知識欠如仮説（Knowledge deficit hypothesis）と知識対立仮説（Knowledge clash hypothesis）を統合する形で、問いを生成する際の目標（goal）の重要性を指摘しているのが、Otero（2009）の目標―障害仮説

(Obstacle + goal hypothesis)である。この仮説では、「文章の内容を理解する」
等の目標をもっている際に、「この単語の意味がわからない」等、目標を達
成するうえで障害（Obstacle）となる出来事に遭遇した場合に問いが生まれる
と考える。

　目標―障害仮説は教育実践において重要な意味を持っている。教師の方向
づけによって、児童生徒が生み出す問いが変わる可能性があるからである。

　例えば、教師が「この文章の中に知らない単語はありませんか」と問え
ば、児童生徒のゴールは「知らない単語をみつける」こととなり、「○○と
はどういう意味か」という問いが多く生まれる。しかし、同じ資料を扱った
授業でも、教師が「この文章の中に矛盾している点はありませんか」と問う
と、児童生徒のゴールは、「論理的につじつまが合わない部分を探すこと」
となり、より深い文章理解を促すことになる。

　例えば、斎藤喜博の有名な実践で「森の出口」の解釈に関するものがあ
る。国語の教科書にある物語の一文に「あきおさんとみよ子さんはやっと森
の出口に来ました」という記述がある。この文にある「森の出口」がどこを
指しているのかの解釈をめぐって、児童の中で討論が行われ、「森とそうで
ないところの境目が出口である」という結論に至る。しかし、それに対して
斎藤は、「そんなところは出口ではない」と、児童の意見を否定し、児童が
あげたのとは別な場所を「森の出口」であると主張する。それに対して児童
は自分たちの解釈の根拠を示し、結果的に深い文章理解とともに、1 つの言
葉が多義的に解釈できることを児童は学ぶ。

　このように、児童自身がわかったと思っていた言葉の意味に対して、本
当は「わかっていない」（知識欠如：Knowledge deficit）ことを、教師が突き
付け、教師の意見と児童の意見が対立することで（知識対立：Knowledge
clash）議論が活性化し、児童の問いに基づいた実践が展開されている。ま
た、この実践例では「そんなところは出口ではない」という斎藤の一言を
きっかけに、「教科書に載っている文章の読み取り」というゴールから、「多
義的な解釈がある言葉の意味をはっきりさせる」活動にゴールが置き換わ
り、新たな問いが生まれることで、児童の文章理解が深化している。

3.2　児童生徒の問いに基づいた「教師誘導型」と「自由生成型」の2つの実践

　前節で解説した、知識欠如仮説(Knowledge deficit hypothesis)、知識対立仮説(Knowledge clash hypothesis)と目標―障害仮説(Obstacle+goal hypothesis)を応用することで、「児童生徒の問いに基づいた実践」が可能である。さらに、「児童生徒の問いに基づいた実践」を概観すると、大きく分けて、教師が児童生徒を誘導して問いを持たせる「教師誘導型」と、児童生徒自身が自由に問いを生成する「自由生成型」の2つに分類できる事に気づく。

3.2.1　「教師主導型」の児童生徒の問いに基づいた実践

　この形式の授業では、児童生徒が特定の問いを抱くように教師が導く。例えば、尾崎(2010)は児童が問いを生む以下の4つのズレを生かした授業展開を提唱しているが、定義に使われている文の動詞が「出会わせる」となっていることからも、教師が主導して児童に問いを持たせていることがわかる。

(1)友だちの考えとのズレ
　自分の考えと友だちの考えが異なる場面に出会わせることで現れるズレ。
(2)予想とのズレ
　自分が予想していた結果と実際の結果が異なる場合に現れるズレ。
(3)感覚とのズレ
　子供が持っている感覚とは異なるものに出会わせることで感じるズレ。
(4)既習とのズレ
　既習課題よりもジャンプした課題に出会わせることで感じるズレ。

　これらのズレを児童が体験することで問いが生まれることは、知識対立仮説でも説明できる。例えば、児童の頭の中に自分の意見があり、それが友達の意見と対立(clash)するために問いが生まれるのである。そのため、「自分

の意見を持たせる」、「予想をさせる」等をして、児童生徒の頭の中に概念を作り上げた上で、教師が新しい資料や実験結果を提示して児童生徒が持つ概念と対立させることで、児童生徒の「問い」に基づいた授業が可能となる。

複数の「ズレ」を活用した授業展開

　尾崎（2010）の 4 つのズレを複数組み合わせた授業展開も可能である。例えば、鏑木（2007）（本書第 13 章参照）は、理科の水溶液の単元で塩酸にアルミニウムを溶かす実験を扱った。まず、前日までに児童に教科書を予習してもらい、わからなかったところを書き出してもらった。

　授業当日は、最初に教師が塩酸にアルミニウムを入れる実験を見本として見せ、その後、児童がグループで実験を行った。ここからが、この実践のポイントなのだが、教師が「アルミニウムを溶かした塩酸にもう 1 枚入れたらどうなるか」と発問する。そうすると、児童の意見は「溶けると思う」と「溶けないと思う」という意見に割れる。そのあとで、児童は実際に 2 枚目のアルミニウムを塩酸に入れて確かめるのであるが、2 枚目のアルミニウムの溶け方は 1 枚目よりも激しい。ここで、児童は「なぜだろう？」と疑問を抱き、「温度計をつかってもよいですか」という声が児童から自発的に出て、探求的な学びが生まれる。

　この実践を上記「4 つのズレ」の観点から考えると、この実践には 2 枚目のアルミニウムが「溶ける」と「溶けない」という「友だちの考えとのズレ」があり、児童によっては「2 枚目のアルミニウムは溶けないと思っていたが溶けた」という「予想とのズレ」、1 度、反応があった現象は 2 度起きないという「感覚とのズレ」、最後に、予習した教科書では「1 枚目のアルミニウム」の様子しか扱っていないため「既習とのズレ」と、4 つのズレがすべて含まれている。そのため、児童から「問い」が生まれ、「知りたい」という気持ちが高まる。

　注意すべきは「児童生徒の問いに基づいた実践」において、教師の発問が禁止されているわけではないことである。鏑木の実践も、授業の中でカギとなる発問「アルミニウムを溶かした塩酸にもう 1 枚入れたらどうなるか」は

教師が発している。この問いをきっかけとして、児童の方から自発的な問い
が生まれ、探求的な学びにつながっているのである。 この実践を目標—障
害仮説に基づいて考えると、教師が発問することで、児童の知識対立が起き
る方向に、教師がゴールを設定していると言える。

3.2.2 「自由生成型」の「児童生徒の問いに基づいた実践」

　児童生徒が自由に問いを作成する実践もある。このタイプの実践では、児
童生徒が教材を元に自由に問いを作り、その問いを個人もしくはクラスで追
究していく実践が多い。例えば、湯澤 (2009) は、以下の3つの手順により、
児童生徒の「問う力」を育成した。

自己質問作成による活用力の向上

1. 単元ごとに児童生徒は教科書の内容に関連する質問とそれに対応する答
   えを、自己質問カードに書いて提出する。
2. 児童生徒は自分が作成した問いが、**(A) 学習内容を理解する問い**　例：
   「GDP とは何か」**(B) 学習内容を構造化する問い**　例：「なぜヨーロッ
   パの国々は EU を作ったのか」**(C) 学習内容を応用する問い**　例：「なぜ日
   本とマレーシアは自由貿易協定を結ぶのか」のどのタイプにあてはま
   るか考える。学習が不十分だと思う部分があれば、その箇所に関して
   (B)、(C) のタイプの問いを作成する。
3. 教師は児童生徒が作成した問いをチェックする。次の時間の冒頭に代表
   的な問いを取り上げ、意見を求めたり、解説を行う。

　湯澤によるとタイプ (C) の問いが児童生徒から自発的に出てくることは少
ない。そこで、湯澤は、まずタイプ (C) の問いの作り方のモデルを教師が示
した。国語の「枕草子」の授業において、「清少納言が現代にタイムスリッ
プしたら何を見て『いとおかし』というか」という問いのモデルを教師が提
示した。その結果、モデルを参考にして「視点を転換する類の問い」を作成
する児童生徒が増え、タイプ (C) の問いを作成できるようになった。

質問生成の技術（The Question Formulation Technique）

　また、Rothstein and Santana（2011）は、児童生徒の問う力を伸ばす実践として、質問生成の技術（The Question Formulation Technique）を提案している。彼らの実践では次の 7 つのステップを踏む。

　まず、第一ステップで、文章や写真、動画等、質問を作る対象を決め、第二ステップでは 質問を作る際の 4 つのルール（「できるだけたくさんの質問をする」、「質問について話し合ったり、評価をしたり、答えたりしない」、「質問を発言の通りに書き出す」、「意見や主張は疑問文に直す」）を紹介する。

　第三ステップで実際に質問を作る。第四ステップで、作成した質問を、「はい」や「いいえ」で答えることが可能な「クローズド・クエスチョン」と、答えるのに説明が必要な「オープン・クエスチョン」に分類する。そして、「オープン・クエスチョン」は「クローズド・クエスチョン」に、「クローズド・クエスチョン」は「オープン・クエスチョン」に書き換える。例えば、「江戸幕府が倒れたのは 1867 年ですか」というクローズド・クエスチョンは、「江戸幕府が倒れた原因は何か」と書き換える。第五ステップでは 作成した質問に優先順位をつける。第六ステップでは 優先順位をつけた質問をつかって、授業目標に沿った活動を行う。例えば、先ほどの「江戸幕府が倒れた原因は何か」という問いについて、グループで調べて発表する等の活動を行う。第七ステップでは、学習者自身に何を学んだのか、それを今後の学習にどのように生かせそうか等、振り返りをしてもらう。

エッセンシャル・クエスチョン（本質的な問い）の生成訓練

　McTighe and Wiggins（2013）は、「思考を刺激しさらなる疑問を生み、議論を引き起こし、その科目の内外で繰り返し問われる問い」のことを「エッセンシャル・クエスチョン（本質的な問い）」と呼んだ。例えば、「江戸幕府はなぜ倒れたのか」はノーマル・クエスチョンであるが、「権力を持っている体制はどのようにして倒れるのか」と尋ねると、江戸幕府だけでなくローマ帝国やモンゴル帝国の崩壊についても目が向く、時代を超えたエッセンシャル・クエスチョンとなる。

　小山（2019）は、学生がエッセンシャル・クエスチョンを生成できるように
なれば、自らの問いに基づいて学ぶ自律的な学習者の育成につながると考
え、大学生のエッセンシャル・クエスチョンの作成をサポートする実践を
行った。

　まず、エッセンシャル・クエスチョンを立てることで思考が深まり、物事
の本質について考えられるようになることを伝えた。次に、エッセンシャ
ル・クエスチョンを生成するトレーニングを行った。例えば、「三権分立に
おける3つの機関の名称は」と、ノーマル・クエスチョンだけを提示し、対
応するエッセンシャル・クエスチョンを考えてもらった（例「構造と機能の
関係は」）。4週間トレーニングを行った後、著者の教育心理学の講義を聞い
て思いついたエッセンシャル・クエスチョンを毎回の講義後に書いてもらっ
た。さらに、学生が自分で生成したエッセンシャル・クエスチョンを基に、
レポートにまとめて提出してもらった。このような実践を行った結果、「答
えが出ない問いについて考えるのはどうかと思う」という感想が一部の学生
から出たものの、学期末には「質問生成が難しい」と感じる学生の割合が減
少し、自分の考えた問いに基づいて考えることを楽しむ学生が増えた。

3.3　「教師主導型」と「自由生成型」に優劣はない

　一見すると、自由生成型の方が教師主導型よりも優れた実践であるように
思えるかもしれないが、この2つに優劣はない。通常は、知識伝達型の授業
や、児童生徒に問いを持ってもらう実践を教師主導で行い、1学期に数回、
児童生徒が自由に問いをもつ授業を行えばよいだろう。

　教師がいきなり「自由に問いを作りましょう」といっても児童生徒から質
の高い問いは出てこない。まずは、教師主導で児童生徒に質の高い問いとは
何かが伝わるモデルを示すことが必要である。そして、教師主導した問いを
モデルに問いの作り方を学びつつ、徐々に、児童生徒自身が自由に生成した
「問い」に基づいた学びができるようになればよいのではないだろうか。

知識がなければ問いは生まれない

　知識欠如仮説、知識対立仮説と目標―障害仮説の 3 つの仮説にも共通しているのは、学習者の側にある程度の基礎知識が備わっていることを前提にしていることである。基礎知識がなければ、知識欠如仮説が主張するように、情報の欠落に気づくことができない。また、知識の対立を起こすには、児童生徒の中に新規に提示された情報と対立できるだけの基礎知識があることが必要である。

　同様に、「教師主導型」と「自由生成型」の 2 つの実践においても、児童生徒側に十分な知識があることが前提である。そのためには、児童生徒に予習をさせる、教師が基礎的な知識は説明する等を行い、児童生徒の頭の中に基礎知識や概念が定着していることを確認することが重要になる。その上で、児童生徒が「知識の欠如」や「知識の対立」を感じるような資料の提示や新規事項の提示を教師が行えば、問いが生まれる。つまり、何も知識が無いところに質の高い問いは生まれないのである。

4. これからの質問の実践研究に向けて

　2、3 節の内容を振り返ると、どちらも問いが理解や知識を前提としてしか生まれないと考える点が共通している。3 節の「自由生成型」の実践は、子どもに「自由生成」させるという活動自体が主体性を伸ばすことに直結すると誤解され、教育現場で根強く信奉されている。しかし、2 節で示したように、教員のデザイン力が伴わねば、単に「のびのび自由にさせているのだから、その雰囲気だけでよい」「子どもが頭だけでなく心と体を使って一生懸命探索しているのだから、それで十分」という実践の「やりっ放し」に陥る可能性が大いにある。その傾向に両節の指摘は警鐘を鳴らす意義がある。

　一方で、2 節に取り上げられていた「社会的相互作用」という質問生成要因が 3 節には取り上げられていない。それがおそらく 3 節の教育実践研究例において、教員が「質の高い問いは何か」をモデル化して直接教示するスタイルの実践の提唱に繋がっていると考えられる。第一著者から見ると、湯澤

(2009) の実践でも第二著者自身の実践でも、それらが効果を出しているように見えるのは、おそらく成果を確かめる指標が実践直後や短期間経過後のものであったり、長期経過後も実践と近い転移課題であったりするためだと考える。それはちょうどブラウン（Ann Brown）が学習科学創成期に辿った道筋と似ている（Brown 1992; 解説として白水・三宅・益川 2014 など）。すなわち、Brown は、教員主導の教授主義的な実践が、ある程度の能力の児童生徒だけに、しかも短期間しか効果を発揮しないことに限界を感じて、児童生徒の相互作用自体の質を上げる長時間の介入へとシフトした。その介入によって初めて長期間経過後も保持できる効果が生みだされた。

　だが、本章の残りで伝えたいのは、上記の経緯を参考に、また新たな対立仮説（例えば「『よい質問』に関する教員の直接的なモデル教示後に児童生徒の協調学習を行わせる実践」と「児童生徒自身が『よい質問』を立てざるを得ない学習環境を整えてその中で終始児童生徒の協調学習に任せる実践」のどちらが効果的か）を研究者同士で立て、その実践を行って、一回の実践結果から知見を一般化するような研究をどれだけやっていても仕方がない、ということである。現場に役立つ知見を生むには、教員など学びの場をデザインする人自身が自ら仮説を構築、あるいは選び取り、それを実践して、結果を検証するサイクルを何度も回しながら、自らの現場に役立つ理論を構築していくことが必要だからである。そのようにして初めて、現場教員の「手につく」知見が生まれてくるし、何より、自ら仮説を作って検証するサイクルが研究者から現場へと手渡せるからである。こうした「デザイン社会実装研究（Design-Based Implementation Research; 好例として飯窪 2016）」において、研究者の役割は、これまでの研究成果の整理と、教員が仮説を構築・検証するサイクルを教員同士で回すための学習機会の提供及び体制作りへと変質する。

　本章の残りで、それがどういうことかを実例で示してみよう。

　2節で取り上げなかった問題は「疑問がことばにならない」「思いついても質問の形にできない」児童生徒はどうするのかということである。さらに、3節で紹介された研究の中で、「知識欠如仮説」とも「知識対立仮説」

とも「目標―障害仮説」とも異質な試みは、Rothstein and Santana（2011）の QFT である。QFT だけは質問の良し悪しを問わず、とにかく「質問を出す」「質問をことばにする」ということをすべての子どもに可能にしようとするところに主眼がある。だからこそ、質問の生成を小グループで行い、第二ステップで質を問わずになるべく数多く出すことを推奨し、第四ステップでクローズドとオープン・クエスチョンの「形の変換」によるバリエーションの豊富化を狙っているのだと考えられる。日本の授業でも、その日のテーマやめあてを提示して、思いつくことや疑問に思うことをクラス全体で挙げる試みは日常的に行われているが、それをステップに分けて「メソッド化」して組織的に行っている実践は珍しい。そうだとすれば、この方法の検証は、質問の質よりも「量」の向上にどの程度貢献するか、本当に第一ステップで材料の提示直後に教師の問いではなく児童生徒の問い作りを優先すればよいか、それがどのような種類の質問生成を促すのかといった点の検証でなされるべきだろう。こうした検証が教員自身によってできるようになれば、より実践的な質問研究が蓄積されることになる。

　そこで手始めとして第一筆者は、Rothstein らが立ち上げた The Right Question Institute の大内朋子氏らの協力を得て、教員自身を児童生徒役に見立てて、授業の最初に QFT の第三ステップまでを用いて自由に問いを生成する場合と、授業の最後にそこまでにわかったことをもとにして問いを生成する場合とで、その量やタイプにどのような違いが生ずるかを、研究者ではなく、教員たち自身が分析できるかという実践を行った。授業は「電磁調理器の上に置いた豆電球はなぜ電池がなくても点灯するのだろうか」という問いに「直流と交流（調理器内のコイルは交流である）」「電磁誘導（交流によって磁界が生じ電磁誘導が起きる）」「誘導電流（電磁誘導で誘導電流が豆電気のコイルに流れる）」という 3 つの資料を協働で読解・交換・統合して答えを出す「知識構成型ジグソー法」（詳細は本書 6 章を参照）の授業であった。

　ただし、QFT のために上記の問いは提示せず、電池を挟まない豆電球のコイルと電磁調理器を使って電球が光ることを示した 30 秒程度のビデオと、電磁調理器の中に何重ものコイルがあることを示した写真を見せて、

QFT の第三ステップまで自由に問いを生成してもらった。対象は 16 名の国立大学附属小中学校教員であり、4 人ずつの 4 グループで行った。その後、ジグソー授業を行い、3、4 人ずつの計 5 グループすべてが期待する解答に到達した後、1 人ずつ付箋に自由に疑問を書き出して共有し、さらに疑問を出した。

　その結果、授業前の QFT で計 65 個、授業後に計 48 個の疑問が出され、授業前から確かに疑問が生成され得ることが確認できた。それだけでなく、現象(機能)を示すビデオと内部構造(機構)を示す写真を見せただけにもかかわらず、上記の「なぜ点灯するのか」という問い自体が多数の参加者から出された。興味深いことに、その問いを教員役の第一著者が出したと思い込んでいた参加者もいた。その点で QFT は、教員が出したい問いを生徒に生成してもらうという問いの領有(appropriation)に使える可能性もある。

　次に、この授業前後の問いについて、参加教員に、1)授業の最初には出ていなかったが最後に出るようになった疑問、2)授業の最初にも最後にも出た疑問(残った疑問)、3)授業の最初に出ていたが消えた疑問という 3 種類に分類して、その特徴をグループ討論してもらったところ、次のような回答が得られた。

1)　資料で学んだ概念などの科学用語を用いた「わかったからもっと知りたい」問い；生活体験の中になく、視覚的に理解し難いもの；もう少し実験して確かめたい「理解した結果の適用範囲を広げていく」問い；事象を支える大きな原理原則についての根本的な問い
2)　資料に載っておらず自分で確かめたい問い；条件や他の場合など「範囲を広げる」問い；授業で触れられなかった問い
3)　焦点化されていない疑問；素朴概念に基づくものや授業で解決した問い；学習の文脈から外れた問い

　読者の皆様はこれをご覧になってどう感ずるだろうか。著者には、本章で触れた知見を含んだ分類がなされていると感ずる。問いのレベル分けという

点では、2 節の Bereiter や 3 節の湯澤が考えたものに近い部分があるし、1)
の内容は理解と疑問生成の関係を踏まえたものになっている。また、2)、3)
は、疑問と授業内容の関係について実践的に検討する視点 (例えば何が学習
範囲を広げる問いとして価値があり、何が学習の文脈から外れた問いなのか
など授業内容の範囲や拡張範囲をどこに定めるか) を提供する。

　教員たち自身がこうした検証をできるようになれば、時間を掛けて 3) の
タイプの質問を生成してもらう意義が果たしてどこにあるのか、最初から教
員の提示した課題に従って学んでもらい、最後に 1) のタイプの質問を生成
するだけで十分ではないのかなど、「どのようなときに、どのような質問生
成活動をしてもらうと、どういう意義があるのか」に関する答えを教員自ら
が出せるようになるだろう。

　学びにおける問うことの意義が答えの問い直しにあるとすれば、研究の知
見という「答え」も教育現場によって問い直され、新しい答えを生んでいく
べきものである。その観点からすれば、本書のすべての章の知見は「仮説」
でしかない。それを出発点とした研究者と現場との建設的相互作用による問
いと答えの螺旋的深化こそ、質問の実践研究の意義だと言える。

引用文献

Adams, L. T., Kasserman, J. E., Yearwood, A. A., Perfetto, G. A., Bransford, J. D., & Franks, J.
　　J. (1988). Memory access: The effects of fact-oriented versus problem-oriented acquisition.
　　Memory and Cognition, 16(2): pp.167–175.

Bereiter, C., (2002). "Internal assessment," Special Session on Assessment of complex learning,
　　Fifth International Conference of Learning Sciences.

Brown, A. L. (1992). Design experiments: Theoretical and methodological challenges in creating
　　complex interventions in classroom settings. *The Journal of the Learning Sciences*, 2(2):
　　pp.141–178.

Costa, J., Caldeira, M. H., Gallástegui, & Otero, J. (2000). An analysis of question asking on
　　scientific texts explaining natural phenomena. *Journal of Research in Science Teaching*, 37:
　　pp.602–614.

Dillon, T. J. (1988). *Questioning and teaching: A manual of practice*. New York: Teachers College Press.

Graesser, A. C., & Olde, B. A. (2003). How does one know whether a person understands a device? The quality of the questions the person asks when the device breaks down. *Journal of Educational Psychology*, 95(3): pp.524–536.

Hmelo-Silver, C.E. (2004). Problem-Based Learning: What and How Do Students Learn? *Educational Psychology Review*, 16: pp.235–266.

飯窪真也 (2016)「教師の前向きな学びを支えるデザイン研究―「知識構成型ジグソー法」を媒介にした東京大学 CoREF の研究連携」『認知科学』23 (3) : pp.270–284.

稲垣佳世子・波多野誼余夫 (1989)『人はいかに学ぶか―日常的認知の世界』中公新書

鏑木良夫 (2007)「わくわく授業～わたしの教え方『予習をすれば驚きがいっぱい～鏑木良夫先生の理科～』」NHK 教育 E テレ 2007 年 09 月 12 日

Krajcik, J. S., & Shin, N. (2014). Project-based learning. In *The Cambridge Handbook of the Learning Sciences, Second Edition* (pp.275–297). Cambridge University Press.

McTighe, J. & Wiggins, G. (2013). *Essential Question*. ASCD, Alexandria, VA, USA.

Miyake, N. (1986) "Constructive interaction and the iterative process of understanding." *Cognitive Science*, 10: pp.151–177.

Miyake, N., & Norman, D. A. (1979). To ask a question, one must know enough to know what is not known. *Journal of Verbal Learning and Verbal Behavior*, 18: pp.357–364.

三宅なほみ・白水始 (2003)『学習科学とテクノロジ』放送大学教育振興会

Otero, J. (2009). Question Generation and Anomaly Detection in Texts. In D. J. Hacker, J. Dunlosky, & A. C. Graesser (Eds.), *Handbook of metacognition in education* (pp.47–59). New York, NT: Routledge.

Otero, J. C., & Graesser, A. C. (2001). PREG: Elements of a model of question asking. *Cognition and Instruction*, 19(2) : pp.143–175.

小山義徳 (2019)「教員養成課程の大学生のエッセンシャル・クエスチョン生成スキルの育成」『教育システム情報学会誌』36 : pp.17–27

尾崎正彦 (2010)『"ズレ"を生かす算数授業―子どもがホントにわかる場面 8 例』明治図書

Rothstein, D., & Santana, L. (2011). *Make just one change: Teach students to ask their own questions*. Cambridge, Massachusetts: Harvard Education Press.

白水始・三宅なほみ・益川弘如 (2014)「学習科学の新展開―学びの科学を実践学へ」『認知科学』21 : pp.254–267.

湯澤正通 (2009)「自己質問作成による活用力の向上」吉田甫・エリック・ディコルテ (編著)『子どもの論理を活かす授業づくり―デザイン実験の教育実践心理学』pp.143–161. 北大路書房

第 2 章

予習での問いをもとに
授業理解を深める

篠ヶ谷圭太

1. 予習時の質問生成に着目した背景

1.1 予習の重要性

　21 世紀、文部科学省は子どもの自発的な意欲や思考力の育成を重視して
いた「ゆとり路線」から大きく舵を切り、基礎基本的な知識やスキルと、思
考力・判断力・表現力の育成、それらを支える学習意欲や学習習慣の 3 つを
重視するようになった。こうした方針の転換により、大きな変化が見られた
のが家庭学習の指導である。子どもの自発的な学習意欲を重視していた 90
年代には、教師から課される宿題は減少の一途をたどっていたが、様々な学
力調査によって学力低下や学力格差の問題が明らかとなり（苅谷 2008）、家
庭学習の指導と学力の関連を示した調査結果も報告されたことから、教育現
場では、以前よりも積極的に宿題を出すなどして、学習習慣の確立と学力の
底上げを図るようになっている（e.g., 田中・木原・大野 2009）。

　授業で扱う学習内容とのつながりを考えるならば、家庭学習の内容は大き
く、予習と復習に分けることができるであろう。授業で扱われる知識やスキ
ルを習得する上では、予習─授業─復習といったサイクルを確立させること
が重要であるといわれているが（市川 2004）、実際に宿題として課されてい
る内容は授業で学んだ内容の定着を図る、復習に関するものが多く、予習に
ついてはあまり積極的には指導されていない（西島 2003; 志水 2005）。

　予習を行うことで授業内容を理解しやすくなることは想像に難くない。予

習の効果の背景としては、有意味受容学習（meaningful receptive learning）といった学習理論が挙げられる。有意味受容学習とは、人間が新たな情報について学習する場合、自身の持つ知識体系の中に新たな情報を包摂させると考える理論であり（Ausubel 1968）、この理論を支持する知見として、先行オーガナイザーがある。先行オーガナイザーとは、本文の内容に関する短い前置きの文章であり、これを読み、事前に知識をおくことでその後の本文の理解が促されることが示されている（Ausubel 1960）。後続の研究ではより詳細な検討がなされ、学習内容に関する知識を事前に得ておくことで、その後本文を読んだ際には、事前に得られる知識同士の関連や、より詳細な情報の理解が促されることが報告されている（Bromage and Mayer 1986; Mayer 1983; Mayer and Bromage 1980）。こうした知見は、教科書を読んで予習した場合の効果を考える上で示唆に富む。上述の知見にもとづけば、教科書を読んで予習をした場合、教科書に記載されている知識同士の関連や、授業で初めて扱われる詳細な内容の理解が促進されるものと考えられる。たとえば、歴史の授業では、教科書には記述されていないような、史実の「背景因果」について理解を深めていくことが目指されるが、歴史の教科書を読み、「いつ、どのような出来事が起こったか」「誰がどのようなことをしたか」といった個々の史実の知識を得ておけば、授業の中でその背景因果（なぜそのような出来事が起こったか、なぜその人はそのようなことをしたのか）まで理解できるようになるであろう。

1.2　予習の効果の個人差に関する研究

　このように、有意味受容学習に関する先行研究の知見からは、授業に関連する知識を事前に得ておくことで、授業ではそうした知識の背景まで理解できるようになり、様々な場面に応用可能な柔軟な知識が構築できるようになることが示唆されている。しかし、こうした先行研究を概観しながら筆者が疑問に感じたのは、予習の効果の個人差の問題である。心理学では教授法の効果が学習者の特性（性格や能力）によって異なる現象は適性処遇交互作用（ATI: Attribute Treatment Interaction）と呼ばれるが（Cronbach 1957）、先行

オーガナイザーの研究ではこうした ATI の問題については十分に検討され
ていないことが指摘されている(Mayer 1979)。つまり、予習はすべての学習
者に効果があるのか、効果が見られない学習者はいないのかといった、予習
の効果の個人差の問題は明らかにされていないのである。

　こうした点が検討されなければ、「予習は大切なので教科書を読んできな
さい」と指示することで、逆に、学力格差の問題をさらに拡大させることに
もなりかねない。そこで篠ヶ谷(2008)は、中学 2 年生を対象とした 5 日間
の学習講座において、予習の効果とその個人差について実証的な検討を行っ
た。教科は社会科(歴史)であり、単元は参加者にとって未習事項である第一
次世界大戦を扱った。授業は筆者が担当し教科書の史実について、教科書に
書かれていない歴史の背景因果について、板書や地図を用いながら詳しく解
説した。教科書の内容と解説授業をどのように対応づけていたかの例を、表
1 に示す。

　参加者は 86 名であり、教科書を読んで予習をしてから解説授業を聞く予
習群(29 名)と、解説授業を受けた上で教科書を読む復習群(28 名)、さらに、
教科書を読んで予習をする際に「なぜ」で始まる質問を生成する質問生成
予習群(29 名)に割り振った上で、4 日間授業を行った。さらに、5 日目には
まとめのテストとして、教科書に記述されている史実(事件名や人物名)を問
う「単語再生テスト」と、教科書には記述されておらず、授業の中で初めて
扱われた歴史の背景因果(なぜその事件が起こったのか、なぜその国はその
ような行動をとったのか)を記述させる「因果説明テスト」の 2 種類を実施
した。先行オーガナイザー研究の知見から考えれば、教科書を読んで予習を
しておけば、授業では教科書には記述されていない背景因果の理解が促され
ることが予想された。実際にテストを行ってみると、単語再生テスト得点に
おいては予習の有無の効果は見られなかったものの、因果説明テスト得点に
おいて、予習を行ったクラスの方が高い得点を示しており、先行オーガナイ
ザー研究から予想される予習の効果が実際に得られる形となった。

　しかし、学習者の特性との交互作用に注目して分析を行ってみると、そう
した予習の効果は、学習者の意味理解志向によって異なっていることが明ら

表1　授業の構成の例（2日目の授業）

帝国主義諸国の対立関係
≪教科書の記述≫
急速に力をつけたドイツが（略）フランスやロシアとの対立を深め、オーストリア・イタリアと三国同盟を結ぶと、イギリスはフランス・ロシアと三国協商を結び、対抗した。
≪解説講義の内容≫
民族の違いや目的とする植民地の位置関係など、各国が対立した理由について解説し、こうした小さな対立の集まりから、三国同盟対三国協商という大きな対立関係ができていたことを説明。
バルカン半島での対立激化とサラエボ事件
≪教科書の記述≫
バルカン半島ではセルビアなど諸民族がトルコから独立をめざしていた。ロシアとオーストリアは、この動きを利用して半島に勢力をのばそうとして、対立していた。
≪解説講義の内容≫
それまでバルカン半島を支配していたトルコで革命が起こったことで、バルカン半島進出を目指すオーストリアとロシアの対立が加速していった、という流れを、ヨーロッパの地図を描きながら説明。
大戦のはじまりと経過
≪教科書の記述≫
サラエボ事件が起こると、オーストリアはセルビアに宣戦し、ロシアはセルビアに味方して軍隊を動かした。（略）こうして、第一次世界大戦が始まった。戦争は予想をこえて長引き（略）、新兵器も使われた。
≪解説講義の内容≫
侵略を進めるオーストリアに対し、セルビアが反対していた理由や、オーストリアとセルビアの開戦後、ロシアがセルビアに味方した理由について、民族の違いやバルカン半島をめぐる争いと絡めながら説明。

かとなった。意味理解志向とは、学習者が学習に対して持つイメージ（学習観）の1つであり（市川・堀野・久保1998）、知識のつながりの理解を重視する姿勢である。歴史の学習において、この意味理解志向が高い学習者の場合、事前に教科書を読んでおくことで、授業では深く背景因果を理解できるようになっていたが、意味理解志向の低い学習者の場合、予習の効果が得られていなかったのである。また、授業中に学習者がとっていたメモをデータとして分析してところ、意味理解志向の高い学習者ほど背景因果情報に関するメモを多くとれていた。これらの結果をまとめると、意味理解志向の高い

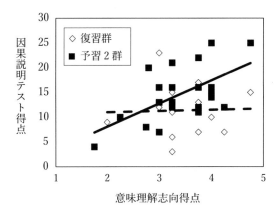

注 1) 予習 2 群とは予習群と質問生成予習群を指す
注 2) 実線が予習 2 群、破線が復習群
図 1　予習の効果の個人差（篠ヶ谷 2008 より）

学習者は、予習によって事前に個々の史実の知識を得たことで、歴史の背景因果情報に着目しながら授業を聞くことができ、その結果、因果説明テスト得点が高まっていたといえるだろう。

　このような結果は教育現場に対して非常に重要な意味を持つといえる。有意味受容学習の理論から考えれば、予習を行うことで授業理解が促進されることが期待されるが、単に教科書を読ませて予習を行わせても、授業者が期待するような効果が得られるどころか、学習者の意味理解志向によってその効果には個人差が生じ、学力格差の拡大を助長する可能性が生じてしまうからである。したがって、学力の向上や学力格差の解消に向けて予習を促すのであれば、より多くの学習者に効果が生じるような働きかけを考えなくてはならないといえる。

　その際に重要となるのは、意味理解志向の高い学習者が辿った過程である。意味理解志向の高い学習者とは、学習の中で、知識のつながりや根拠を理解することを重視する学習者である。意味理解志向の高い学習者に予習の効果が生じていたのは、予習で教科書を読んだ際、教科書にある個々の史実について、「なぜこの国はこのような行動をとったのだろうか」「なぜこの人

はこのような事件を起こしたのだろうか」といった問いを生成し、その問い
をもとに、授業で問いに関連する情報に注意を向け、理解を深めることがで
きていたからであると考えられる。

　逆に言えば、予習の効果が見られなかった、意味理解志向の低い学習者
は、この予習の効果の生起プロセスのどこかでつまずいてしまっているとい
える。そのつまずきの1つとして、問いに対して「問題の意識化」がなされ
ていないことが考えられる。たとえば、先述した篠ヶ谷(2008)の質問生成群
では、「なぜ」を問う質問を作らせたにもかかわらず、意味理解志向の低い
学習者の理解は深まっていなかった。これは、「なぜ」で始まる質問を形式
的に作ってしまっており、自身で生成した問いが、授業で解消すべき問いと
して意識化されていなかったためであると考えられる。実際、篠ヶ谷(2008)
の質問生成予習群の学習者を見ていると、教科書の一文を抜き出し、その冒
頭に「なぜ」を付けることで質問生成を終えている様子が見てとれた。こう
した問題に対しては、予習時に設定された問いに対して、「問題の意識化」
を促すような介入が求められるであろう。

　また、上述したように、形式的に問いを作ってしまうといった問題を抱え
ているのであれば、まず教科書にある個々の知識を押さえ、その上で、それ
らの関連や根拠に関する問いが生成できるよう、「問いの生成手順」を指導
することも重要となるであろう。図2に、教科書を読んで予習をしてから
授業理解が深まっていく過程と、その中で必要になる介入を示す。このよう
に、期待される予習の効果を生起させる上では、少なくとも「問題の意識化

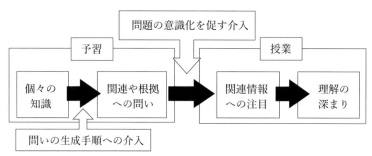

図2　予習の効果の生起プロセスと介入方法

を促す介入」と「問いの生成手順への介入」が必要になると考えられる。そ
こで本章では、こうした介入の効果について実証的に検討した 2 つの研究結
果を紹介することとする。

2. 問題の意識化を促す介入

2.1　研究の目的

　先にも述べたように、たとえ予習の中で「なぜ」に関する質問を生成させ
ても、形式的に問いを生成してしまっては、予習の効果は生じない。質問生
成とは、モヤモヤとした疑問を、既有知識と比較して精緻化することで問い
の形へと構築していく作業である(Dillon 1988; Van der Meij 1990)。したがっ
て、形式的に教科書の文に手を加えているだけでは、自身の知識との比較作
業が行われていないため、学習者自身の「問い」となっているとはいえない。
　そうであるならば、予習の中で「なぜ」に関する問いを生成させるだけで
なく、その問いを学習者自身の問題として意識化させるような活動を伴わせ
ることが必要である。そこで有効であると考えられる活動が、問いに対する
解答の作成である。文章理解に関する先行研究では、事前に提示された質問
に対して自分なりの解答を考えておくことで、その後の文章理解が促進され
ることが示されており (e.g., Pressley, Tanenbaum, McDaniel, and Wood 1990;
Thiede, Anderson, and Therriault 2003)、予習時に生成した問いに対しても、
解答を作成させ、教科書の情報では問いに対してうまく解答できないことを
自覚化させれば、授業中の学習者の注意を質問に関連する情報へと向けさせ
ることができるのではないかと考えられる。以下では、こうした目的のもと
で行われた篠ヶ谷(2011)について紹介する。

2.2　条件設定

　この研究の対象となったのは、篠ヶ谷 (2008) と別の年に開催された学習
講座に参加した中学 2 年生である。設定された条件は、統制予習群 (26 名)
と方向づけ予習群 (27 名) の 2 つであった。統制予習群は、教科書を読んで

予習する際に「なぜ」で始まる質問を生成させる群であり、それらの質問に
答えられるようになることが授業の目標であると伝えた。方向づけ予習群
は、予習の中で生成した質問に対して自分なりの解答を作成しておく群であ
る。その他の手続きは篠ヶ谷（2008）と同様、5日間の学習講座の中で、歴史
（第一次世界大戦）の授業を4日間行い、5日目にまとめのテストを行った。

　各条件で行った予習活動について、より詳細に説明しておく。いずれのク
ラスにおいても、授業の冒頭に10分間の予習時間を設け、その日の授業で
扱う部分の教科書のコピーと予習シートを配付して予習を行うよう指示し
た。統制予習群の予習シートには質問を書き出す欄が印刷されており、さら
に「教科書を読んでから『なぜ〜』で始まる疑問を少なくとも3つは書き出
しましょう」といった文と、質問記入欄の下に「このような疑問を解消する
ことを目指しましょう」といった文を印刷した。

　一方、方向づけ予習群の予習シートには、統制予習群と同様の質問書き出
し欄だけでなく、「もし友達に上のような質問をされたら、あなたはどうやっ
て説明してあげますか？」といった文と、解答を記入する欄を印刷した。さ
らに、解答記入欄の下には、「うまく説明できましたか？　できなかったら理
解を深めるチャンスです。この疑問を解消することが授業の目標となりま
す。」といった文も印刷した。

2.3　介入方法の変更

　ただし、実際に方向づけ予習群が予習を行っている様子を見てみると、以
下のような問題が生じていることがうかがえた。1つ目は、学習者に自由に
質問生成を行わせたことで、解説授業で扱われない内容に関する質問が生成
されてしまっていたことである。たとえば2日目の解説授業では、教科書に
は記述されていない背景因果として、ドイツとロシアの対立理由や、バルカ
ン半島で対立が激化した理由などについて、地図を描きながら詳しく解説し
たが、予習の中で学習者が生成した質問を見てみると、こうした内容に関す
る質問があまり見られていなかったのである。

　2つ目として、質問記入欄に質問を書き出しても、その質問に対する解答

が記入欄に記述されていない問題が見られた。この問題は、質問記入欄と解答記入欄の記述欄が分かれていることが問題であると考えられた。そして、3つ目は、学習者の反応から、「なぜ」で始まる質問に対して解答を作成させるだけでは、自身の生成した問いに対する問題意識が強められているようには感じられなかった点である。方向づけ予習群で行わせた予習活動は、学習者の注意を方向づける介入として機能していない様子が見てとれたのである。

　そこで、方向づけ予習群の予習シートに変更を加えた。まず、授業で扱われない内容に関する質問が生成されてしまう問題に対処するため、この研究では授業者の方で質問を提示するようにした。つまり、授業で理解してほしい歴史の背景因果に関する質問を、予習シートにあらかじめ印刷するようにしたのである。また、2つ目の問題に対しては、生成した質問に対する解答が書きやすいように、個々の質問を漫画のキャラクターの吹き出しの中に印刷し、それに向かい合うキャラクターの吹き出しに解答を書き込むように指示した。

　そして、3つ目の問題については、問いに対する問題意識をさらに強め、授業での注意を問いに関連する情報に向けさせるために、解答を書き込んだ吹き出しの右下に 2cm 四方の四角を印刷しておき、自分の書き込んだ解答に対する自信度について、1（まったく自信がない）から 5（とても自信がある）までの数値を書き込ませるようにした。一方で、統制予習群の予習シートにも、キャラクターの 1 つの吹き出しに方向づけ予習群のシートと同じ質問を印刷し、吹き出しの下に「授業ではこのような疑問を解消することを目指しましょう。」といった文を印刷した。

2.4　得られた結果

　このようにして行われた方向づけ活動の効果について図 3 に示す。統制予習群では、因果説明テスト得点と意味理解志向の間に正の関連が見られたのに対して、方向づけ予習群ではそうした関連は見られていなかった（むしろ右肩下がりのように見えるが、統計的には有意な値ではない）。つまり、この研究で行われた方向づけ活動が、意味理解志向の低い学習者の問題意識を高める上で機能したことが示されたのである。したがって、予習の中で設定

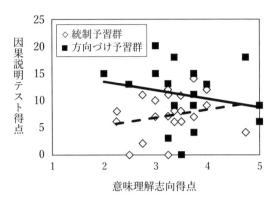

注 1) 実線が方向づけ予習群、破線が統制予習群
図 3　意味理解志向と方向づけ活動の効果の関係

された問いに対して、解答を作成させること、自分の解答に対する自信度を評定させることで、授業において、学習者の注意が問いに関連する情報に注意が向けられるようになったといえる。

3. 問いの生成手順への介入

3.1　研究の目的

　上述した研究では、授業で理解させたい内容について授業者の方から問いを提示した。しかし、何かを学ぶ際に、事前に学習を行いながら、自身の理解を深めることのできる「自立した学習者」を育成するためには、授業者の方から問いを提示し続けるわけにはいかず、学習者自身が問いを生成できるように指導していくことが重要である。

　この点について、これまでの質問生成研究では、「なぜ (why)」や「どのように (how)」などで始まる問いを生成させることで、学習効果が高められることが報告されてきた (King 1994)。しかし、先に述べたように、意味理解志向の低い学習者に対して、単に「なぜ」で始まる問いを作らせたとしても、教科書の一文を抜き出して、形式的に「なぜ」を付けるだけの活動に終始してしまう。そのため、質問を作る作業が形式的な活動にならないよう、

問いを生成する手順について、しっかりと指導していくことが必要となると
いえる。

　そこで、本節ではこうした問題意識をふまえて、さらに別の年に行われた
学習講座での研究結果(篠ヶ谷 2013)について紹介する。この研究の目的は、
どのような手順で問いを生成すればよいのかを具体的に指導することの効果
を検証し、さらに、先述の研究でも行った「問いに対する解答作成」の効果
を再度検討することであった。そのため、この年の学習講座では、具体的に
以下の 3 つの条件を設定して授業を展開した。

3.2　条件設定

　対象となったのは、学習講座に参加した中学 2 年生であり、参加者は 3 つ
の条件に振り分けられた。1 つ目は自由質問群(29 名)であり、教科書を読
んで予習する際に自由に質問を生成するクラスである。このクラスでは、教
科書を読んだ上で、予習シートの質問書き出し欄に自由に質問を書くように
伝えた。2 つ目は質問介入群(29 名)であり、このクラスには、教科書の記
述について、「いつ、どのような出来事が起こったか」「誰(どの国)がどのよ
うな行動をとったか」を確認し、「なぜそのような出来事が起こったのか」
「なぜその人(国)はそのような行動をとったのか」を考えた上で、理由が分
からない部分については質問として書き出すように指示した。質問を考える
手順は予習シートに印刷されており、また口頭でも説明を行った。3 つ目は
質問介入＋解答作成群(29 名)であり、このクラスでは上述の質問生成の手
順の指導に加え、生成した質問に対して自分なりに解答を作成するよう指示
した。

3.3　生成された質問

　予習の中で学習者が生成した質問について、その質の違いを検討するた
め、質問に関する先行研究を参考にしながら、以下のように分類した。ま
ず、「なぜ日本は日英同盟を結んだのか」「なぜ日本はシベリアに出兵したの
か」といったように、歴史の背景因果を問う質問は、知識の関連づける質問

であるため、高次質問として分類した。一方、「シベリア出兵には何人いきましたか」「資本主義とは？」といったように、史実や語句の意味を確認する質問は、低次質問として別個にカウントした。なお、学習者が記述する質問には「三国協商」のように単語のみを記したものも見られたが、こうした記述も語句の意味を確認するものであると判断し、低次質問としてカウントした。また、「（配付した教材の説明にあった）ルーズリーフってなんですか」といったように歴史の授業内容に関係のない質問は分析から除外することとした。このようにしてカウントした高次質問数および低次質問数を以下に示す（表2）。

表2 各条件における予習中の高次質問数と低次質問数

	自由質問群	質問介入群	質問介入＋解答作成群
高次質問数	4.60	5.79	5.08
低次質問数	3.00	2.25	1.28

　それぞれの質問生成数を縦軸にとり、意味理解志向の得点を横軸にとったグラフを図4と図5に示す。分析の結果、質問の生成手順の指導を行うことの効果は、学習者の意味理解志向の高さによって異なることが明らかとなった。グラフの形状からも分かるように、質問の作り方について介入を行うことは、特に意味理解志向の低い学習者の生成する質問に影響をもたらすといえる。質問の生成手順を指導しない場合、意味理解志向の低い学習者は低次質問を多く作る傾向にあり、高次質問はあまり生成されない。それに対して、個々の史実を押さえた上で、それらの「なぜ」を考えて、分からない部分について問いを作るように指導したことで、意味理解志向の低い学習者であっても、高次質問数を多く生成するようになり（図4）、また、低次質問の生成は抑制された（図5）。

3.4　授業中のメモ
　この研究では、自分が生成した質問に関連する情報に対して授業中に注意が向けられていたかを検討するため、「質問に関連するメモ」についても測

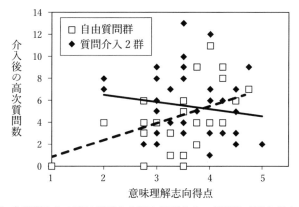

注1) 質問介入 2 群は質問介入群と質問介入＋解答作成群を指す
注2) 実線が質問介入 2 群、破線が自由質問群
図 4　意味理解志向と予習中の高次質問数の関係

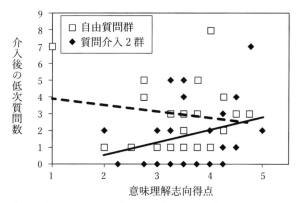

注1) 質問介入 2 群は質問介入群と質問介入＋解答作成群を指す
注2) 実線が質問介入 2 群、破線が自由質問群
図 5　意味理解志向と予習中の低次質問数の関係

定を行った。ただし、質問に関するメモを単にカウントしてしまうと、そもそも授業で扱われる内容に関する質問が生成できていなかった学習者は、必然的に質問に関連するメモの数も少なくなってしまう。そこで、授業で扱われた内容に関する質問に絞り、その質問に関連する情報のメモがどのくらいの割合で残されていたか(質問関連メモ率)について分析することとした。

　その結果、質問介入を行った2つのクラスでは、意味理解志向の低い学習者の質問に関連するメモ率が高くなっており、質問の生成手順を指導することによって、意味理解志向の低い学習者の注意が、質問に関する情報に向けられるようになることが示された。意味理解志向の低い学習者は、知識を関連づけて理解しようとする姿勢が弱いため、自由に質問を生成させただけでは、問いについて理解を深めようとしないものと考えられる。しかし、質問の生成手順を指導し、予習の中でどのような知識を得ておくべきか、どのようなについて考えるべきかを押さえた上で質問を生成させたことで、問いに対する問題意識が高まり、意味理解志向の低い学習者であっても、問いに関する授業情報に注意を向けるようになったのではないかと考えられる。

　また、質問介入群と質問介入＋解答作成群について比較を行ったところ、質問に対する解答作成を行うことで、意味理解志向の高い学習者のメモ生起率が高くなることも示唆された。逆に言えば、意味理解志向が低い学習者の場合、質問に対して解答作成を行うだけでは、問題の意識化は促されにくいといえる。こうした結果は、予習の中で解答作成を行わせるだけでなく、自信度まで評定させることで、問いに対する問題意識が促されたという先述の研究とも通ずるといえるであろう。

3.5　授業理解度

　この研究では、これまでの研究と同様、教科書の個々の史実について解答を求める単語再生テストと、授業で説明された背景因果について説明させる因果説明テストの2種類を実施した。結果を以下に示す(表3)。

　テスト得点に関する分析の結果、質問介入＋解答作成群は、他の2つの条件に比べて因果説明テストの得点が高くなっており、質問に対して解答作成をしておくことによって、授業中の背景因果の理解が深められることが示された。逆に、質問の生成手順の指導には、質問に関連する授業情報に注意を向けさせる効果はあったものの、理解を促す効果は見られなかったといえる。

　では、なぜ予習の中で解答まで作成しておくと、なぜ授業の中で背景因果

表3　各条件のテスト得点

	自由質問群	質問介入群	質問介入＋解答作成群
単語再生テスト	10.96	12.91	12.72
因果説明テスト	8.64	8.37	10.24

情報の理解が促進されるのであろうか。その理由の 1 つとしては、情報の外化による「外部記憶」の効果が考えられる。伊東（2004）は、自身が推論した内容を書き出しておくことによって、それが「外部記憶」、つまり、後から見返すことのできるメモとして機能することを指摘している。このことをふまえて今回の結果を見てみると、予習の中で質問を生成するだけでなく、その問いに対する自分の予想を手元に書き出したクラスの場合、頭の中で自身の解答と授業の情報を比較して統合するよりも、スムーズに授業を理解できるようになっていたのではないかと考えられる。

4. おわりに

　ここまで紹介してきた研究の結果をまとめると、以下のようになる。1)意味理解志向が高い人は、予習の中で自発的に「なぜ」を問う質問を生成しており、それゆえ予習によって授業の理解が促進される。2)意味理解志向が低い人は、予習時に質問を生成させても、形式的なものとなり、効果が得られない。3)意味理解志向が低い人でも、予習時に問いを提示して解答作成や自己評価を求めれば、問いに対する問題意識が高まり、授業の理解が深まる。4)意味理解志向が低い人でも、質問生成の方法について指導した上で、質問生成と解答作成を求めれば、授業の理解が深まる。

　なお、本章で紹介した研究は、歴史学習における予習に焦点を当てていたが、こうした研究知見は、他教科の学習に対しても示唆的であるといえるだろう。たとえば、数学や理科の学習の場合、先行オーガナイザー研究の知見から考えれば、教科書を読んで予習を行い、公式や例題の解き方などの個々の知識を得ておくことで、授業ではより詳細な内容（なぜこの公式が成り立つのか、なぜこの解き方で解けるのかなど）の理解が可能となると考えられ

る。また、英語学習でも、教科書を読んで予習を行い、英単語の意味や英文の訳などの知識を押さえておくことで、授業では「なぜその単語がそのような意味を持つのか」、「なぜその英文がそのような訳になるのか」を理解できるようになるものと予想される。実際、筆者が行った高校生の英語学習に関する調査（篠ヶ谷 2010）では、英単語や英文の訳を調べておくといった予習を行うことで、注意を焦点化しながら授業を聞けるようになることや、より詳細な情報のメモが促されることが示唆されている。

　しかし、学習者自身が知識の関連や根拠を理解することを志向していなければ、たとえ予習を促しても、期待されるような効果が得られるわけではない。予習の効果を生起させるには、「なぜ」を問う質問を生成し、その問いに関する授業情報へと注意を向けていかなくてはならない（図2参照）。予習の中で学習者が生成した問いや、授業者から提示された問いをもとに授業が聞けるようになるためには、問いに対して学習者自身に解答を書き出させ、さらにその解答について自信度を評定させて、問いに対する問題意識を高める工夫を行うことが重要となる。また、教科書を読んで予習をさせるのであれば、教科書のどのような知識を押さえておくべきかを教えた上で、疑問点を問いの形へと整えていけるように介入することが重要であり、このように質問生成の手順を指導することで、学習者は事実の確認などの低次の質問から、「なぜ」「どのように」を問う、より高次の質問を生成できるようになるといえる。また、質問生成手順の指導を行うと、単に「なぜ」で始まる問いを形式的に生成させた時と異なり、授業でも自身が生成した問いに関する情報に注意が向けられやすくなるといえる。加えて、予習の中で問いに対する解答を書き出しておくことによって、授業情報との比較や統合がしやすくなり、授業理解が促進されることが期待される。以上が、本章で紹介した知見から抽出される、様々な教科における予習指導への示唆である。

　生涯にわたって学び続けていく上で、事前に必要な準備を行いながら自身の理解を深めていくスキルは非常に重要である。たとえば、企業で研修を受ける時にも、事前に資料を読み、必要な知識を得た上で、研修の場でさらに内容の理解を深めていくことが求められるであろう。学校教育における予習

は、こうしたスキルを習得するための訓練の場として機能するものと考えられる。ただし、予習によって授業が深く理解できたことを実感できなければ、様々な学習場面で自発的に予習するようにはならないであろう。授業者は、予習をもとに学習内容の理解が深められていく過程において、「問いの生成」や「問題の意識化」が重要な役割を果たしていることを認識した上で、事前の知識提示から授業理解へと学習者を導けるように指導していくことが求められる。

引用文献

Ausubel, D. P. (1960) The use of advance organizers in the learning and retention of meaningful verbal material. *Journal of Educational Psychology*, 51(5) : pp.267–272. American Psychological Association.

Ausubel, D. P. (1968) *Educational psychology: A cognitive view*. New York: Holt, Rinehart and Winston.

Bromage, B. K., & Mayer, R. E. (1986) Quantitative and qualitative effects of repetition on learning from technical text. *Journal of Educational Psychology*, 78(4) : pp.271–278. American Psychological Association.

Cronbach, L. J. (1957) The two disciplines of scientific psychology. *American Psychologist*, 12(11) : pp.671–684. American Psychological Association.

Dillon, J. T. (1988) *Questioning and Teaching: A manual of practice*. New York: Teachers College.

市川伸一（2004）『学ぶ意欲とスキルを育てる―いま求められる学力向上策』小学館

市川伸一・堀野緑・久保信子（1998）「学習方法を支える学習観と学習動機」市川伸一（編）『認知カウンセリングから見た学習方法の相談と指導』pp.186–203. ブレーン出版

伊東昌子（2004）『筆記説明が構成的学習に与える影響』風間書房

苅谷剛彦（2008）『学力と階層―教育の綻びをどう修正するか』朝日新聞出版

King, A. (1994) Guided knowledge construction in the classroom: effect of teacher children how to question and how to explain. *American Educational Research Journal*, 31(2): pp.338–368. American Educational Research Association.

Mayer, R. E. (1979) Twenty years of research on advance organizers: Assimilation theory is still the best predictor of results. *Instructional Science*, 8(2) : pp.133–167. Springer.

Mayer, R. E. (1983) Can you repeat that? Qualitative effects of repetition and advance organizers on learning from science prose. *Journal of Educational Psychology*, 75(1) : pp.40–49. American Psychological Association.

Mayer, R. E., & Bromage, B. K. (1980) Difference recall protocols for technical texts due to advance organizers. *Journal of Educational Psychology*, 72(2) : pp.209–225. American Psychological Association.

西島央（2003）「宿題・家庭学習の指導と土曜日の指導」『第 3 回学習基本調査報告書』pp.87–97. ベネッセ総合教育研究所

Pressley, M., Tanenbaum, R., McDaniel, M. A., & Wood, E. (1990) What happens when university students try to answer prequestions that accompany textbook material? *Contemporary Educational Psychology*, 15: pp.27–35. Elsevier.

志水宏吉（2005）『学力を育てる』岩波書店

篠ヶ谷圭太（2008）「予習が授業理解に与える影響とそのプロセスの検討―学習観の個人差に注目して」『教育心理学研究』56（2）：pp.256–267. 日本教育心理学会

篠ヶ谷圭太（2010）「高校英語における予習方略と授業内方略の関係―パス解析によるモデルの構築」『教育心理学研究』58（4）：pp.452–463. 日本教育心理学会

篠ヶ谷圭太（2011）「学習を方向づける予習活動の検討―質問に対する解答作成と自信度評定に着目して」『教育心理学研究』59（3）：pp.355–366. 日本教育心理学会

篠ヶ谷圭太（2013）「予習時の質問生成への介入および解答作成が授業理解に与える影響とそのプロセスの検討」『教育心理学研究』61（4）：pp.351–361. 日本教育心理学会

田中博之・木原俊行・大野裕己（2009）『授業と家庭学習のリンクが子どもの学力を伸ばす―家庭学習充実に向けての学校・教師・保護者の連携を目指して』ベネッセ総合教育研究所

Thiede, K. W., Anderson, M. C. M., & Therriault, D. (2003) Accuracy of metacognitive monitoring affects learning of texts. *Journal of Educational Psychology*, 95(1) : pp.66–73. American Psychological Association.

Van der Meij, H. (1990) Question asking: to know that you do not know is not enough. *Journal of Educational Psychology*, 82(3): pp.505–512. American Psychological Association.

第3章

環境が授業における
学習者の質問を引き出す

生田淳一

　学習場面において学習者が「質問すること」の価値は、これまでにも多くの人に共有されてきた。たとえば、自分なりの問いを持ちながら学習することで理解が促進されたり、課題解決に行き詰ったときに他者に質問することで疑問が解消されたり、話し合い場面などで他者との双方向的なやり取りを促進したりする。問いを生み出す力、「質問力」は、改めて様々な場面においてその重要性が認められるようになり、学校教育の場でも、学習者の問いが授業の中心となるようなアクティブラーニング型の授業を取り入れた実践が増えてきている。

　しかし、そもそも授業中において、ほとんどの学習者は質問をしないという状況があるのではないか。筆者がこのことに気づいたのは、小学校でのフィールドワークを続けていたある日のことである。教師は授業のいろいろな場面で「質問はありませんか？」と児童・生徒に尋ねるが、ほとんどの場面で児童・生徒は、「ありません」と答える。日頃の授業場面だけでなく、たとえば非日常的でかつ刺激的なので、わくわくして質問をたくさん思いつきそうな社会科見学に出向いた際も、それは変わらなかった。

　ここでは「なぜ授業中に質問をしないのか」という問いを中心に、質問を思いつくか否かに焦点をあて検討する。また、その状況を打開しようとする「どうすれば質問するようになるのか」についての研究を紹介し、学習者の質問力を高める方策について検討する。最後に、授業における学習者の質問の今後の展望についても述べる。

1. 学習者は質問をしない

1.1　なぜ質問をしないのか

　質問行動は、学習場面における援助要請行動ととらえられることが多い。学習場面において、理解できない、問題が解けないといったときに、教師や友人に尋ねること、学習上の援助を要請することは有効な手段である（瀬尾2005）。だが、学習者は質問をしない。私たちは、問うことの重要性に気が付いているにもかかわらず、日常的には質問できないという現象がある。

　質問をしない理由について、これまでの研究からは、自尊心や志向性といった個人の態度に関わるようなこと（Newman and Goldin 1990; Nelson-LeGall and Jones 1990）や、質問行動の必要性の認識の程度、質問に対する教師からのサポートについての認識といった質問を思いついた際に表出するか否かの判断に関わるような認識など（Karabenick and Sharma 1994）、様々な要因が影響を与えることが指摘されている。

　特に、「なぜ学習者は質問しないのか」について大学生を対象に検討した研究（無藤・久保・大嶋1980）でも指摘されているように、対人関係に関わるパーソナリティや周りの人々に関わる対人的機能（周りの人々との調和を乱したくない）といった要因が、大きく関係してくることが予想されている。つまり、「質問をすることは恥ずかしい」といった気持ちが質問することを抑制するのである。

　学習者からの質問を援助要請行動として捉える研究では、疑問あるいはつまずきを解消する機能が強調される（瀬尾2005）。もちろん、つまずきを解消することは大切なことだ。しかしながら、このとき「質問をすること」、つまり援助を要請することは、自分自身が「わからなかった」、あるいは、「知らない」、「つまずいた」ということを他者に知らせることと同じ意味を持つ可能性がある。他者からの援助に関する理解・反応の仕方を検討した研究（Graham and Barker 1990）によると、5歳からすでに「教師に援助された子どもの方が、援助されなかった子どもよりも能力が低い」と理解していることが示されている。そのため「教室で質問すること、援助を求めること」

は、「能力が低いこと」と同じ意味ととらえられる可能性があるのではない
か。だから、教師が「質問はありませんか？」と尋ねても、児童・生徒は、「あ
りません（先生の話は理解できました、大丈夫です）」と答えるのではないだ
ろうか。私自身、「なぜ質問をしないの？　すればいいのに」と考えていた
が、実際には教室において質問はしづらく、むしろ抑制されることが多い。
教室場面では、質問することは抑制しなければならない行動の一つなのかも
しれない。

1.2　質問をしないのは、質問を思いついていないから

　学習者は質問を思いついているけれども、たとえば他者に遠慮するなどし
て質問をしないのだ、という前提のもと質問しない理由を考えることもでき
る。しかし、実態はそうではないかもしれない。たとえば、生田・丸野（2003）
の実施したアンケートを用いた調査によると、大学では「思いつく、しない」
という学生が多い（72.7%）のに対して、小学校では「思いつかないから、し
ない」という児童が多い（42.9%）ことが示されている（図 1）。学習場面にお
いて、児童は自分から質問をするといったことはほとんどないが、それは、
授業の展開や他者に遠慮して質問しないというより、そもそも質問を思いつ
いてさえいない可能性がある。

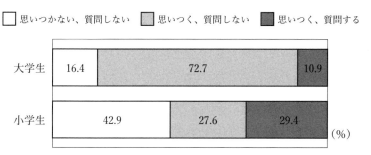

図 1　「教師への質問行動」に対する認識の小学生と大学生の比較（生田・丸野 2003）

1.3　どうすれば質問を思いつくことができるのか

1.3.1　質問づくりを促す介入—質問語幹リストを利用したトレーニング

　質問を思いつかない児童は、質問をうまく言葉にできない状況があると考えられる。生田・丸野（2005）は、そういった児童・生徒の援助をするために、King（1992）のリストを参考に、児童に利用可能なリスト（表1）を作成し、そのリストを利用しながら質問づくりをするというトレーニングを実施した。質問語幹リストの質問はそれぞれ活性化される思考が想定されており、自己発問の研究でも、このリストが利用され学習理解を促進する効果があることが指摘されている。

　トレーニングの結果、多くの児童が教科書の文章や教師・級友の発言に対して疑問を感じたときに質問を作成することができるようになった。また、トレーニング終了後も、リストを利用しながら授業中に質問を作成するなど、学習中に質問をつくることを楽しむ児童がみられるようになった。このことから、質問を思いつくことができない児童が多いという実態に対して、こういったトレーニングが一定の効果を持つことが期待できる。

表1　質問生成の段階への働きかけで利用された質問語幹リスト（生田・丸野 2005）

カテゴリ	語幹（例）
a．理由や様子について考える（知る）ための質問	いつ？　どこで？　だれが？　どういう意味？　なぜ？　どうなっているの？　どうするの？
b．相手が何を言いたいかを考える（知る）ための質問	何が、一番大切なことですか？
c．原因を考え（知り）、予測するための質問	〜の原因は、何？　もし〜なら、何が起こる？
d．2つのことを比べ、関係を考える（知る）ための質問	〜と〜の違いは？　〜と〜は、どうして同じなの？　〜と〜は、同じ？　〜の長所と短所は何？
e．前にならったことや、知っていることとの関係を考える（知る）ための質問	前にならったことと、何か関係がありますか？　〜について、よく知っていますか？
f．自分（みんな）が、どんな意見なのか考える（知る）ための質問	〜に賛成、反対？

1.3.2　質の高い質問を思いつくことを促す介入―メタ理解と直接支援

坂本ら (2016) は、これまでの研究が質問を知識獲得のための手段とみなしているため、質問の質を向上させるための支援方法には踏み込めていないと指摘している。実際、生田・丸野 (2005) でも、質問の量は増えたが、質の高まりは確認できなかった。

質問の質を高めるにはどうすればよいのか、坂本ら (2016) は、「科学的原理・法則に基づく思考を活性化させることが、科学的原理・法則に基づく問いの生成の支援になりうるかどうか」について検討した。その際、新規の現象に対しても原理・法則に基づいた説明を構築するためには、科学的原理・法則が持つ性質を理解すること、具体的には、「原理・法則が、その適用範囲内においてどのような事例にも必ず成立することを前提として、現象について考えられる」ことが必要だととらえた。この理解をメタ理解と命名し、このメタ理解を獲得させることによって、原理・法則に基づいた思考が可能になった学習者は、原理・法則に基づく問いをも生成できるようになるのではいか、と考えた。

坂本ら (2016) は、科学的探究の指導方法について検討するために、小学校第 6 学年理科「燃焼の仕組み」において、燃焼の必要条件 (十分な酸素、十分な温度、燃えるものの 3 点) に関する原理とそのメタ理解を獲得させることを目標に、科学的原理・法則に基づく探究活動を中心とした授業を実施した。たとえば、燃焼事象の説明においては、燃焼の 3 要素全てに言及することがメタ理解の現れとなる。具体的には、科学的原理・法則のメタ理解を獲得させるために次の 3 点に着目して授業がデザインされた。(1) 不可解な (燃えそうなのに燃えない、燃えなさそうなのに燃える) 事象に対する学習者の自由な探求を学習活動の中心とすること、(2) 燃焼に関する科学的原理・法則の成立を前提として、仮説の設定から説明構築に至る探究活動に取り組ませること、(3) 科学的原理・法則と水との関係が理解できるように、気化熱について補足的に説明すること、である。

結果、問いのレベルが向上し、科学的原理・法則が持つ性質を理解することにより、表 2 のレベル 3 のような原理・法則に基づく問いが生成できる

ようになることを示した。また、質問生成に対する直接的な支援を付加することでさらに質問の質が高まることが明らかになった。ここでの直接的な支援とは、(1)科学的原理・法則に基づく問いの特徴を理解させること(科学的原理・法則に基づいた問いと基づかない問いを含む3つの問いを教師が提示し、どれが良い問いであるかを学習者に問いかけ、各自が良いと考える問いを理由とともに発言させた)(2)科学的原理・法則に基づく問いを生成する経験を全ての学習者に保証すること(科学的原理・法則に基づいた問いの生成を学習者が経験する活動を導入した)を行った。このことから、知識理解の獲得を前提とした実践の中で、トレーニングのような直接的な支援をセットで実施していくことで、質問の質も高まっていくことが示唆される。

表2 問いのレベルの評定基準と具体例(坂本ら 2016)

レベル1:科学的原理・法則に基づかない問い 　例)「マッチが水で湿らないのか」 　　・燃焼の必要条件(十分な酸素、十分な温度、燃えるもの)のいずれにも言及していない。 レベル2:科学的原理・法則に言及しているが、法則の利率を前提としていない問い 　例)「温度がないはずなのになぜ燃えたのか。」 　　・燃えたにもかかわらず、必要条件が全て満たされていると推論しない、等。 レベル3:科学的原理・法則に基づく問い 　例)「加熱水蒸気は何℃か」 　　　「マッチの発火点は何℃か」 　　・燃焼の必要条件のいずれかについて、その成立／不成立を前提に、探求を方向付ける。

2. 教室で質問を引き出すには

2.1 どんなときに質問を思いつくのか―質問を思いつくことを促す環境要因

　一方で、教室で児童・生徒が自発的に質問を思いつくこともある。それはどんなときなのか。ここでは、一人の児童の事例(生田2011)から考えてみたい。

小学校 5 年生 Y 君の例

Y 君は、いつも先生から言われなければ学習しないようなところがある（外
発的に動機づけられている）。学習に対しては、消極的で授業において発言
することも少ない（パーソナリティ意欲の低さ）。しかしながら、社会科では
（文脈の違いによって）、別人のように学習内容に興味を持ち、自分の問いを
持って（自己発問・問題発見して）自ら進んで調べ学習などをおこなうことが
できる（状況によって内発的に動機づけられている）。

　この事例からも、質問行動が起こる条件の一つとして、意欲の高まりを考
えることができる。ここでいう意欲とは、パーソナリティ（個人の特性）のよ
うな変化しがたいものではなく、文脈や状況によって変化するような意欲の
ことである（表 3）。質問行動が起こるか否かについては、個人の特性要因に
よってのみ説明されるのではなく、環境によって変化するような要因も授業
中のパフォーマンスを予測しうるものとして注目することができる。そもそ
も質問行動が学習内容や学習場面の状況と直結した活動であることを考える
と、生活全般に影響を及ぼすようなパーソナリティ意欲よりも、ある特定の
活動領域や内容に対応した文脈・状況意欲の高まりを考慮するほうがよいと
考える。このことから、質問を引き出すような教育実践では、児童生徒の個
人の要因（基礎知識や理解の程度、性格）を考慮するだけでなく、いかに状況
を作り出すかが重要になってくるだろう。
　教室で児童・生徒が質問を思いつくか否か、質問するか否かは、環境によ

表 3　「パーソナリティ意欲」と「文脈意欲と状況意欲」の特徴
（Vallerand and Ratelle 2002; 鹿毛 2004）

意欲のレベル	変化可能性	領域	例
パーソナリティ意欲	固有のもので、変化しがたい。	生活全般に影響を及ぼす意欲	何事にも積極的で前向きなタイプ、何に対しても慎重で念入りに取り組むタイプなど
文脈意欲状況意欲	その場の様々な要因によってもたらされる文脈や状況によって変化する。（刻一刻と変化するようなものも含める）	ある特定の活動内容や領域に対応した意欲	教科の違い（国語、算数など）や学習内容の違い（同じ算数でも、計算問題、文章問題とでは異なる）など

る影響も大きいかもしない。しかし、これまでの研究では授業中に学習者は質問をどの程度、あるいはどのように利用しているのか、その結果としてどのような学習理解を得ているのかに注目が集まりながらも、ほとんどが質問紙（アンケート調査）を利用し、行動傾向についての自己報告を求める（例えば、「あなたは質問をしますか？」に対する回答を求める）調査による行動の理解にとどまっている。授業中の質問生起過程については授業実践の場で検証されることは少なく、生態学的な妥当性からのデータの検討は十分に行われていない。教師の影響（実際の関わりなど）や授業の内容、その場の雰囲気などをとらえるためには、事例的なデータにおいて、一般的なモデル（たとえば、動機づけの高い子が質問を多くするという因果関係）を再検討することで、学校での実際の質問行動と理論的な想定とのずれを解消することができると考えられる（Karabenick and Sharma 1994）。

2.2　質問を思いつくか否かに学級間差はあるか
2.2.1　再生刺激法を利用した実践研究

　授業の中で質問力を高めるような授業を開発することはできないだろうか。そのためには、授業中に実際に質問が生起したその時の認知過程の諸相はどのような状態であるのか、あるいは、どのような環境にあったのかについても考慮した研究が必要である。ここでは、筆者が探索的に行った実践研究のデータをもとに、学級の違いの影響について検討してみたい。

　調査は、公立小学校 6 年生 2 学級（70 名）を対象とした。それぞれの学級は、1 組 35 名（男 19 名、女 16 名、担任：女性教諭）、2 組 35 名（男 15 名、女 20 名、担任：女性教諭）であった。手続きは、公立小学校で実施された国語科の授業実践、単元名「筆者の考えを受け止め、自分の考えを伝えよう─平和のとりでを築く─」（16 時／ 17 時計画）であった（2005 年 10 月実施）。学習指導案を 6 年担任教諭が共同で作成し、2 学級とも同一の学習指導案のもと授業実践を行った。実験者は、各学級において、観察・ビデオ記録を行い、その後、授業中の認知過程を把握するために再生刺激法を参考にした課題を実施した（授業直後の授業時間 45 分で実施）。また、個人特性および教

室の動機づけ構造の認知に関する質問紙は、事前に各学級において、実験者が読み上げながら一斉に行った。

　本研究では、吉崎・渡辺(1992)によって授業における児童の認知・情意過程を把握するための方法として明らかにされた「再生刺激法」を利用した。再生刺激法(stimulated-recall procedures)は、授業をビデオで録画し、授業終了後、学習者(子ども)あるいは授業者(教師)が授業ビデオを手がかり(刺激)として、各授業場面での自らの内面過程(認知・情意)を思い出す(つまり、記憶を再生する)方法である。従来の研究の多くでは質問紙法が用いられ、行動についての質問項目に対して自己評価を求め分析の対象としていた。この方法では、「質問を思いついた・思いつくかどうか」は、児童の自己評価にゆだねられていた。そもそも質問生成は、その事実の発生した回数で表すべきであり、自己評定をそのまま児童のパフォーマンスとして理解することには問題があると考える。また、質問生成と認知過程との関係を考えるならば、質問生成が起こった際の認知について問う方が望ましいと考えられる。本研究では、以下の手順で実施した。

(1)1台のカメラで教室の後方から子どもの視線の方向にあわせて(つまり授業者を中心に)授業をビデオ録画する。
(2)重要な授業場面(授業目標を達成するうえでポイントとなる場面で、しかも子どもがそのときの内面状態を記憶再生しやすい、教師の発問・説明や友だちの意見発表などが行われた場面)を3～5個選択する。
(3)授業終了後、各授業場面を約2・3分間にわたって子どもに再生視聴させ、それらの重要な授業場面でビデオを一時停止する。(なお、本研究では、重要な授業場面として、パネルディスカッション形式の活動の場で、数名の児童が意見交流する場面を選択した。)
(4)授業中にその場面で考えていたことや思いついていた質問を子どもに記述させる。
(5)自己報告された子どもの認知・情意反応を分析する。

　この方法によって得られるデータは、時と場面が刺激によって統制された状況での認知過程についてであり、従来の質問紙法による行動傾向についての自己評定や授業直後の自己評定よりも的確に質問生成と認知過程との関係を検討することができると考えられる。またここでは、「パーソナリティ意欲」と「文脈意欲」のどちらが授業中の質問生成の有無や質問生成過程に関係するかについて検討するために意欲についての調査も行った。

2.2.2　学級の文脈意欲が質問を思いつくか否かを決める

　パーソナリティ意欲（個人の目標志向性）と文脈意欲（教室の目標構造にいての認知）の違いについて集計したところ2つの学級は次のような特徴があることが分かった。個人の志向性については、学級間差はないが、学級による動機づけ構造についての認知については、2組の方が熟達目標構造について1組よりも高く、逆に遂行目標構造は低い。つまり、パーソナリティ意欲は、学級間差はないが、文脈意欲には学級間差がある。ここでの熟達目標構

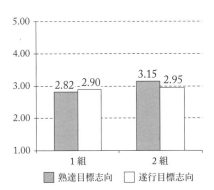

個人の目標志向性では、それぞれの志向について、例えば「わたしは、学校で新しいことを知ることが好きです（熟達目標）」、「学校で他の子より良い成績がとれたとき、私は特に満足感があります（遂行目標）」といった項目について、5段階評定により回答を求めた。

図2　パーソナリティ意欲（個人の目標志向性の学級差

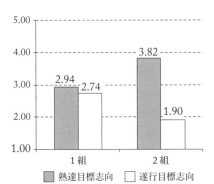

教室の目標構造の認知では、それぞれについて、例えば「わたしのクラスでは、先生は勉強を覚えるだけでなくて、内容をちゃんとわかってほしいと思っています（熟達目標）」、「わたしのクラスでは、成績が良いか悪いかということが大切なことです（遂行目標）」といった項目について、5段階評定により回答を求めた。

図3　文脈意欲（教室の目標構造の認知）の学級差

造とは、熟達することに重点をおき、努力することによって新しいスキルを
身に付けようとし、学習する過程自体に注目するよう方向づける構造のこと
である。よって、熟達目標に方向付けられている学級の方が質問を多く思い
つくのではないかと予想される。

　対象となった 2 学級のそれぞれで課題に記述された質問の数（思いつい
た質問の数）を集計した。結果、質問を記述した児童が多かったのは 2 組
（82.9％）で、1 組では 31.4％にとどまった。また、1 組では、複数個記述し
た児童も少ない。

　このことから、熟達目標構造についての認知の高い学級において、質問生
成過程が生起しやすいのではないかと考えられる。つまり、個人の特性とし
ての動機づけよりも、その場の様々な要因によってもたらされる文脈によっ
て変化するような学級によって方向づけられる動機づけの方が、質問を思い
つくか否かにおいて重要な要因となることが示唆される。このことは、従来
の研究が主に個人特性によって質問を思いつくか否かについて説明しようと
したのに対して、環境要因を重視することの重要性を示していると考える。

表 4　記述された質問の数の集計

	記述された質問の数						計
	0	1	2	3	4	5	
1 組	24	8	2	1	0	0	35 名
	68.6%	31.4%					100%
2 組	6	14	11	3	0	1	35 名
	17.1%	82.9%					100%
計	30	22	13	4	0	1	70 名
	質問なし　30 名	質問あり　40 名					
	42.9%	57.1%					100%

2.3　質問を思いつく児童が多い学級の教師の発話

　どうすれば事例の 2 組のような熟達目標構造の認知が高い学級になる
のか。ここでは、教室での教師の発話、特に、リヴォイシング（revoicing）
に着目して検討する。リヴォイシングとは、議論の中でほかの他者によっ
て行われる、口頭もしくは書き言葉でのある児童の発言のある種の再発話

(O'Connor and Michaels 1996) である。このリヴォイシングは、教師から児童へと知識が伝達される従来の授業の参加構造を変え、話し合いを組織化するための一手段とされている。ここでいう従来の参加構造とは、Mehan (1979) の指摘する IRE (教師発問・誘導―児童応答―教師評価) のことを意味している。リヴォイシングの機能としては、授業中の児童の発言を再度話し合いの中に位置づけることや、児童の発言内容をより抽象的で一般性の高い科学的な概念 (学習内容) とつなげること等を指摘することができる。また、発言内容をほかの児童につなげることや多くの児童に聞こえるように再度発言されることによって、相互に学び合う対人関係を作り、自分自身と関連付ける機会を与える社会的な機能もある (一柳 2009；O'Connor and Michaels 1996)。

表 5　授業中の発話の学級による違い

	1 組	2 組
教師のリヴォイシング発話数	2	6
教師の発話数	15	65
発話数に占める教師の発話数の割合 (%) (教師の発話数／発話数× 100)	8.2	30.5
総発話数 (児童＋教師)	183	213

　対象となった授業 (45 分) において 2 組では、総発話にしめる教師の発話数は 30.5％で、1 組の 8.2％より多かった (表 5)。このことは、意外な結果といえる。児童の発話が多いほど、児童が主体的になっているのではないか。実際、授業を観察した際には、1 組の方が児童の発話の比率が高いため、児童が活発に発言している印象があった。しかし、ビデオを見ながらトランスクリプトを書き起こしてみるとその印象は一変する。たとえば表 6 は、2 組の教師が、声が小さいため録音からどのような発言をしたのか書き起こせないような児童の発言に適切に対応し、学習内容と結びつけて価値づけを行っている場面である。この場面では、児童の発言内容をより抽象的で一般性の高い概念 (学習内容) と結びつけるだけでなく、多くの児童に聞こえるように再度発言されることによって、相互に学び合う対人関係を作り、自分自身と関連づける機会を与える社会的な機能を果たしていると考えられる (生

田・増田 2016)。また、表 7 にみられるように質問についても肯定的な評価
を行っており、価値観を常に示している。このような働きかけが、どんな発
言も受け入れられるという学級文化を作り出し、教室の目標構造を熟達目標
に導いたことで、質問を思いつく児童が多くなったと考えられる。

表 6　教師の児童の発話のトランスクリプト（学習内容とのつながり・学び合う対人関係をつくるリヴォイシング）

教師：S さん
児童 S：(声が小さいため、ビデオからは言葉が書き起こせない
一部の児童：わかりました
教師：いま、S さんが発表してくれたことね。社会科でまだあとで出てくるんですが、国際連合という組織があるんですが、これについては、詳しく社会科とかで学習していきたいですね。

表 7　教師と児童の発話のトランスクリプト（質問行動の価値を確認するリヴォイシング）

児童 A：僕は、T 君がいいと思いました。さっき、2 回続けて発表していたからです。
全　員：(拍手)
教　師：質問をしている人がいるとみんなの理解が深まるんよね。ありがたかったね。

3. 今後の展望―質問力の育成のために必要なこと

3.1　授業における学習者の質問の定義の拡張

　坂本ら (2016) は、質問の定義を「学習中の疑問を明確にしたもの」から
「探求の出発点となる科学的質問」に拡張した質問生成研究の重要性を指摘
している。なぜなら、質問の定義を拡張することは、教育心理学の授業に探
求学習のアプローチを持ち込んだ King の研究群の発展であると同時に、質
問の生成が知識の獲得だけでなく、知識の発見や構築をもたらす思考の促進
につながる可能性を検証する試みとなるからである。これまでの研究では、
学習者の質問を狭義にとらえ、教師主導の問題解決場面である授業場面にお
いて、その課題解決に貢献するような質問にのみ焦点があてられることが多
かった。そのため、学習者の主体的な問題発見をもたらすような質問への注
目ができなかったと考えられる。

　この点について検討するために、先行研究をもとに次の図4のように授業における学習者の質問を整理する。縦軸は、学びへ向かう自律性とした。これは、先に指摘したパーソナリティ意欲、文脈意欲のような動機づけの要因に基づいた、個人の心理的な状態を指している。高ければ高いほど質問を生成する可能性が高く、低ければ質問をしない、無質問を選択する。また、ある程度動機づけが高く、つまずきの明確化ができていれば、援助要請型の質問をする可能性は高くなる。従来の教室での質問行動を援助要請行動としてとらえた研究は、このタイプの質問をするか否か、思いつくか否かについて検討したといえる。さらに学びへの自律性が高ければ、よりよい問題解決や高いレベルの思考が引き起こされる可能性が高く、問題発見型の質問も含まれるかもしれない。そのような質問が生成されれば、知識の精緻化が促されたり、その質問を使って教師や級友と交流したりすることで、理解を深めたりすることが可能になるだろう。しかし実際には、そのような質問は日常的な学習場面で自発的に生成されることは難しく、自己発問などのトレーニングなどによって引き出されなければならない状況があるだろう。

　一方横軸は、教師から与えられた課題場面における質問の有用性である。従来の研究では、この有用性が低い、あるいは、コスト感が高い場合、学習方略が選択されないことが多いと指摘されている（吉田・村山 2013）。そのため、無質問が選択されることが多くなるだろう。ただし、学びへ向かう自律性がかなり高い場合、質問を思いつくことが予測される。たとえば、国語の授業中に社会に関するような質問を思いつく場合もある。このような問題発見型の質問を教室の中で位置づけるならば、教師の設定した課題解決場面から逸脱したものである。しかしながら、これから求められる新たな学びの中では、このような課題の枠を飛び出していくような問題発見型の質問こそ高く評価される必要があるだろう。なぜなら、実社会に置き換えるなら、このような一見逸脱した質問が、膠着した状況を打開したり、発明の源となったりするといった貢献を果たしてきたと考えられるからである。21世紀を担う児童・生徒が社会で活躍する上では、こうした従来の常識や与えられた課題解決場面の枠を飛び出して、創造的に思考し、問題発見できるような力

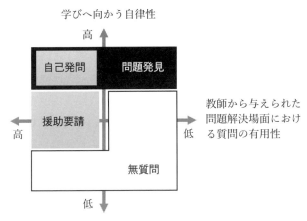

学びへ向かう自律性

高

自己発問　問題発見

援助要請

高　　　　　低

無質問

低

教師から与えられた
問題解決場面におけ
る質問の有用性

図4　授業における学習者の質問の種類をとらえる枠組み

が求められるだろう。そういった視点に立って、今後、学習者の援助要請行動の促進にとどまらず、学習者の自発的な問題発見力をいかに高めるかという取組に展開していく必要があると考える。

3.2　授業を通して学習者の質問力を育成するために

　先行研究の知見などをもとに整理すると、授業の中で児童・生徒の質問力を向上させていくには、学習者が質問を思いつくこと、学習者に質問を思いつかせることが必要となる。質問するか否かへのアプローチだけでなく、思いつくか否かへのアプローチが必要である。そのうえで、次のような視点で実践を展開することが重要になると考えられる。

(1)既習範囲の学習が不可欠である。基礎基本の学習を前提にする必要があり、未知の領域に対する「わからない」という実感ではなく、「ここまではわかっているけど、これからもっと知りたい」といった気持ちが起こることが大切である。質問は、無知から抜け出させる行動であると同時に、未知への挑戦へと導く行動であるということを再確認したい。
(2)児童・生徒の質問が授業に生かされることが重要である。せっかく勇気

を振り絞って質問したのにもかかわらず、教師が取り上げなかったり、取り上げたとしても肯定的な評価を受けられなかったりしたならば、質問をすることはなくなるだろう。また常に、質問することを求められるような環境であれば、質問を思いつこうとする機会も増えるのではないだろうか。学習者の質問が生かされる。そんな授業に近づくためには、これまでの授業とは違うやり方を取り入れていく必要があると考える。知識伝達型の授業では、リヴォイシングに関して説明した際に触れた、Mehan（1979）の指摘する IRE（教師発問・誘導—児童応答—教師評価）のように教師の発問がやり取りの初めとなり、児童生徒はその問いに答えを求められることが多いが、新たな学びの場では、児童の素朴な質問から授業が始まる、児童の質問から学びの世界が広がる、そんな授業が求められる。あるすぐれた教育実践を積み重ねている教師は、「子供の質問から授業を始められたら最高やね」と話した。たとえば、教育実践の場で今後主流となるアクティブラーニング型授業も、その一つのあり方である。このような授業実践の先に、学習者が自発的に問題発見を繰り返しながら、学び続けていく姿が見えてくると考えられるが、そんな学びが一足飛びに実現することはない。その前段階として、教師の授業づくりによって学習者の質問が引出されるという段階を経過するに違いない。師問児答から児問児答へ。児童・生徒が問う主体となれるような授業実践へ展開していく必要があると考える。

(3) みんなが成長していけるような学びに方向づけられた、失敗をおそれない、そういった文脈・状況にあふれた学級をつくることが不可欠である。たとえば、河村（2017）は、従来の教員による説明型の授業と比べると、アクティブラーニング型授業で求める成果を上げるためには、授業だけではなく、学級集団づくりと自律性支援的な教員の指導行動とセットで取り組まなければならず、それはかなり高度な教育実践になることを指摘している。児童・生徒の質問を中心にした授業実践は、望ましい学級集団が前提となることを確認したい。

　なぜ学習者は質問をしないのか、思いつかないのか、と考えたときに、今
後、学習者の質問行動を引き出し、質問力を高めていくためには、個人要因
についても考慮しながら、いかに環境を整えるかが重要であると考えられ
る。つまり、教師がいかに学びの場をつくるかが問われるということが再確
認できた。授業づくり、学級づくりの先に、自発的に問題発見する学習者の
育成があると考える。

引用文献

Graham, S., & Barker, G. P. (1990). The down side of help: An attributional-developmental analysis of helping behavior as a low-ability cue. *Journal of Educational Psychology*, 82: pp.7–14.

一柳智紀 (2009)「教師のリヴォイシングの相違が児童の聴くという行為と学習に与える影響」『教育心理学研究』57: pp.373–384.

生田淳一 (2011)「授業の中で「学ぶこと」への自身を育むために―「問題発見から始まる学び」から見えてくること」『教育と医学』59: pp.40–47. 慶應大学出版会

生田淳一・丸野俊一 (1999)「質問生成を中心にした対話型模擬授業セッションによる小学生の授業場面での質問行動の変容」『認知・体験過程研究』8: pp.51–66.

生田淳一・丸野俊一 (2000)「なぜ小学生が授業中に質問しないのか」『日本教育心理学会第 42 回総会発表論文集』p.390.

生田淳一・丸野俊一 (2003)「教師への質問行動に対する児童・学生の認識―小学生と大学生の質問行動に対する認識の質問紙調査による比較」『日本心理学会第 67 回大会発表論文集』p.1230.

生田淳一・丸野俊一 (2005)「質問作りを中心にした指導による児童の授業中の質問生成活動の変化」『日本教育工学会論文誌』29: pp.577–586.

生田淳一・増田健太郎 (2016)「学習指導における「つながり」の醸成と教育効果」露口健司 (編)『「つながり」を深め子供の成長を促す教育学―信頼関係を築きやすい学校組織・施策とは』pp.24–33. ミネルヴァ書房

鹿毛雅治 (2004)「『動機づけ研究』へのいざない」上淵寿 (編著)『動機づけ研究の最前線』pp.1–25. 北大路書房

Karabenick, S.A. & Sharma, R. (1994). Perceived teacher support of student questioning in the college classroom: its relation to student characteristics and role in the classroom questioning process. *Journal of Education Psychology*, 86: pp.90–103.

河村茂雄（2017）『アクティブラーニングを成功させる学級づくり―「自ら学ぶ力」を着実に高める学級環境づくりとは』誠信書房

King, A. (1992). Facilitating elaborative learning through guided student-generated questioning. *Educational Psychology*, 27: pp.111–126.

Mehan, H. (1979). *Learning Lessons*. Cambridge: Harvard University Press.

無藤隆・久保ゆかり・大嶋百合子（1980）「学生はなぜ質問をしないのか？」『心理学評論』23: pp.71–88.

Nelson-LeGall, S., & Jones, E. (1990) Cognitive-motivational influences on the task-related help-seeking behavior of black children. *Child Deveiopment*, 61: pp.581–589.

Newman, R. S., & Goldin, L.(1990). Children's reluctance to seek help with schoolwork. *Journal of Educational Psychology*, 82: pp.92–100.

O'Connor, M. C. & Michaels, S.(1996) Shifting participant frameworks: Orchestrating thinking practices in group discussion Hicks, D.(ed.) *Discourse, Learning, and Schooling*. pp.63–103. Cambridge: Cambridge University Press.

坂本美紀・山口悦司・村山功・中新沙紀子・山本智一・村津啓太・神山真一・稲垣成哲（2016）「科学的な問いの生成を支援する理科授業―原理・法則に基づく問いの理解に着目して」『教育心理学研究』64: pp.105–117.

瀬尾美紀子（2005）「数学の問題解決における質問生成と援助要請の促進―つまずき明確化方略の教授効果」『教育心理学研究』53: pp.441–455.

Vallerand,R. J., and Rattelle, C. F. (2002). Intrinsic and extrinsic motivation: A hierarchical model. In Deci, E. L. and Ryan, R. M.(ed.), *Handbook of Self-determination Research*. Rochester, NY: The University of Rochester Press. pp.37–63.

吉田寿夫・村山航（2013）「なぜ学習者は専門家が学習に有効だと考えている方略を必ずしも使用しないのか―各学習者内での方略間変動に着目した検討」『教育心理学研究』61: pp.32–43.

吉崎静夫・渡辺和志（1992）「授業における子どもの認知過程―再生刺激法による子どもの自己報告をもとにして」『日本教育工学雑誌』16: pp.23–39.

第4章
児童の問いに基づいた
小学校道徳授業の展開
—— 木下竹次と手塚岸衛の大正自由教育の実践を踏まえて

小山義徳・八木橋朋子

1. 児童、生徒の問いを元にした教育実践の歴史

　ここまでの章で、主に教室での実践や問いに関する理論を紹介してきたが、ここで日本における児童・生徒の問いに基づいた歴史に目を向けてみよう。日本における「児童、生徒の問いを元にした実践」は新しいようで、実は長い歴史がある。

　その中でも、この章では特に、児童に知識の暗記を強いるそれまでの教育に異を唱えて、児童の興味や関心を中心とした教育を提唱した「大正自由教育」にフォーカスをあてる。「大正自由教育とは、明治期の教師中心・一斉画一・注入受動の教育に対する反省に基づき、児童中心・個性尊重・自学自習の新教育を目指す教育」(永井 1986)のことを指す。過去の日本にも「知識の記憶中心」から「学習者中心」への転換に挑戦した時期があったのである。

　この理念を基に教育を行った学校としては、奈良女子高等師範学校附属小学校(現：奈良女子大学附属小学校)、千葉県師範学校附属小学校(現：千葉大学附属小学校)、自由学園、成城学園、明星学園、玉川学園等がある。中でも、木下竹次が率いた奈良女子高等師範学校附属小学校と、手塚岸衛が率いた千葉県師範学校附属小学校の2つの学校は、当時の教育に大きな影響力があった。

　そこで、本章では、まず、本節では日本で大正期に行われた、児童を中心とした教育実践の代表例として、特に影響力の大きかった木下竹次の奈良女

子高等師範学校附属小学校と、手塚岸衛の千葉県師範学校附属小学校の2つの実践をとりあげて紹介する。そして、最終節で、筆者らが行った「児童の問いに基づく授業」の手順の説明と実践の結果について説明する。

1.1 奈良女子高等師範学校附属小学校における木下竹次の教育実践

中野（1967）によると、木下竹次は1872年に福井県に生まれ、1919年から1940年の間、奈良女子高等師範学校附属小学校主事として在職した。そして、「彼の理論がつねに実践と結合しながら教育現象のほとんどすべてにわたって、しかも体系的であったことなどにおいて「新教育運動」を担った指導者の中ではもっとも重要な役割を果し、その影響力もきわめて大きかった。」（中野 1967）と評されている。

木下竹次の教育実践の特徴を表わす用語として、「独自学習」、「相互学習」、「さらなる独自学習」、「合科学習」があげられる。以下、それぞれの用語の解説を行う。

「独自学習」、「相互学習」と「さらなる独自学習」

木下は学習を3つの段階に分けた。まず、「個別に学び」、次に「集団で学び」、最後に、「個別で追究する」段階である。木下が提唱したこの3つの学習はそれぞれ、「独自学習」、「相互学習」、「さらなる独自学習」と呼ばれた。

1. 個別に学び	→ **「独自学習」**
2. 集団で学び	→ **「相互学習」**
3. 個別で追究する	→ **「さらなる独自学習」**

「独自学習」

> ……まず概略を教授するとか、原理を教えて応用させるとかの考えを放棄し、自分一人が学習指導者であるという誤解を捨てなくては、学習を独自学習から始めることはできない。従来から予習・復習としてずいぶん独自学習は行われたものであるが、それはいずれも教授の従属的活動であった。かつ非科学的で又、労力浪費的のものであった。我々はこの独自学習を教師の直接また間接の指導の下で組織的に計画的に又経済的に行って、これを学習の重要部分としようというのである。

（「学習原論」p.461）

　最初の段階における個別学習は「独自学習」と呼ばれる。木下は著書「学習原論」(1923)の中で「独自学習」について上記のように言及している。

　「……自分一人が学習指導者であるという誤解を捨てなくては学習を独自学習から始めることはできない」という一文から木下は「教師が教える」ことを学習とは捉えていなかった様子が伺える。

　また、「以前から予習や復習の形で行われていた独自学習を、より組織的に計画的に又経済的に行った」と記している。これは、具体的には、児童に「問い」を持って独自学習に臨むように教師が指導を行い、その問いを活かした相互学習を行ったことを指していると考えられる。

「相互学習」

　「独自学習」の次に行われる学習が「相互学習」である。木下は相互学習時の学習集団を「分団」や「学級」と呼んだ。そして、この集団の中で様々な意見を交わすことで、児童の学習が成り立つと考えた。

> 　相互学習においては各児童生徒は必ず各自の独自学習の結果を持参して独立の意志をもって相互学習に参加する。この学習成員中には各特長を異にするものがあって互いに協同して一つの社会を形成する。それがいわゆる分団であり又学級である。　　　　　　　　　　　　　　　　　　　　　　　　（「学習原論」p.482）

　他の個所で、木下は「相互学習」の際の児童の責任として、

「自分の疑問を提出して解決を乞うこと」
「自分の意見を提出してこの批評を乞うこと」

の２つをあげている（「学習原論」p.483）。ここから、「相互学習」の前の段階である「独自学習」において、自分なりの「問い」をもっておくことを重視したことが分かる。

「さらなる独自学習」

　「相互学習」が終われば、学びが終わるのではなく、木下はその後に「さらなる独自学習」を設定している。

> 　……いったん相互学習の終わった学習材料についてさらに独自学習をすることは真に価値がある。相互学習の際に自分の長短と他人の長短とがわかる。自分の更に学習せねばならぬ所が明瞭になるから更に独自学習を試みると学習の完成に近づくことは申すまでもない。　　　　　　　　　　　　　　　（「学習原論」p.469）

　つまり「独自学習」で「問い」をつくり、その問いをもって「相互学習」に臨むことで学ぶべきことが明らかになる。そして、更に「独自学習」を行うというイメージであろうか。次に、木下の実践をより詳しく解説するため、「学習原論」に掲載された、「国語読解」の実例を紹介する。

1.2　「国語読解」の実践例

> 　児童は教師の予備などを待つこと無く、自分の力で力限り新文章を読んでみる。幾度も通読してみる。この中に漠然ながらもその大意を把捉する。大要は正確でなくともよろしいが読解していく方針を誤らぬことが大切である（本稿筆者略）。児童は全部的に部分的に文章を読み自己の精神的全財産を遺憾なく利用して、推読推解する。文章中の読みえる所から段々読み広げていく、全と分との関係から、あるいは前と後の関係から、その他種々の関係から考えて読解する。
> 　　　　　　　　　　　　　　　　　　　　　　　　　　（「学習原論」p.553）

　このように、木下は、教師の手を借りずに児童が持っている力を尽くして、まずは自分で読んでみることを推奨した。「まずは通読により全体の意味を把握した後で部分を読む」という、読解の仕方を具体的に指導していた点に注目したい。また、前述したように「独自学習」の大きな目的は、この後に行う「相互学習」に備えて、「各自が疑問を明確化しておくこと」である。

「分団相互学習」と「学級相互学習」

　木下は相互学習を「分団相互学習」と「学級相互学習」の2種類に分けて考えた。「分団相互学習」とは、学級相互学習の前段階で、分団とよばれる小グループの中で学級での学習で提示する問題について学習しておくことで

ある（「学習原論」、p.557）。ただ、木下自身が「分団相互学習」は「時には省略する」（「学習原論」、p.557）と言及しているように、それほど重きをおいていなかったようである。

　一方、「学級相互学習」は、木下の教育の根幹を成すものである。そのため、少し長くなるが、「学級相互学習」をさらに序盤、中盤、終盤の3つに分けて詳しく紹介する。

　「学級相互学習」の序盤は、以下のように進められる。

> 　学級相互学習の仕方は一様ではないが、通例は誰か通読して大意を発表する。その発表に質問が出る、解答が起こるという風に進展することが多い。一問題の解決がつくと次の問題を提出するものが出る。研究問題は文章全体に関係するようなものがよろしい。題目の適不適格、性格とか場面とかの想定、いかなる時の記述か、作者の本旨または位置などについて問題が出る。語句の質問でも時によると文章全体に関係しておもしろく展開することもある。　　　　　　（「学習原論」p.558）

　「独自学習」の段階で児童生徒各自が問いを作っていることが、ここで生きてくる。児童生徒が「問い」を持って「相互学習」に臨むことで、「知りたい」、「議論をしたい」という気持ちが高まり、児童生徒の「相互学習」への動機づけが高まるのだろう。

　また、「学級相互学習」における教師の役割を木下は以下のように述べている。

> 　……児童生徒が疑問を出して最初は一向に解決のつかぬことでも漸次に質問と解答とを重ねて進むと大抵は面白く進展する。時には議論紛糾して始末のつかぬときがあるが、それは問題が横道に入るのと幾多の問題が錯綜するからだ。このとき教師はなるべく干渉をしないで児童生徒に始末をさせる。むろん、解決は起きえない。　　　　　　（「学習原論」p.558）

　この記述から、木下が、「児童生徒が議論して問題を解決する」ことよりも「教師の手を借りずに児童生徒が議論を進める」ことに、重きを置いていたことが伺える。

　さらに、「学級相互学習」中盤において、の教師の仕事についても言及し

ている。

> 　……児童生徒中には統率力の強いものもある。紛糾を整理するに妙を得ているものがある。教師は議論の弱い方を助ける。時には全級を相手として論争する。それよりも教師として大切なのは幾多の意見を分類してその異同を明らかにしていくことだ。尚必要なことは議論の帰趨について正当な見解を持っていることである。今一つ教師は泰然として児童生徒の意見の出てくるのを待つことの度胸があることが必要だ。この度胸がなくては研究の深刻を害する。　　　　　　　　（『学習原論』p.558）

　議論が盛り上がってきた時の教師の役割としては、児童生徒から出た意見のどこが同じでどこが異なるのかを明らかにすること、議論の落ち着きどころのイメージができていること挙げている。

　さらに、児童生徒の意見が出てくることを教師が待つことを、「度胸」と表現していることから、大正期の教師も現代の教師同じく、児童生徒から意見が出ない場合に、教師が議論を進めてしまう傾向があったことが推測される。難しい事ではあるが、児童生徒から意見が出てくるようになるためには、どの時代においても、教師が「待つ」ことが大切なのであろう。また、「学級相互学習」終盤における教師の役割については、以下のように述べている。

> 　児童生徒に意見を尽くさせるのは教師の手腕である。彼らは一通り言うだけ言うとそれ以上は意見を言う方法を知らないで黙してしまう。教師の指導と学習者の工夫とにより更に新しい論点を見出して議論を尽くす。全級成員が十分に意見を尽くせば不思議なほどに落ち着くところに落ち着く。　　　　　　（『学習原論』p.559）

　児童生徒から意見が出にくいのは、今も昔も同じであった様子がうかがえる記述である。惜しむべくは「教師の指導と学習者の工夫」がどのようなものであったかの記述が詳しくは記されていないため、実際に何が行われたのか分からない。

　最後に、「学級相互学習」が終了後は、下記のような指導が行われたようである。

> 　「相互学習」は終わったならば、再び「独自学習」または分団学習を始める。更に補充材料を取るもの、補習するもの、前進するもの様々である。
>
> （「学習原論」p.560）

　これが、「さらなる独自学習」にあたる学習であると思われる。

　以上が、木下が提唱した「独自学習」、「相互学習」、「さらなる独自学習」の解説である。次の節では、木下の教育実践のもう1つの特徴である「合科学習」について述べる。

1.3　木下竹次の「合科学習」

　木下の教育の2つ目の特徴が「合科学習」である。木下によると前述した「分科学習」は学習生活を幾部門に分類して各別に学習する方法で、「合科学習」は学習生活を幾部門に分類せずこれを渾一体として学習する方法である」（「学習原論」p.275）と述べている。

　ただし、木下は「いかに合科的に準備された題材であっても、それを従来の一斉教授や教師主体の方法で教えるのならそれは、合科学習とは言えない」（内藤 2000: 16）とも述べており、あくまでも児童が自発的に学習を行う事を大切にしている。そのようすが、よくわかるのが、内藤（2000）の引用による、奈良女子高等師範学校附属小学校が発行している雑誌「学習研究」に掲載された、低学年の合科学習のようすである。

児童：先生、何をしますの。
訓導：もっとお遊び。昼まで精を出してお遊び、笛がなるまでお遊び。
　　　児童は一斉に駆け出す。今度は十分経つと、児童は再び訓導を囲みだす。
児童：先生、何をしますの。
　　　訓導が何も答えずに黙っていると、児童は相談を始める。
児童：花を採ってもいいの。
児童：カゲロウ捕まえてもいいの。
児童：写生してもいの。
訓導：はあ、何をしてもいいのよ、好きなことをしてお遊び。
　　　児童は喜んで走っていく。

> 児童：先生、花は摘みましたがどうしましょう。
> 訓導：さあ、どうしましょうかね。せっかくだから花束にでもして、お母さまのお
> 　　　土産にしますかね。
> 児童：花ちゃん、このタンポポ五本あげるから、あなたのスミレを三本ちょうだい。
> 児童：三郎くん、僕のレンゲソウを十本やるから、君のミヤコグサを七本くれたま
> 　　　え。
> 児童：先生、これでいいの、見て頂戴。
> 訓導：やあ、きれいだね。どうしてこしらえたの。
> 児童：僕がレンゲソウを三十本持ってたから、三郎君に十本あげました。そして、
> 　　　三郎君からミヤコグサを七本買って作ったのです。
> 訓導：ああ、それで美しくなったね。じゃあ、もうレンゲソウは何本になったのだ。
> 　　　一つ、ここらにいる人に聞いてごらん。
> 児童：花子さん、太郎さんはレンゲソウを何本持っていますか。
> 児童：二十本です。
> 訓導：そうですね。

　また、「合科学習」の教育効果として、木下は以下のように述べている

> 　合科学習をすると事物を多方面から観察し工夫するから学習者の将来の生活にお
> いてあまり一方に偏ることを防ぐことができる。　　　　　　（「学習原論」p.276）

　このように、科目の枠組を超えて、日常の中から児童が遊びや学び考え、日常生活の中での学習を成立させようとしたのが「合科学習」である。

木下亡き後の「奈良の教育」はどのように発展したのか

　木下が1940年に奈良女子高等師範学校附属小学校を去った後、戦後、重松鷹泰を中心に木下竹次の理念が引き継がれ、「しごと」、「けいこ」、「なかよし」の3つの要素からなるカリキュラムで児童を育てていく「奈良プラン」が確立した。

1.4　奈良女子大学附属小学校の「おたずね」

　その流れを受けた、現在の奈良女子大学附属小学校の実践の中で特徴的な指導が、毎日の活動の中で行われている「おたずね」である。

　「おたずね」は、奈良女子大学附属小学校で日常的に使われており、朝の会や授業中、他の児童の発表等に対して、分からないことがあるときに児童

や教師が「おたずね」をする。

　では、「おたずね」は「質問」とはどう違うのか。「「おたずね」の由来は、戦後、1年生の朝の会で、子どもが、友達の発表に「おたずね」と問いかけたことが広まったことにある。そして、「質問」が社会で用いられる硬い言葉であるのに対し、「おたずね」はこどもの学びの世界から生まれた応用力のあるやさしい言葉である」としている（「学習研究」p.18）。

　確かに「おたずね」には「質問」にはない、どこかやさしい響きがある。「おたずね」が同じ共同体に属する者同士が、疑問を解消しようとしている印象があるのとは対照的に、「質問」には、自分と他人の境界がはっきりしている者同士が、一方が知らないことを知っているであろうもう一方に聞いている印象がある。

「おたずね」のはたらき

　「おたずね」のはたらきについて、堀本（2011: 17）は以下の点をあげている。
　・おたずねを見つけようとしながら聴いたり学んだりすることで、学習が
　　丁寧になる。
　・発表された事項や、発表した友だちへの理解が深まる。
　・発表者に新たな視点を与える。

　奈良女子大学附属小学校では、日常の中に「おたずね」がとけこんでおり、児童が頻繁に「おたずね」を行う。例えば、朝の会の「元気しらべ」と呼ばれるクラスメートの個人発表に対して以下のようなやりとりが行われている。

> 　　　　　　1年生「朝の会・元気調べ」（日和佐 2011: 9）
> 「ぼくは、この石をもってきました。」
> 「どうしてもってきたのですか？」
> 「きれいに光っていたからです。」
> 「なぜ光るのですか？」
> 「ダイヤモンドが入っているからだと思います。」

　3年生にもなると小学生とは思えない深い内容の議論が展開される。

3年生「しごと」　相互学習（日和佐 2011: 10）
児童A:「興福寺の五重塔の基壇にはどんな仏像がありますか。」
児童B:「私は、年に二回開帳されることは知っていますが、私が調べに
　　　　行ったときは、開帳していなかったので、わかりません。○○君
　　　　は、どうしておたずねしたのですか？」
児童A:「ぼくは、法隆寺の五重塔の基壇には、釈迦の人生の四相が塑像
　　　　で表していることを知っています。たぶん興福寺も同じじゃない
　　　　かなと思って、おたずねしました。」（著者略）

　さらに、このあと児童は実際に興福寺に行って「五重塔の基壇」にどんな仏像があるか確かめに行っているのである。「問い」が産まれると、調べずにはいられなくなる児童の様子が伝わってくるエピソードである。

　注目すべきは、児童Bの「○○君は、どうしておたずねしたのですか」という「おたずね」である。この「おたずね」は相手の「おたずね」の意図をたずねており、「この人はなぜこの質問をしたのか」と、他人の立場に立ってメタ的に考えることができなければ発せられることのない問いである。小学校3年生でここまで考えられるようになっているのは驚きである。

2. 千葉県師範学校附属小学校（現：千葉大学附属小学校）の実践

　木下竹次が「奈良の教育」を行っていたほぼ同時期に、千葉県師範学校附属小学校では「自由教育」が行われ、全国の教師から注目された。千葉県師範学校附属小学校では当初「自教育」と呼ばれ、後に「自由教育」と改められた教育を主導したのが、1919年に附属小主事として着任した手塚岸衛である（永井 1986）。手塚は、当時主流であった、ペスタロッチの問答式開発教授法やヘルバルトの段階式教授法等の「教師中心の授業展開」に対して、児童中心の「自学・自治・自育」を目指した教育を提唱した。

2.1　千葉県師範学校附属小学校の手塚岸衛の教育理念

　手塚は教師の役目として、教団から「教える」のではなく、児童生徒を「学ばせる」ことに重きをおいた。また、「児童ができることを教師がしてはいけない」と考えた。手塚の教育理念がよく表れているのが以下の抜粋である。

> 教師は教壇を降りて机間に在れ。教壇の教師ではなく机間の教師でなくてはならぬ。授くるに倹約にして学ばしむに豊富であれ。児童の為しうるものは教師は断じてこれを為してはならぬ。児童の試行し苦心せざる前にあたつては、何事も教えざらんとする態度に出つべきである。　　　（手塚岸衛「自由教育真義」p.24–25）

2.2　「自由教育」の「自由」の意味するところは何か

　当時の新聞が「生徒が自ら習い、自ら学ぶ」という見出しで、自由教育を紹介したこと（「自由教育真義」自序、p.9）からも、手塚は、「教師や学校が児童に干渉することから、児童が「自由」になることを重視し、児童自身の興味関心が向くものを学べること」を、「自由教育」と呼んだと考えられる。
　また、「自由」について手塚は、「児童が勉強せねばならぬと自覚的に自ら目的を立てたるは形式的自由であって、進んで算術そのもののために算術をなし、算術の理法に従った計算をなしうるに至れば、それは実質的自由である」（「自由教育真義」p.89–90）と述べており、手塚の考えた「実質的自由」というものが、現代の心理学の「内発的動機づけ」の概念に近いことが分かる。ただし、手塚は手放しで自由な教育をすすめたわけではなく、自由には責任が付随することも主張している。

> ……われらはいたずらに児童を放任せよというのではない。いかなる我慢をも許容せよというのではない。人は自然因果の必然にとらえられた時にかえって不自由になるのでるる。自由とはわがまま勝手の謂ではなく、かえって規範にしたがって行動した時に、そこに自由はありそこに人格の自由が存する。自由は無秩序、無法則ではなくして、かえって合法則的の働きの謂である。　　（「自由教育真義」p.12）

2.3　手塚岸衛の「自由教育」の実際

　手塚の教育では、教師が主導で学びをすすめるのではなく、児童から出て

きた考えを元に、その場で授業の進行方法を決めたときもあったようである。その様子がよくわかるのが、「自由教育真義」に掲載された次の授業実践である。

尋常2年生　修身
教材：「工夫せよ」
実際：机の上には、児童が製作した厚紙細工のテーブルとイス、マッチの空箱を利用したタンス、紙細工の人形等が並ぶ。

> 教師：では、どういうふうにいたしましょうか。ここに並べた品物について、お話をしてもらいましょうか。それとも品物は持ってきていないが、色々工夫してこしらえたことのあるお話をしてもらうことにしましょうか。
> 児童：どちらでも良いと思いますが、せっかく工夫したものを、今日お持ちになった方々があるのですから、そのお話を先に伺って、それからお持ちにならない方のお話を伺うことにしてはどうでしょう。
> 児童：私もそれが良いと思います。……（私も私もと、多数の児童が賛成する）
> 児童：ちょっとお待ちください。私はこう思います。それも結構ですが、皆さんのお話を聞く前に、その品々を見せて頂くことにしてはどうでしょうか。各自でその品物を見て、どこが工夫した所であるか。また、どこが自分の作ったことのあるものなどと比べて違っているか。また、どこをどう直してみたいか。そこを十分見抜いて自分の考えを決めておいて、それから段々とお話を伺ったら、大変に良くわかるかと思いますが、みなさんのお考えはいかがですか。（直前に発言した児童は、「その方が良いと思います」と言って、自分の発言を取り消して賛成した。）
> 教師：いまGさんの言ったことは私も大賛成です。修身のお稽古でも読方のお稽古でも算術のお稽古でも、みなその心掛けで進んでいくということが大事です。はじめから人にたよって教わろうと聞こうという考えと、これを比べたらどんなに立派な心掛けだか分かりません……と教師はその自覚的態度に対して賞賛した。（著者略）　　　　　　　　　　　　　　　（「自由教育真義」p.200–201）

　この実践例において、「話を聞く前に、まず自分で見て考える」ことを提案した児童の頭には、「ただ、話を聞いてもしょうがないのでは？」という疑問が浮かんだのではないだろうか。そして、「話を聞く前に、まず自分で見て考える」ことを提案した。この児童の頭に「自分が何かを提案しても教師やクラスに批判されない」という意識がなければ、例え「話を聞く前に、まず自分で見て考える」というアイディアが浮かんでも、この児童は発言し

なかっただろう。普段から、この教師が児童の意見を取り入れた指導を行っているからこそ、この児童は「自分の考えた方法で授業を進めて欲しい希望」をクラスメートの前で表出することができたのではないだろうか。

2.4　手塚岸衛の「自由教育」の終焉

日本の教育界に大きな影響を与えた手塚岸衛の「自由教育」であったが、その後、児童の自由な思考を中心とした手塚の教育は時代の流れに逆行することとなり、しだいに勢いを失っていく。手塚岸衛は別な中学校に人事異動、手塚とともに千葉県師範学校附属小学校で「自由教育」をすすめていた他の教師も他校へ異動となり、「自由教育」はその担い手を失ってしまう。

3.　児童の問いに基づく道徳授業の実践

現代に続く、木下竹次の「奈良の教育」とは対照的に、手塚岸衛の「自由教育」は潰えてしまった。しかし、偶然にも、第二著者が所属する千葉大学附属小学校は千葉県師範学校附属小学校の流れを組んでいる。そこで、筆者らは「児童の問いに基づく道徳授業の実践」を試みた。この実践では児童に自発的に学んでもらいたいと願い「児童が自ら問いを発し、その問いについて同様の問いを持った児童同士で話し合いを行う」実践を行った。その様子を次節以降で解説する。

3.1　児童が作った問いに基づいた「泣いた赤おに」の実践

筆者らは、①児童がより主体的に意欲をもって参加する学習、②児童がより多くの人の考えに触れられる学習を構成したいと考えた。この繰り返しによって児童は自分の考えに向き合い、考えを深めていくと考えたからである。

児童自身の問いを取り上げることは、「自分の問いを取り上げてもらえる」、「自分の考えた問いをみんなが話し合ってくれる」、「自分たちの問いだから話し合ってみたい」、「話し合ったおかげで疑問が解決できた」等、学習

への前向きなエネルギーを児童に持たせることとなり、それが話し合いの活性化につながる。さらに、友達の多様な考えに児童が触れられる良い機会となり、道徳的価値の理解を深めることにつながると考え、この実践を行った。

教材『泣いた赤おに』浜田廣介　作
手順：「児童の問いに基づく授業」は 5 つのステップに分かれている。

1. 教師による教材の解説
2. 児童による問いの生成
3. 同様の問いを生成した児童同士を教師がグルーピングする
4. 児童の問いに基づいた話し合い活動
5. 教師主導による活動

詳細は以下の通りである。
1. 教師主導による題材の解説
　まず、教師が教材の朗読を行う。今回の実践では浜田廣介作『泣いた赤おに』を 20 分ほどかけて教師が朗読した。
2. 児童が問いを生成
　次に、児童に『泣いた赤おに』を聞いて疑問に思ったことを書き出してもらった。疑問が浮かびにくい児童に対しては、教師が疑問作成の仕方のアドバイスを行った。ここまでが 1 時間目の授業の指導内容である。
3. 教師が同じ問いを作った児童同士をグループにする
　1 時間目と 2 時間目の授業の間に、児童が作成した問いを教師がグルーピングし、似た問いを生成した児童同士が同じグループになるように編成した。
4. 問いに基づいた活動
　2 時間目には「問いに基づいた活動」として、児童が生成した問いに基づいて、類似した問いを生成した児童同士でグループとなり話し合いを行った。
5. 教師主導による活動
　教師主導による活動として、各グループで話し合った内容の全体でのシェ

アと、教師からテーマ発問を投げかけ、クラス全体で考える時間を設けた。
児童はどのような問いを作ったのか
　児童が1時間目の授業で作った問いをとしては以下のようなものがあった。

・「赤おにが人間となかよくなりたかったのはどうしてか？」
・「人間よりも鬼の方が友達になりやすいのに、なんで人間を選んだの？」
・「なぜ赤おにと青おにで、紫おにと黄おにではないのか」

　児童が生成した問いの中には、「なぜ赤おにと青おにで、紫おにと黄おに
ではないのか」のように、小学校3年生がグループで話し合いを行っても結
論が出ない問いも含まれていた（それぞれの色が持つ心理学的な意味、色彩
学の知見等の知識があれば、考えが深まる話し合いはできそうだが）。その
ため、残念であったが、授業時間の関係上、話し合っても考えが深まる見込
みがない問いは、教師が除いた上で実践を行った。

3.2　児童が生成した発問の分類
　作成クラスの児童が作成した問いを分類したところ、大きく4つのグルー
プに分けることができた。

問A：赤おにが人間となかよくなりたかったのはどうしてか
問B：やさしい赤おにが怒ったのはどうしてか
問C：なぜ青おには自分をぎせいにして、赤おにに人間のともだちを作ってあげた
　　　のか
問D：なぜ青おには村を出て行ったのか

　次の節では、問A「赤おにが人間となかよくなりたかったのはどうしてか」
に限定して、児童が話し合った内容について解説する。

3.3　児童はどのようなことを話し合っていたのか
　今回の実践は児童自身が考えた問いに基づいた活動が行われたため、自分
の疑問を解消しようとする動機が高まっている様子が伺えた。それが、顕著

に現れているのが児童Dの「人間よりもおにのほうが友だちになりやすい
のに、なんで人間をえらんだの」という発言である。グループで「赤おにが
人間と仲よくなりたかったのはどうしてか」を考える中で、さらにグループ
の思考を深める問いが児童Dから出たことで、その後の話し合いの中身が
深まっている。

「赤おにが人間と仲よくなりたかったのはどうしてか」

児童A：やっぱり家が近かったから、家に来て楽しんでもらいたかった。
児童B：私は、赤オニは青オニしか友達がいなかったから、もっと友達がいて欲し
　　　かった。たぶん、なんか、人間だとたくさんいるじゃん。だから、人間と
　　　仲よくなりたい。
児童C：え、違うと思うよ、だってさ、赤オニは二人しか友達がいない。
　　　なりたかっただけじゃない。青鬼だけじゃつまらなかった。
児童D：でも、それはさあ。
児童C：ご近所になりたい。家に招待したかった、ご飯作りたかった。
児童D：**人間よりもオニのほうが友だちになりやすいのに、なんで人間をえらんだ
　　　の、だったら。**
児童C：それは人間とオニと自分が友だちになれば、オニと人間どうし仲よくなれ
　　　るとおもったからじゃない。
児童A：人間はオニはいじわるするもの怖いものだとおもっているから、
　　　人間はオニが来ると逃げたりしてるじゃない。
児童B：それを赤オニは変えようとしているんだよね。

3.4　児童の問いに基づく道徳授業の実践の課題

　今回の実践では、1時間目と2時間目の間に教師が問いの精査を行ったた
め、児童には教師が行った「問いの精査」のプロセスが見えなくなり、話し
合うべき問いとそうではない問いの精査を学ぶ機会を提供できなかった。し
かし、児童に問いを精査するスキルをつけてもらうためには、例えば、教師
が児童に精査のプロセスを見せて、理由づけと共に「どの問いが、どの問い
より話し合うのに適しているか、それはなぜか」を示し、教師が児童に「問
いの選び方」のモデルを見せることが考えられる。
　この実践では、同様の問いを作った児童同士で同じグループになり、「問
いを共有」することで「話し合い」を深めることを目的とした。そのため、
自分とは異なる問いを持ったものとの交流は重視しなかった。しかし、「問

い」の質を高めるためには「自分が考えた問いとは異なる問い」に出会うことが大切である。今回、児童にそのチャンスがなかったのは問題であった。

　さらに、今回の実践では、教師が教材の朗読を行った際に内容を理解できる児童が多かったが、クラスによっては、教材の理解に時間がかかる児童がいる場合もある。そうすると、問いを作ることも困難になってしまう。そのため、教師が児童に教材を紹介する際には、すべての児童が教材を理解したかを確認するステップを入れることが大切である。

　この点に関しては、市川・植阪(2016)の「教えて考えさせる授業」の実践が参考になる。市川の「教えて考えさせる授業」は、

1.　教える(教師による基礎知識の説明)
2.　理解確認(基礎事項の理解の確認)
3.　理解深化(応用課題)
4.　自己評価

の4つのステップで行われる。特に、2番目の「理解確認」で、教師が基礎的な知識を解説した後で、知識が定着したかどうかを、ペア活動による教えあい等によって確認している点が重要である。その結果、発展的な課題に取り組む際に必要な知識が児童に身についた状態で、「理解深化」課題に取り組める。そのため、深い理解を促す授業を進めることができる。

　本章で紹介した「児童の問いに基づいた実践」をこのステップに照らし合わせ、筆者らが行った実践を改善すると以下のような手順が考えられる。

「児童の問いに基づく授業」の手順

1.　教師が教材内容を教える
2.　児童が教材内容を理解したか確認する課題や活動を入れる
3.　児童が問いを作る
4.　児童が問いを精査する
5.　児童の問いに基づいた活動を行う(例：グループで話し合い)
6.　教師からテーマ発問の提示
7.　児童生徒の自己評価

　この手順で授業を進めることで、どの児童も教材を理解した上で、「問い」
を作ることができる。そのため、より多くの「問い」を児童が生成すること
ができ、精査のプロセスを経ることで、質の高い問いに関する「話し合い」
ができるのではないだろうか。本実践のように2時間使った授業を、毎回の
授業で行うことは難しいと思われる。しかし、1学期のうち数回でも、「自
分が思いついた問い」の答えをみんなで考えたという、「問いの共有化」を
経験することは、児童のその後の探求学習に良い影響を与えると思われる。

4. 児童の問いに基づく授業を行うにはどのような指導が必要か

　教師が教材を紹介した後で、児童から「問い」が出てくるためには、日ごろから児童の「問う」スキルを鍛えておく必要がある。それでは、教師はどのような指導を行えばよいのか、その答えの1つは、この章の前半で取り上げた、奈良女子大学附属小学校で行われている「おたずね」にある。

ア．自分の体験と重ねて考えさせる
イ．自分の学びと比較し共通点や相違点を見つけさせる。
ウ．友だちのおたずねとつなげて考えさせる。
エ．発表者のその時の気持ちや思いに迫らせる。
オ．いつものパターンを超えさせる。
カ．質のよいおたずねを教師が価値づける　　　　　　　　（堀本 2011: 17）

　奈良女子大学附属小学校が出版している「学習研究」には、日ごろから教師が注意して指導していることが載っている。例えば、堀本（2011）は、子どもの「おたずね」の質をあげるために上記の点を心掛けている。

「問いの精査のプロセス」の可視化

　「児童の問いに基づく授業」において日頃、教師がおこなうべき指導の2
つ目は、「問いの精査のプロセス」の可視化である。教師がモデルとなって
質の高い問いとそうではない問いの精査のプロセスを児童に見せ、児童も問

いを精査する体験をすることで、自ら立てた問いを精査し、探究的に学ぶ児童の育成につながる可能性がある。

　その際に、「探究に適した問い」をあげて、なぜ先生はその問いが「探究に適する問い」だと考えたかの理由を説明するだけでなく、「探究に適さない問い」もあげて、なぜその問いが「探究に適さない」と考えたかの理由をあげて、「正事例と誤事例の両方を児童に提示する」ほうが、「適切な問い」とはどのような問いであるのかが分かりやすいと思われる。教師が「探究に適した問い」と「探究に適さない問い」を提示した後で、本章で紹介した「泣いた赤おに」の実践のように、課題に基づく「問い」を児童に生成してもらうと質の高い問いが生まれやすいのではないだろうか。

　以上、本章では、「児童の問いに基づいた実践」について、前半で、大正期に活躍した奈良女子高等師範学校附属小学校の木下竹次と、千葉県師範学校附属小学校の手塚岸衛の実践を紹介した。また後半では、「児童の問いに基づいた実践」の紹介を行った。

　最後に、自戒の念を込めて、この章を手塚岸衛の言葉で締めくくりたい。

> 「教授とは教え授けるではなく、自らを教え自ら学ぶの生活を生活せしむ謂である。教授は文化の伝達ではない。教育は教え授けたることの反復練習ではなく、自由なる学習による自己創造である。教師はいかに教えるべきかよりも、いかに学ばしむべきかに苦心せねばならぬ。よく学ばしむためには、常にたえず学ばんとする意志の振起と、いかに学ぶべきかの研究法を体験せしむべきである」
>
> 　　　　　　　　　　　　　　　　　　　　　　　　　　（「自由教育真義」p.41）

引用文献

市川伸一・植阪友理（編著）(2016)『最新　教えて考えさせる授業 小学校』図書文化

手塚岸衛 (1982)『自由教育真義（復刊版）』日本図書センター

木下竹次 (1923)『学習原論』目黒書店

内藤由佳子 (2000)「木下竹次の合科学習に関する一考察―教師の指導性を中心に」『教

　　育学論集』26: pp.14–25.

永井輝 (1986)『幻の自由教育──千葉師範附属小の教育改革』教育新聞

中野光 (1967)「木下竹次研究」『教育学研究』34: pp.38–47

日和佐尚 (2011)「「おたずね」で育つ子どもの学び」『学習研究』449: pp.6–11.

堀本三和子 (2011)「「おたずね」が創り出し、「おたずね」で深める学習」『学習研究』
　　449: pp.12–17.

コラム1

児童の問いを元にした道徳授業の展開

千葉大学教育学部附属小学校　八木橋朋子

　本校道徳部では、平成26年〜29年の3年間に渡って、児童の問いを元にした道徳授業の研究を行ってきた。従来の道徳の時間は、授業のねらいと児童の実態等を加味し、教師が設定した問いの話し合いをすることで児童が考えを深めていく授業が主であった。しかしながら、児童がより主体的に学習に臨む授業、より多くの人の考えにふれ、自分自身の考えを見つめ直していく授業を展開していきたいと考えた時、これまでの授業スタイルとは全く異なる形である児童主体の授業スタイルが必要と考えた。そこでたどり着いたのが、この「児童の問いを元にした」授業である。このような形の授業はすでに多くの教科で取り入れられ、一般的であった。そのため、他の教科の研究同人からは、「○○科ではそんなこと10年前から行われている」等と揶揄されたが、ねらいとする道徳的価値に迫り、その自覚を深めていくことを目標としている道徳の授業ではいわば「冒険」ともいえる手法であった。児童の心に残ったり疑問に感じたりしたことを数分の間に一部の児童から引き出し、活用していく展開は行われていたものの、全員の問いをすくい上げ、そこから授業を展開するといった方法は決して一般的ではなかった。それは、児童が導き出した問いを解決していく、児童主導の授業では、教師が設定したねらいとする価値に直結することができないという懸念があったからと思われる。だが、授業で活用する教材の分析をしっかり行うことで、児童の思考の拡散の有無や程度、そしてその内容はある程度予想できるものである。予想外の展開となった時には教師の思考を児童が超えたということであるのだから、達成できなかったねらいについては別日に再度、取り上げることで担保すればよいのである。教師の適切な教材選択と分析によって、児童主導の学習においてもねらいの達成が可能となると考え、児童の問いを元にした道徳授業の研究を重ねてきた。

　本校道徳部において展開してきた「問いを元にした授業」の基本的なスタイルは次の通りである。

1. 教材を読んで、疑問に感じたことや話し合ってみたいことを書き出す
2. 児童の問いを「はてなシート」に集約する
3. 「はてなシート」の中から一番話し合ってみたい疑問を書き出す
4. 自分が選択した問いごとのグループに分かれ、その疑問について話し合う
5. 話し合ったことを全体に伝え、話し合う

　初年度においては、問いの集約を学級全員で話し合うことによって、問いを精選した。そしてその精選した問いを全員で話し合うスタイルをとった。全員で問いの精選をするものの、自分が興味のない問いでの話し合いでは意欲が低下する姿がみられた。2年目においては、より児童が積極的に話し合いに臨めるようにするために、問いの選択を児童自身に行わせ、その内容についての話し合いをさせた上で全体に伝える形をとっていった。ここでも、自分が選択した問い以外の話し合いの場面では意欲が続かない場面が見られた。3年目には、問いと授業テーマ(授業の主題)を関連させることによって、その問いが何につながっていくかを意識させた話し合いを行うこと。また、教材の選定の際、問いの拡散が起きないような教材を選定していった。5年生の「生命の尊さ」の学習である「ポトマック川の英雄」の学習では、2人の主人公の我が身を省みない人命救助の行動に疑問は凝縮された。そして、テーマは「命を大切にしていたのか」に設定された。それぞれのグループである程度の考えをまとめていたが、全体での話し合いでは、議論が白熱し、結果、教師のファシリテーションの必要もなく、自分達で話し合いを進める姿が見られる授業となった。この授業だけでなく、3年間の問いを元にした授業に総じて言えることは、児童が「自分の疑問に思っていることが解決できてすっきりした」や「自分の問いを話し合ってもらえてうれしかった」という感想を持っていたことであった。道徳的価値についての深まりだけでなく、児童個々の自尊感情を高めることにもつながった研究となった。

第 2 部

「知識・技能の習得」における「問い」

第5章

批判的思考としての
質問を重視した授業づくり

道田泰司

1. はじめに

　筆者は、27年前に今の大学の教養部に採用された。主に一般教育(共通教育)科目を担当した。大人数科目が中心で、当初は、いかに分かりやすく、知的好奇心を刺激する形で教えるかに力を注いでいた。心理学を学ぶことで、日常の見え方が変わることも重視していた。その頃、武器として使っていたのはマンガ(主に4コママンガ)である。マンガを用いて具体的な日常場面と心理学の概念とをつなぐことで、分かりやすさ、楽しさ、知的好奇心を喚起すること、概念を日常に応用することなどにつながると考え、実際に受講生からもそのようなフィードバックを得ていた(道田 1998)。

　確かに学生は授業を楽しんでいるようにみえたし、理解し納得しているようにみえた。しかし最終試験の記述を見ると、理解が不十分であったり、表面的であったり、こちらが最も伝えたかったことが伝わっていなかったり、誤解がみられたりして愕然とすることもしばしばであった。それに加え、あるとき研究室に遊びに来た学生が、疑似科学的な本について、とても感心したという話をしてくれたことがあった。それを聞いて私は、こういう本の記述に疑問を感じたりしないのか、鵜呑みにしてしまうのか、と内心びっくりした。その学生は、ふだんの受講態度をみても提出されたレポートをみても、非常に優秀な学生だったので、なおさら驚きが大きかった。これ以降、この姿を頭の片隅におきながら、授業づくりを模索してきた。

2. 批判的思考を育成するための質問技法（questioning）

　他者からの情報を鵜呑みにする問題は、権威者の知識の確実性・絶対性を信じるという認識論（知識観）の問題であり（たとえば Kitchener and King 1981）、批判的思考の欠如であると考えた。批判的思考にはさまざまな捉え方があるが、それらは、批判的思考の特徴的な観点である「批判性」「合理性」「反省性」のどれをどのぐらい重視するかの違いといえる（道田 2015）。鵜呑みにしないというのは、批判性を志向する素朴な批判的思考といえる。批判的であり懐疑的であることがそのまま合理性や反省性を核とする批判的思考に直結するとは限らないが、しかしその第一歩となることは間違いない。批判的思考にはさまざまな技能や態度が含まれるが、そのなかには、意味のある質問ができることも含まれる（たとえば Ennis 1987）。

2.1　質問技法を含んだ批判的思考教育

　受講生の質問作成を含む批判的思考教育の例はいくつかある。Wade（1995）は、批判的思考者に必要な8つの特徴を挙げているが、第1の特徴は、「問いを発し、それについて考えようとすること」である。そのための実践として、学期のはじめに教科書の第1章と目次を眺め、授業を通じて考えたい問いを3つ書かせている。問いと同時にその理由も記述する。問いはリスト化して公表されるので、他人の問いを目にすることができる。授業者は、挙げられた疑問に触れながら授業を行うようにするのである。

　これ自体は批判的思考とはいえない。Wade のガイドラインはさらに、「問題を明確に定義する」、「証拠を検討する」、「仮定とバイアスを分析する」と続けており、その第1ステップが問いを発することなのである。批判的思考の入り口とはいえ、教科書に対して問いを出させるということは、権威者の知識の絶対性という認識論を相対化する意味でも有用なやり方であろう。なお、質問を記述させているのは、Wade が長年いろいろな方法を試行した結果、口頭で述べさせるよりも優れていると判断したためである。それはたとえば、全員が参加できる点、再考して思考を深められる点などである。

　Gray（1993）は、質問が批判的思考と学問の根本要素と考え、リーディン
グ・アサインメント(読書課題)において、教科書の記述に対して質問を書い
て提出させている。学生の中には、すべてが理解できたので質問はない、と
不平を言う者もいるので、初回の授業で、「考えることは問うことである」
と学生に伝え、実際に出るであろう質問をいくつか示している（詳細は Gray
（1997）を参照）。書かせるのは、質問の説明、質問の背景、質問についての
学生自身の考えなどである。数回の授業で学生は、質問を考えながら文章を
読むコツを覚え、この課題を楽しむようになるという。
　Gray（1993）がこのようなやり方を取るのは、批判的思考が育成されるの
は批判的思考以外の教科の学習に真剣に取り組んだときのみ、というイマー
ジョン(没入)アプローチが正しいと考えるからである。

2.2　質問技法を中核とした批判的思考教育

　以上 2 つの実践は、授業を構成する要素の 1 つとして質問を出させること
が位置づけられているものであった。次に、質問作成を授業の中核に位置づ
けた実践を紹介する。
　King（1995）は、学生に質問を作らせると、思考を誘発する高次の批判的
思考的な質問ではなく、事実を問う質問を作りがちであることから、質問の
語幹のリストを学生に渡している。質問の語幹とは、「〜の強い点と弱い点
は何か？」(分析)、「もし〜なら何が起こるか？」(予測)、「〜はどのように
利用できるか？」(応用)のような、高次の質問の幹となる部分であり、それ
を列挙したリストを利用させるのである。
　学生は、講義を聞いた後にリストを使って質問をつくる。次にペアかグ
ループで、お互いに質問し応答しあう。最後にクラス全体でいくつかの質問
を紹介し、ディスカッションするのである。授業中だけでなく、リーディン
グ・アサインメントでも同様に、質問語幹リストを用いて質問を作らせてい
る。
　Keeley, Ali, and Gebing（1998）も、質問を批判的思考の本質的要素と考
え、質問を軸とした授業を行っている。King（1995）の質問語幹リスト法を

併用することで、Gray（1993）の実践を発展させ、批判的な質問が出せるよう明示的なトレーニングを含んだ授業を行っている。毎回のリーディング・アサインメントの 1 つとして学生には、3 〜 6 個の質問作成が課される。学生には、質問生成の手掛かりとして、質問語幹のリストが与えられる。これがあることによって、批判的思考と関わる高次の質問ができるようになっていた。授業では、小グループで質問を共有し、いくつかの質問を選んで後の教室討議で使用される。また授業者は、毎回の質問を 4 段階で評価し、成績の 30％をこれでつけている。

　Gray（1993）同様、このような課題を課すにあたって重要なのは初回の説明である。Keeley らは、思考には記憶し吸収することを重視するスポンジ思考と、能動的に関わり自分で情報を選ぶ砂金取り思考（Browne and Keeley 1998）があることを伝え、スポンジモデルの思考を超えることを奨励している。なお筆者は、スポンジと砂金では対応関係が明確でないと考え、餌をどのように入手するかという観点から、前者を「ひな鳥思考」（親鳥から与えられたものを受動的に受け取る）、後者を「狩猟思考」（自分で吟味して能動的に手に入れる）と命名している（道田・宮元 1999）。

3. 筆者の実践 1―宿題を通した質問作成

3.1　実践 1 の概要

　以上の先行研究を踏まえて、筆者も質問作成を組み込んだ授業実践を試行した。対象科目は、教職専門科目（必修）である「教育心理学」とした。教師になった時、教材研究を行う力が必要であるが、その際には、教科書の記述に即して問いを立て、吟味できる力が必要である（武田 1998）。そのため、教職科目をターゲットとした。ただし、教職科目として学んでほしい教育心理学の知識が多数あるため、質問と関わる部分に大きな時間を割くわけにはいかないと考え、いくつかの先行研究同様、宿題として質問作成を課すこととした。もっとも、そのような消極的な理由だけではない。受講生が疑問を持つ力を育成するには、「型を訓練する」方法と「質問しなければいけない

場を作ることで、質問作成を強制する」方法がある（道田 2007）。後者がイマージョンアプローチであるが、そちらの方が望ましいと考えるからでもある。

　授業をデザインするにあたっては、我が国での実践である田中（1999）の「質問書方式」も参考にした。質問書方式では、授業最後の数分を使って質問を所定の用紙（質問書）に書かせる。質問書は講義後に提出する。次回講義冒頭で、授業者が回答を、口頭や書面で行う。そうすることで、授業者と受講生に双方向のやり取りを生み出すのである。

　筆者は、この課題にじっくりと向き合わせたかったので、持ち帰りの宿題とし、次回講義の前日までに提出させた（道田 2000）。

　宿題は、A4 用紙を 4 つに区切り、次の 4 点を書かせた。

① この 1 週間に受けた授業の中で良かったものを教育心理学的に分析
② 今回の講義の理解度（5 段階評価）
③ 今回の講義に質問・意見
④ 予習課題：教科書の指定個所（3 ページ前後を毎回指定）を読み、疑問点を挙げよ（この部分を「予習書」と名付けた）

　①は、今受けている講義を教育心理学的観点から見ることで、教育心理学的知識の活用を促すとともに、大学の講義を批判的・反省的に捉え、相対化することが目的である。③と④が質問書の部分であり、こちらも、講義や教科書を批判的に捉えて相対化し、学生も対等な立場で意見が言えるという意識が育つことを期待している。出された質問や意見は一部を印刷し、次回の講義冒頭で、質問に対する教師の回答やコメントをフィードバックする。その後は通常の講義を行う。

3.2　実践 1 の評価

　学期末に行った授業評価アンケート（無記名）で意見を聞いたところ、疑問をもって文章が読めるようになったと答えた受講生が 84.6％であった。肯

定的な意見としては、「知らず知らずのうちに文章を疑いながら読んでいる
自分にふと気づくことがある」、「教科書にも間違いや文章の不備があること
が実感できた」などがあった。ただし「それはまだちょっとできていない」、
「以前と特に変わらない」という否定的な意見も見られた。

　①については、78.5％の学生が「授業を見る眼を養うことができたと思
う」と回答しており、「文章だけでなく、授業も critical reading (?) するよう
になった」、「授業をする先生の視点で授業を見るようになった」という意見
がみられた。その他の自由記述として、「他人の疑問点、意見を知ることで、
疑問についての目のつけどころが変わった」という意見がある一方で、「授
業を聞いているつもりだけど質問や意見がなかなか出てこなくてたいへん
だった」という意見もみられた。

　また、どのような質問・意見が生成されていたのかを知るために、講義の
中間地点である第6回の授業後に出された、「今回の講義に質問・意見」を、
KJ法を用いてグルーピングを行った（道田 2001）。その結果、理解を確認し
深めるための質問、教師や教科書に疑問や反論・問題点の指摘を行うもの、
授業に役立たせにくいもの、の3種類がみられた。

　理解を確認し深めるための質問としては、自分なりの例を挙げて理解を確
認するなど、理解を深める質問と、具体例を求めるなど確認のための質問が
あり、全体の 1/3 弱であった。教師や教科書に疑問や反論・問題点の指摘を
行うものは、別の可能性を指摘するなど、教師や教科書に疑問を呈するもの
と、なぜそのような結果になったのかなど、授業で触れなかった点について
の質問で、全体の 1/3 であった。授業に役立たせにくいものとしては、〜が
分かったなど、感想が書かれたものと、授業の主旨や内容を理解していない
など、不適切なもので、全体の 1/3 強あった。

4. 実践1の振り返りとその後の模索

　この実践は、Gray (1993) を参考に、リーディング・アサインメントとし
て教科書に疑問を出させただけでなく、他の授業を分析させたり、教育心

理学の講義に質問・意見を出させたりするなど、やや盛りだくさんの内容であった。しかしそうすることで、教科書や講義を権威的に受け取るのではなく、検討させるという意味で相対化できるような知識観を、多少なりとも促すことができたのではないかと考える。

　しかし道田（2001）で明らかになったように、授業数回を経ても、単なる確認だけの質問や、授業に役立たせにくい感想や不適切な意見が全体の半分程度見られている。「○○の具体例は何か」など単なる確認を求める質問は、考えなくても出せるものであり、このような質問を毎回作成したからといって、思考が深まっているとはいえない。そうではない、理解を深める質問や、教科書などに疑問を呈する質問が作れるようになるには、このやり方では限界があると感じた。教師と学生の双方向性も強くないと感じた。

　また、初回に「先生と学生の意見は対等」、「正答、かっこいい答えを求めているのではない」と伝えてはいたものの、授業者が質問に答える際に、受講生に問い返したりしながら回答すると、授業者に考えを押し付けられているように感じる学生も少数ながら存在することが分かった。これは、「先生の言うことは、気に入らなくても肯定しなければならない」、「知識は、権威者から教えいただくものである」という権威主義的な知識観（道田 2004）に基づくものであろうと考え、別の方法を模索し始めた。

　まず試みたのは、予習課題はそのままにして、質問に対する回答を、グループで考えさせてみたことである。具体的には、授業者の講義内容を 15 分程度に縮め、その後、予習書で出てきた疑問を授業者が選び、その答えを 15 分程度グループで話し合わせ、その後、教室全体で議論する時間を 30 分ほど設けてみた。これは、教師の言葉を権威的に受け取り、押し付けと感じるのであれば、受講生同士での意見交換を中心とすれば、権威主義的知識観を少しは和らげることができるのではないかと考えたのである。

　このやり方をしばらく試みたが、次の 3 点が気になった。第 1 は、質問作成の技量が向上しない点である。授業を何回重ねても、感想的なもので終わる場合や、単純な質問しか出されない場合がある。これは、質問作成が個人作業になっているせいではないかと考えた。

　第 2 は、自分が考えた質問に対してもう一歩踏み込めそうなときに踏み込まない、という点である。少し考えれば答えが分かりそうなときでも質問を投げて終わりにする、などのケースである。先に、「ひな鳥思考」と「狩猟思考」という語を紹介したが、「ひな鳥が受動的にえさをもらうための質問」にみえるものがいつまでもなくならないことが気になった。質問が、他者の目に触れにくかったり評価されなかったりするからではないかと考えた。

　第 3 は、教科書に対する理解が浅いようにみえる点である。これは第 2 の点とも重なるが、一度、自分たちで教科書の記述等をしっかりと理解する、というプロセスも必要であると考えた。

　加えて、予習課題が学生に負荷をかけすぎているのでは、という感覚もあった。それよりは、授業中に協同で質問作成を行うことで、質問について豊かな経験ができる方が重要ではないかと思うようになった。

5. 実践 2 の構想と模索

5.1　実践 2 の構想

　以上の反省を踏まえ、新たな実践では、「受講生による発表」を組み込むことにした。そのように踏み込んだ理由は、先ほど挙げたような理由で、授業者の講義のみで受講生が考える時間が少ないスタイルに限界を感じていたせいである。限界を感じても、どのように変えていいのかのイメージを持っていないと、変えようがない。筆者の場合は、集中講義でお呼びした講師（早稲田大学の向後千春先生）が、ワークショップ中心の授業展開をされ、授業時間の半分以上を受講生に委ねていたので、そのようなスタイルの授業イメージを持てた。またこのころから、附属小学校を中心に授業見学を頻繁に行うようになったので、小学校のような、子どもの思考や発言を重視した授業イメージがさらに広がったことも、非常に大きな要因といえる。

　授業の流れとしては、「①受講生グループによる発表―②質疑応答（フロアからの質問と発表チームの応答）―③授業者による補足―④質問書の記入」となる（これらに加えて、⓪前週末に出された質問書の質問に対するフィー

ドバックを行う時間として、毎回の授業冒頭 10 分弱をあてている）。

5.2　①受講生グループによる発表

　初回の授業で、4 〜 6 人のグループに分かれてもらう（半期固定）。この人数は、使用していた教室が、3 人掛け―2 人掛け―3 人掛けという座席配置であったため、2 列で話し合えるようにするためである（2 人掛け 2 列なら 4 人、3 人掛け 2 列なら 5 〜 6 人）。受講定員は 90 人であり、最大 18 グループ程度となる。教育心理学の授業では、半期 15 回で 9 〜 10 のテーマを扱っているため、1 テーマにつき 2 グループが担当することにした。

　各テーマは、教科書の該当箇所 2 〜 5 ページ程度が指定してある。その中の重要ポイントをグループで、コンセプトマップ（福岡 2002）の形にして当日の朝に提出させる。それをスキャンしたものを投影しながら、1 グループ 2 分以内で発表させた。コンセプトマップとは、概念同士の関係を図示したもので、筆者の実践では、該当箇所のキーワードを 10 個程度ピックアップさせ、それらの関係を図示するよう指示した（個数は各グループに任せている）。「2 分以内」「キーワード 10 個程度」としたのは、当該テーマの全体像把握が目的であり、また発表時は概略の説明に留め、説明しきってしまわないことで、質問が出やすくなることを期待してのことである。

　発表時にコンセプトマップを作らせたのは、「該当箇所に書かれていることをまんべんなく要約する」のではなく、「概念間の関係に留意することで、より内容理解が深まる」ことを期待してのことである。すなわち、先に挙げた問題点の 3 番目のものに対処するのが目的であった。また、1 つのテーマだけにせよ深く理解する経験を行うことは、他のテーマのときにも、深く理解する必要性に気づく可能性があると考えた。

5.3　②質疑応答の模索

　質疑応答の実施法は、授業を行いながら試行錯誤した。最初は、フロアにいるグループ（発表グループ以外のグループ）に 2 分間質問を考える時間を与え、その後、質問があるグループは挙手して質問させた。その結果、質問が

出るグループは、多くて半数程度であった。だからといって、質問のなかったグループが理解できているかというとそうではなく、出された質問を他のグループに振ると答えられなかったり、そこで初めて質問が出されたりした。このやり方では、理解できていなくても質問が出せるわけではないことが分かった。また、発表グループによっては、その場で出された質問に即答できず、数分間も協議を行い、授業進行が中断することがあった。

　次の年は、質問を考える時間を10分にし、質疑応答全体に15分取ることにした。すなわち、⓪質問書へのフィードバック＋①発表＋②質疑応答に30分かけた。時間を延ばすことができたのは、前年度の実践を行うにあたり、筆者の講義時間を削ったが、それでも必要な内容は押さえることが可能だと実感できたためである。グループの発表と質疑応答で重要なポイントは押さえられるからであり、また、筆者も講義内容を精選できたからである。

　その10分のなかでフロアのグループは、疑問点を話し合い、出されたものをA3用紙にマジックで大書し、黒板にマグネットで貼る形にした。ただし10分ではそこまでいかないグループも出るので、10分以内、あるいはフロアのグループの半分から質問が出るまでとし、質疑応答に移った。

　このようにした結果、発表グループも前年度より答えやすそうであった。また、質問が全員にとって見えやすい形となることは、重要であると感じた。発表グループが質問に答える時間は、当初は5分程度と考えていたが、出された質問にすべて答えようとすると15分ほどかかった。しかし、発表グループが一生懸命質問に答えようと努力し、ときにはフロアの学生から再質問が出るなどのやり取りは、学生が主体的になる（前節で述べた「狩猟思考」）という意味でとても望ましいものだと考えた。超過した時間の分は筆者の講義部分を精選すればいいと考え、90分の授業時間のうちの1/3程度は学生に委ねることとし、質問作成も、全グループから出されるまで待つこととした。

5.4　その他の工夫

　この年に工夫したこととして、次の週の発表グループに評価を行わせ

た。翌週の発表に向けて意欲を高めてもらうためである。評価の内容は、(1)コンセプトマップ、(2)発表グループの発表、(3)質疑応答、(4)質問（後述）とし、(1)〜(3)はよかった点と改善すべき点を所定の用紙に記入させた。評価のための話し合いは、他のグループが質問を考えている時間（約 15 分）とし、質問作成はなしとした。質疑応答後、評価を行った 2 グループに、今回の発表グループの良かった点と改善すべき点を 1 点ずつ全体に紹介させた（全体への紹介は、時間の関係上、翌年からは行っていない）。

　③授業者の補足については、講義スタイルで授業を行っていたときには 60 分前後かけて話していた内容のうち、最重要と考える点に絞った話と、受講生による質疑応答の内容の補足や訂正を行った。また、教育心理学の内容を実践に即して理解するためには、実際の授業などを通して考えることが重要であるとの考えから、実践が紹介されているテレビ番組（NHK 教育テレビで放送されていた「わくわく授業」から抜粋したものなど）を見せている。年度当初は、授業者の補足部分に 30 分、実践ビデオ視聴とそれに関わる意見交換に 30 分を予定していたが、前半の質疑応答に時間をかけるようにしたことにより、これらは合わせて 35 〜 40 分程度に短縮された。

　最後に④質問書の記入時間を 5 〜 10 分取り、質問書を提出させて授業は終わりである（ここは、田中(1999)の提案する質問書方式と同様である）。

6. 実践 2―受講生の発表と質疑応答

6.1　実践 2 の概要

　以上、いろいろなパターンを試行錯誤し、ある程度の形ができたと判断したので、次年度からは、授業における時間配分を固定することとした。また、実践の効果検証のため、初回と最終回に質問に対する態度ならびに質問力についてデータを取り、その結果を実践研究論文として発表した（道田 2011a）。この実践については、道田(2011b)でも紹介しているが、いずれも紙幅の関係上、紹介しきれていない部分や、それらを発表した後の実践で工夫を加えた点があるので、ここではその点についても少し補足を行う。

　授業は、次の形で構造化している。

① 前回の質問書への回答（10 分）。前回出された質問書から、8 つ程度を選
　び、回答を印刷配布し、口頭で軽く説明している。回答のうち 2 〜 3 個
　は、前回発表チームが作成したものである。前回授業後に印刷する質問
　を選び、その日のうちに発表チームにメールで送る。発表チームから送
　られてきた回答を掲載しているのである。その他の回答は授業者が行っ
　ている。

② 今回の発表チームの発表(5 分)。本日の授業内容のうち教科書の指定ペー
　ジ(2 〜 3 ページ程度をあらかじめ指定している)の内容をコンセプトマッ
　プにし、それを用いて発表を行う。2 チームが 2 分ずつ発表を行う。

③ フロアチームによる質問作成（10 分程度）。フロアチームがグループで話
　し合って質問を作成し、A3 用紙にマジックで大書して黒板にマグネット
　で貼る。話し合いの進行状況を把握するため、フロアチームは立って話
　し合い、質問ができたら座るルールになっている。ここの部分は、最初
　の数回は 15 分程度かかることが多いが、慣れてくると 10 分で全チーム
　の質問作成が終了する。質問作成に時間がかかっているチームが一目で
　分かるので、授業者が声掛けに行く。全チームの質問が黒板に貼られた
　ら、発表チームが考える時間を 1 分取り、質疑応答に移る。次週発表
　チームは先述の通り、質問作成ではなくコンセプトマップや発表の評価
　を話し合う（質疑応答中、質疑応答の評価も行う）。発表チームは、順次
　黒板に貼られる質問を見ながら、どれにどのように答えるか、話し合う。

④ 質疑応答（15 分程度）。受講生チームが全部で 18 チームある場合、発表
　チーム (2) と評価チーム (2) を除いた 14 の質問が黒板に貼られている。
　発表チームは交互に、4 つずつ質問に回答する（計 8 個）。すべての質問
　に回答する形にしなかったのは、1 つには時間の問題がある。1 つの質問
　への回答を 1 分程度で行うと、フロアチームからの再質問なども含め、
　15 分程度で 8 個に回答可能となる。また発表チームは、「重要で」「答え
　やすい」質問を選ぶことができるのも、すべての質問を回答対象としな

かった理由である。発表チームには発表の 2 〜 3 週間前から、質問も想
定しながら準備させるので(後述)、それなりの回答が行われることが多
いが、感覚的な回答にならないよう、できるだけ教科書を参照しながら
回答したり、回答の根拠を明確にしながら回答したりするように指導し
ている。授業者としてどうしても早めに訂正をする必要がある回答がな
された場合には、授業者が割って入ることもある。

⑤ 授業者による補足(20 分弱)。「他に回答してほしい質問や、もう少し詳
しく回答を聞きたい質問がありますか？」という問いかけから始める。
これを行わないと、「せっかく質問を作ったのに……」という不満を生む
ことになる。その後は、受講生への問いかけを挟みながら、心理学的概
念の理解が深まるように講義を行っている。

　それ以降、ならびに⑥実践ビデオの視聴と意見交換(20 分程度)、⑦質問
書への記入(5 〜 10 分)は 5.4 に書いた通りである。

6.2　実践 2 を円滑に進めるための工夫

　このようなスタイルの実践を円滑に進めるために、ちょっとした工夫が随
所で必要である。そのうち、質問生成に関わる点について紹介する。

　まず、本実践では質問語幹リストは用いていない。リストを使って機械的
に質問を作られては意味がないと考えるからである。しかし、質問が思いつ
かないグループに対しては、何らかの手立てが必要である。そこで、質問例
を毎回のハンドアウトに載せることにした。具体的には、5.4 で「次の週の
発表グループが評価を行う」というやり方を紹介したが、評価項目の 1 つ
に、「質問」を入れている。黒板に貼られた質問から、ベストとワーストを
選び、その理由を書かせているのである。ベスト質問に選ばれたものは、次
回の授業のハンドアウトに入れ、冒頭で紹介するのである。それも単に紹介
するだけでなく、応用が利くようなコメントを授業者の方で付している。た
とえば、「説明されていない側面に目を向けた質問ですね」「"こういう場合
にどうしたらいいか"と一般化できそうですね」「具体例や具体的なことを

問う質問は、理解を深めそうですね」という具合である。

　また、受講生の発表を軸とした授業では、発表や質疑応答の準備がどのぐらいなされるかが重要になる。そこで発表 2 週間前には発表グループのリーダーと連絡を取り、グループメンバーで揃って研究室に来てもらう。そこで前年度の同テーマの発表の様子をビデオ録画したものを見せ、その良い点、改善すべき点などについて考えてもらう。質疑応答も同様である。そして、前年の受講生から出された質問（A3 用紙に大書されたもの）を発表チームに渡し、これを参考にしながら質疑応答の準備をするように伝える。

　質問書については、受講生に「授業内容への質問（疑問形）と、質問の説明（意図など）を書いてください」と伝えてある。全員に、授業者が余白に簡単な回答を書き込んでいるが、先述のように、一部の質問は次回、「回答書」として少し詳しい回答を書いたハンドアウトを印刷配布している。そこで取り上げる質問は 8 個程度で、すべての質問に詳細な回答ができるわけではない。そこで、受講生が意思表示できるよう、質問書には「採用希望」の程度を、「強　中　弱」の 3 段階にマルを付ける欄を作っている。こうすることで、詳細な回答を聞きたい受講生の希望に応えるようにしている。「弱」にマルがつけられた質問は原則としてハンドアウトに採用しないようにしている。しかし、「採用希望：弱」と意思表示された質問の中にも、けっこういい質問があることがあり、それをどう扱うかは検討が必要だと感じている。

　質問書を見ると、特に質問はない、と書かれることがある。それに対してはじめは、「人の質問をみると、いろいろなものがあることが分かります。分かったと思っていることでも、実は質問すれば更に深い理解につながります。人の質問を参考に、何か質問がないか考えてみましょう！」とメッセージを伝えている。5 回目ごろには、「質問がなかった人、ここに挙がっているような質問に答えられますか？（答えられないものがある場合、その質問をすべきですよね）」というメッセージも伝える。その次の回には、「来週から、質問のみを評価することにします。「前回のベスト質問」などを参考にして、質問を作る練習だと思って考えてみましょう」と伝え、7 回目ごろから、質問の有無をチェックするようにしている。

これらのような、「質問作成を促す仕組み」は重要であると考える。もちろんそれに加えて、「質問することで理解が深まるなど、"良い結果"が随伴することを実感できる」ことが欠かせないのはいうまでもない。

6.3　受講生はどのように相互作用を通して質問を生成するか

道田（2011a）は、初年度と次年度、実践の前後で質問に対する態度と質問課題による質問力を測定した。その結果、事後の調査で質問に対する態度が全般的に向上しており、質問課題での質問量も増加していた。質問量の増加は、高次の質問の増加である可能性が示唆され、実践の効果が確認された。

この変化は何によってもたらされているのか。受講生にインタビュー調査やアンケートを行ったところ、「発表グループに対して、自グループで質問作成したこと」が、学生が自覚する質問力向上と最も相関が高かった（r = .58）。

では受講生は、質問作成の話し合いでどのような相互作用を行っているのか。この点を明らかにするために、いくつかのグループに許可を得て話し合いを録音し、一部の学生に対してはインタビューも行った。これを4年に渡り、計23グループに対して行ったが（道田 2016）、それぞれのグループにおける話し合いのあり方は多様であるため、それを質的に分析し、そこから何らかの知見を引き出すことは、非常に困難な作業であった。

まずは、事前―事後で質問に対する態度の平均が上昇しているグループの話し合いを検討した。あるグループでは、最初は事前の質問態度が高い学生が話し合いをリードしていた。そのうち、事前の質問態度が低い学生も、その様子を見て恥ずかしさが薄れたり、発言はしないもののその内容について考えたりしているようであり、授業を重ねるにつれ、その学生なりのやり方で（進行役、盛り上げ役など）参加しはじめる様子が伺えた。しかし別のグループでは、そのようなプロセスを経てはいなかった。

次に、話し合いの話題展開の特徴について、質問態度が向上していた3グループを対象に検討した。最初の頃の話し合いに比べ、最後の話し合いでは、質問をつくる前にまずはきちんと内容確認を行うこと、多数の質問を

次々に出すのではなく少数の質問を発展させながら丁寧に吟味することが特徴としてみられた。しかし別のグループでは、必ずしもそのような特徴は見られなかった。

　そこで発想を変え、事前―事後で質問力に向上の見られた「個人」に焦点を当て、話し合いでどのような体験をしているか検討した。検討に際しては、グラウンデッドセオリーアプローチ（コービン・ストラウス 2012 など）を参照し、3 ステップでカテゴリーを生成した。ステップ 1 は、4 名の受講生(別グループ所属)の初回の話し合いを対象とした。ステップ 2 は、別の受講生 4 名(別グループ所属)の初回の話し合いを対象に、ステップ 1 で生成されたカテゴリーの精緻化を行った。ステップ 3 では、これまでの対象者の中で最も変化の大きかった対象者のすべての話し合い(6 回)を対象とし、さらにカテゴリーの精緻化を行った。

　その結果、授業開始当初は一人で質問を思いつくのが難しかった受講生にとって、小グループでの質問作成が、どのような場として機能しているかが見えてきた。それは第 1 に、他者も十分には理解できていないことを知る場であった。第 2 に、時として生じる「話が進まない状況」は、そのような受講生の発言を促す場であった。第 3 に、本人が発言を行ったときに、他者から肯定的な反応を得ることができる場であった。第 4 に、自分たちの質問を振り返ったり回答の予想をしたりというメタ的な視点を持てる場であった。第 5 に、思いついた疑問を質問として言語化するために協働で試行錯誤を行う経験ができる場であった。

　このような経験をすることで、当初、質問を思いつかなかったり、質問するのが恥ずかしかったり、表現できなかったりした受講生も、質問作成のイメージを持つことができ、質問の意義を感じることができる場として機能していると言えそうであった。質問生成のための話し合いの場をデザインするにあたっては、これらが生じやすい場を作る必要があることが示唆された。

7. 終わりに

　以上、筆者が純粋な講義のみを行っていた時期から始め、宿題としての質問作成を経て、授業中に受講生のグループで質問作成を行い、発表グループと質疑応答を行う実践を形成してきた過程を紹介してきた。

　実は昨年度は、仕事が非常に忙しくなり、時間外に発表チームの対応をすることが不可能になったため、受講生による発表というスタイルができなくなった。そこで、各テーマに 2 チームを割り当てるのはそれまでと同様にして、それを「担当チーム」と呼び、質疑応答のみを行うことにした。具体的には、①前回の質問書への回答（10 分）を行った後、②「予習タイム」として、教科書の該当ページ（2 ページ程度）を受講生が読んで③グループで質問を考え（計 10 分）、③挙手方式で質疑応答（20 分）、とした（④以降は 6.1 と同様）。その結果、担当チームはコンセプトマップ作成に時間を取られることがなくなったためか、質疑応答のための準備をそれまで以上に深く行ってくるようになった。このように実践の工夫は、いくらでも可能だと感じる。

　この一連の実践は、ある学生が書籍に書かれていることを鵜呑みにするのを目の当たりにしたことから始まっている。受講した学生が書籍情報をまったく鵜呑みにしなくなった、ということは考えにくいが、多くの受講生が大学 2 年であることを考えると、教科書の記述に協同で疑問を考え、質疑応答を行うという経験は、教員志望学生が教材研究を行う基礎的な力としても、またアカデミックスキルの 1 つとしての批判的思考の第一歩としてその後のゼミや卒業研究で活かせる可能性があるという意味でも、意義のあることと考える。疑問が出せるということは、権威者の知識の確実性・絶対性という認識論に対する解毒剤になりうるからである。

　問いを出せるということは、教材研究や批判的思考、認識論の変容に有効というだけではない。叡智（wisdom）の文脈で論じている論者もいる。Arlin（1990）は、叡智は問題解決のなかよりも疑問を見出す能力のなかに見出せる、と論じている。Meacham（1990）は、叡智の本質は知識が誤りうることの認識であり、知ることと疑うことのバランスを取るために奮闘することだ

と考えている。

　本稿では、筆者が勤務する大学の教職課程における実践を紹介した。しかし質問を重視した実践は、もっと下の校種でも可能である。実際、平成 29 年告示の中学校学習指導要領国語科 1 学年の「話すこと・聞くこと」の指導事項には、「必要に応じて記録したり質問したりしながら話の内容を捉え、共通点や相違点などを踏まえて、自分の考えをまとめること」がある。平成 20 年告示の学習指導要領にも、同様の文言がある。それに対応して、教科書でも質問を扱う単元が設定されているものもある。たとえば東京書籍の教科書（平成 28 年版）では、質問について 3 時間が配当され、ゲームを交えた工夫のある教材が用意されている（三角・相澤ほか 1995）。指導事項に「質問」の語が出てくるのは 1 学年のみであるが、言語活動例としては、3 学年とも「提案や主張など自分の考えを話したり、それらを聞いて質問したり評価などを述べたりする活動」が挙げられている。そのような経験を、中学時代から始め、高校・大学と継続的になされていくのが理想ではあるが、そうでなくても、中学校での実践例なども参考にしながら質問を主軸に据えた実践の幅が広がることが、学習者の批判的思考を高める第一歩になると考える。

引用文献

Arlin, P. K. (1990). Wisdom: The art of problem finding. In R. J. Sternberg (Ed.), *Wisdom: Its nature, origins, and development.* pp.230–243. New York: Cambridge University Press.

Browne, M. N. & Keeley, S. M. (1998). Asking the right questions: A guide to critical thinking (5th ed.) NJ: Prentice Hall（ブラウン，M. N. ＆キーリー，S. M. 森平慶司訳 (2004).『質問力を鍛えるクリティカル・シンキング練習帳』PHP 研究所）

コービン，J. ＆ ストラウス，A. 操華子・森岡崇（訳）(2012)『質的研究の基礎—グラウンデッド・セオリー開発の技法と手順（第 3 版）』医学書院

Ennis, R. H. (1987). A taxonomy of critical thinking dispositions and abilities. In J. B. Baron & R. J. Sternberg (Eds.), *Teaching thinking skills: Theory and practice.* pp.9–26. New York: W. H. Freeman.

福岡敏行（編著）(2002)『コンセプトマップ活用ガイド―マップでわかる！　子どもの学びと教師のサポート』東洋館出版社

Gray, P. (1993). Engaging students' intellects: The immersion approach to critical thinking in psychology instruction. *Teaching of Psychology, 20*: pp.68–74.

Gray, P. (1997). Teaching is a scholarly activity: the idea-centered approach to introducing psychology. In R. J. Sternberg (Ed.) *Teaching introductory psychology: Survival tips from the experts.* pp.49–64. Washington, DC : American Psychological Association.（グレイ，P.　片岡大輔（訳）(2000)「教えることは学者としての活動である―「考えさせる」アイディア中心のアプローチ」宮元博章・道田泰司（編訳）『アメリカの心理学者 心理学教育を語る』pp.64–82，北大路書房）

Keeley, S. M., Ali, R., & Gebing, T. (1998). Beyond the sponge model: Encouraging students questioning skills in abnormal-psychology. *Teaching of Psychology, 25*: pp.270–274.

King, A. (1995). Inquiring minds really do want to know - Using questioning to teach critical thinking. *Teaching of Psychology, 22*: pp.13–17.

Kitchener, K. S. & King, P. M. (1981). Reflective judgment: Concepts of justification and their relationship to age and education. *Journal of Applied Developmental Psychology, 2*: pp.89–116.

Meacham, J. (1990). The loss of wisdom. In R. J. Sternberg (Ed.), *Wisdom: Its nature, origins, and development* pp.181–211. New York: Cambridge University Press.

道田泰司 (1998)「マンガを用いた授業実践の試みとその評価」『琉球大学教育学部紀要』，*53*: pp.317–326.

道田泰司・宮元博章 (1999)『クリティカル進化論―「OL 進化論」で学ぶ思考の技法』北大路書房

道田泰司 (2000)「批判的思考研究からメディア・リテラシーへの提言」『コンピュータ＆エデュケーション』，*9*: 18–23.

道田泰司 (2001)「質問書方式における疑問の分類」『日本教育心理学会第 43 回大会発表論文集』，p.166.

道田泰司 (2004)「学びにおける（無）批判的思考に関する覚書」『琉球大学教育学部紀要』，*65*: pp.161–171.

道田泰司 (2007)「問いのある教育」『琉球大学教育学部紀要』，*71*: pp.105–117.

道田泰司 (2011a)「授業においてさまざまな質問経験をすることが質問態度と質問力に及ぼす効果」『教育心理学研究』，*59*: pp.193–205.

道田泰司 (2011b)「質問力向上を目指した授業」楠見孝・子安増生・道田泰司（編）『批判的思考力を育む―学士力と社会人基礎力の基盤形成』pp.207–212，有斐閣

道田泰司 (2015)「近代知としての批判的思考」楠見孝・道田泰司（編）『ワードマップ批判的思考―21 世紀を生きぬくリテラシーの基盤』pp.2–7，新曜社

道田泰司 (2016)「批判的思考力としての質問力育成」楠見孝・道田泰司（編）『批判

的思考と市民リテラシー─教育、メディア、社会を変える 21 世紀型スキル』
　　pp.60–73，誠信書房
三角洋一・相澤秀夫ほか（2015）『新編　新しい国語 1』東京書籍
武田忠（1998）『学ぶ力をうばう教育─考えない学生がなぜ生まれるのか』新曜社
田中一（1999）『さよなら古い講義─質問書方式による会話型教育への招待』北海道大
　　学図書刊行会
Wade, C. (1995). Using Writing to Develop and Assess Critical Thinking. *Teaching of Psychology,*
　　22: pp.24–28.

第 6 章

学習で生まれる問い、
学習を進める問い

—— 協調問題解決をとおした問いの創発

齊藤萌木

1. はじめに

　本章では、授業における協調問題解決活動の活用のあり方について、学習者が自ら問いを見出すのを助ける「問いの創発の支援」という側面に着目し、授業実践研究をもとに検討しよう。

　近年の授業改善において、協調問題解決活動を授業に取り入れることの重要性は、広く認識されつつある。他方、1 コマの授業あるいは単元のデザインに協調問題解決活動をどう位置づけるかについての具体的な指針は十分であるとは言えない。

　特に、協調問題解決活動を授業に取り入れる際に、学習者自身による問いの発見・創発をどう支援するかは、しばしば難しい課題ではないだろうか。例えば、単元の学習の最初に驚きを感じるような実験や事例を提示し、児童生徒の疑問を喚起し、児童生徒がみつけた問いをもとに課題を設定し、やり取りをしながら解決へと導いていくというデザインは、日本の教育実践現場において協調問題解決活動の活用法の 1 つの典型となっている（例えば広島県教育委員会 2017）。しかし、既に先行研究において繰り返し指摘されているように、こうした方略を用いても、全ての児童生徒が教師の意図どおり驚きを自覚し、質の高い問いを見出すことは難しい（Chinn and Brewer 1993）。そこで、ともすれば誰かから意図どおりの問いが出てくるまで、教師が誘導的な声かけを繰り返すような状況が生じることもある。

　その一方、協調問題解決活動における問いの発見に関しては、「主題について深い理解につながる問いは、その主題についてある程度理解が深まってきたときに生まれやすい」(Miyake and Norman 1979: 本書第 1 章に解説がある) という見解もある。この見解に基づけば、協調問題解決活動をとおして児童生徒の理解を促進することによって、より多くの児童生徒が教科内容の理解深化につながる問いを自分で見出しやすくなると考えることができる (三宅 2016)。だとすれば、教師が設定した課題にひとまず自分たちで納得のいく答えを作ってみて、そこから自分たちの問いたい問いを考えさせるような授業デザインが、結果としてより多くの児童生徒の自然な問いの発見・創発を促し、より質の高い次の学びを生み出す可能性も指摘できるのではないだろうか。

　とは言え「どちらが良いデザインなのか？」という問題に答えを出すことは簡単ではない。授業における児童生徒の学びは、教室内外の様々な要素の影響が複雑に絡み合って成立する認知過程であり、ある授業デザインを実際に教室で試してみてうまくいった／いかなかったからと言って、そのデザインが良い／悪いとは言い切れない。「1 つの教材を別の教室で、タイミングで試してみたら全然違う結果になった」という経験を持つ人も多いだろう。となれば、実践者一人ひとりが、自身の教室の文脈に応じて授業のデザイン・実践・評価のサイクルを回しながら、実現したい学びのイメージと目指す学びを引き出す授業デザインの原則を形にしていく継続的な授業改善の取組が必要になると考えられる。そのため、本章においても「授業における協調問題解決活動の正しい活用の仕方を示す」というよりは、先生方の継続的な授業改善の手がかりとして役立てられそうな知見を提案する、というスタンスを取りたいと考えている。

　以下、本章では、「教科内容の理解深化を目指して教師が設定した課題を児童生徒が対話しながら解決する授業をとおして、児童生徒は、課題解決をとおして教科内容について理解を深めるとともに、次の学びにつながる問いを自分たちで見出すことができる」という着想を出発点として、学校外の科学教室において授業実践を行い、授業中に記録した児童生徒の学びの生データ

と授業デザインの諸特徴を照らし合わせながら、協調問題解決活動において
学習者自身による問いの発見・創発の支援のありかたについて検討していく。

　科学教室では、小 6 ／中 1 に対して協調問題解決活動を柱とした授業をデザ
イン・実践し、問いの発見・創発の実態を調べた。実際に授業を受けた児童生
徒が協調問題解決活動をとおして問いを見出すことができるか、問いが出てく
るとすると、出てくる問いの数はどれくらいか、内容はどんなものなのか、そう
した視点からデータを分析し、分析結果に基づいて授業デザインを振り返るこ
とで、協調問題解決活動をより効果的に活用するための指針を得たい。

　なお、以下、本章では問題に関する語として、「問い」と「課題」を使い分
ける。「問い」という語は、その問題を意識している人がまだ解の見通しを明
確な言葉にできないような疑問や気づきを意味する語として用いる。対して、
「課題」という語は、中身の正否はともかく何らかの解の見通しを伴って意識
される問題を意味するものとして使用する。例えば、授業の際に教師から提
示される問題は教師が何らかの解を期待して提示するものなので「課題」、こ
れに対して、課題の解決過程で生まれる疑問などは「問い」と呼び分ける。

2. 人はいかに学ぶか―実践研究の前提

　実践研究について述べる前に、研究の前提となる学習観について確認して
おきたい。筆者らが前提としているのは、全ての人は潜在的に、協調問題解
決をとおして自分の考えの質を上げ、次の学び、すなわち新たな問いの探究
につなげていく学びの力を持っており、状況さえ整えばこうした力を発揮で
きるという考え方である。こうした学びの力は、要素分解すれば、コミュニ
ケーション能力、コラボレーション能力、イノベーション能力など、いわゆる
「21 世紀型」の資質・能力と呼ばれるものでもある(Griffin ら 2012)。

　「学び」を、人間に潜在的に備わっている資質・能力による主体的・対話
的で創造的な活動とみなす考え方は、20 世紀後半以降の学びの科学の進展
によって裏付けられ、近年の授業改善の基盤にもなっている。認知科学と呼
ばれる分野を中心に展開してきた学びの科学をとおして、人間は生まれて間

もない頃から生涯に亘り、自分の経験から自分なりの理解を作り上げ、自分の理解を自分の「ことば」で表現し、様々な人やものごととの対話をとおして理解を見直して深めながら、次の問いの探究につなげて、解ける問題の範囲を少しずつ広げていくという学びのプロセスを積み重ねていることが明らかにされてきた。これに伴い、「学び」を既に正しい解や考え方を知っている人から情報を受け取る受動的な営みとみなすような考え方が少しずつ見直されてきたのである（稲垣・波多野 1989、Bransford ら 2000）。

　認知科学が描出したような、人にとって本来自然なはずの学び、一人ひとりがやりとりをとおして自分の考えの質を自分で上げていく学びは「協調学習（Collaborative learning）」や、「主体的・対話的で深い学び（アクティブ・ラーニング）」と呼ばれ、近年の授業改善で目指す学びのイメージとして共有されつつある。例えば、国立教育政策研究所（2016）は、授業においてこうした学びが実現するときのイメージを、子どもたちが今使える学びの力を「使って」教科等の内容理解を深め、理解の深まりをより深い思考や妥当性の高い解の提案につなぐ往還的なプロセスとして表現している。

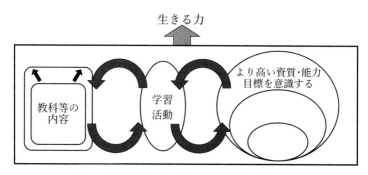

図1　学びのサイクル（国立教育政策研究所 2016）

　この図によれば、授業においてうまく人の資質・能力を引き出す学習活動を仕組めると、児童生徒は資質・能力を使って教科等の内容理解を深め、深まった理解を次の学びに活用していく学びのサイクルをとおして生きる力を伸ばしていくのだと考えられる。このように学びを「サイクル」とみなす考え方を本章の主題である「問いの創発」と結びつければ、問いの創発は、思

考や対話をとおして教科の内容理解を深めていく学習活動の出発点であると同時に、その日の主題となる教科内容の理解を深めた先の次の学びの萌芽、次のサイクルの出発点でもあるという見方ができるだろう。

　以上のように「人はいかに学ぶか」というそもそものところを見直してみると、「教科内容の理解深化を目指して教師が設定した課題を児童生徒が対話しながら解決する授業」においても、資質・能力が自然に発揮されやすい環境がデザインできて、協調学習がうまく起これば、児童生徒は自然と、「課題解決をとおして教科内容について理解を深めるとともに、次の学びにつながる問いを自分たちで見出すことができる」という着想が得られる。

　児童生徒の学びに着目して、協調的な課題解決を通じた理解深化とそれに伴う新たな問いの生成の可能性を検証することは、授業デザインにおける問いの創発の効果的な支援について、授業をとおして次の学びにつながる問いの創発をいかに促すかというアプローチの可能性を検討することにつながる。

3. 授業のデザイン・実践・振り返りによる実践研究の進め方

　では、実践研究の流れを説明しよう。ここで紹介する研究は、授業研究のデザイン・実践・振り返りをとおして学びの支援を考えるために、以下のような手順で計画された。

手順1.
「知識構成型ジグソー法」の手法を用い、人が潜在的に持つ資質・能力を発揮する必然性がある、「協調学習」が起きやすい授業をデザインする（4実践分）

手順2.
授業を実践し、児童生徒に本時の課題への解答（授業前後）と今日の授業で「疑問に思ったこと／もっと知りたくなったこと」を記述させる

手順3.
授業を受けた児童生徒の授業前後の解答の変化から想定される理解の深まりと、授業をとおして出てきた「問い」の数や内容についての分析を関連づけながら、実践結果を振り返る

手順4.
実践研究から見えてきたことをもとに、授業デザインへの示唆を得る

　2節で見たように、協調問題解決の場において、児童生徒の問いの発見は、資質・能力を使うこと、すなわち対話したり思考したりしながら課題について納得のいく解を得ようとする活動に従事することをとおして教科内容の理解を深める「協調学習」に伴って起こると考えられる。そこで、まずは資質・能力を発揮する必然性のある状況を授業の場に作り出すことが、自然な問いの発見・創発の促進につながると考えられる。

　筆者の所属する東京大学 CoREF では、「協調学習」が起きやすい環境を作るために、「知識構成型ジグソー法」(三宅 2011)という型を用いた大規模実践研究プロジェクトを行ってきた。この型が、協調学習を引き起こしやすいことは、1,500 以上の事例研究をとおして既に検証されている(東京大学 CoREF 2018)。そこで、今回の実践研究でも「知識構成型ジグソー法」を用いた。

　「知識構成型ジグソー法」とは、図2に示すような5つのステップで協調問題解決活動を設定する授業デザインの型である。この手法では、一人ひとりが課題に対して「異なる視点や考え」を持っていることを互いに認識しやすくすると共に、児童生徒がよりよい答えをつくるためにお互いに持っている考えを「伝えたい」「聞きたい」と実感しやすい状況を教室に作り出すことができる。そして「伝えたい」「聞きたい」実感を持った学習者どうしの対話のなかで、「異なる視点や考え」を組み合わせ、行きつ戻りつしながらよりよい答えをつくり上げていく「一筋縄ではいかない」プロセスを生まれやすくし、協調学習が起きやすい状況をつくることを意図している(東京大学 CoREF 2018)。

　また、本研究において「知識構成型ジグソー法」を使う利点として、授業前後に本時の課題について一人ひとりが自力で答えを出してみるステップが型に組み込まれている点がある。このステップで児童生徒が出した答えを比較できれば、授業をとおして主題とする教科内容についての理解がどのように深まったかを比較的詳細に見とることができるため、理解の深まりの度合いと生まれる問いの数や中身の関連などを分析しやすくなり、問いの創発に対する授業デザインの影響を詳しく検討することにつながると考えられる。

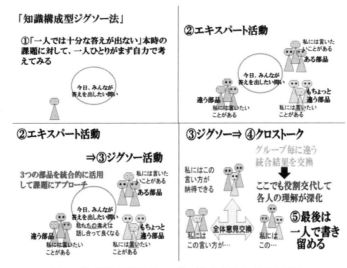

図 2　「知識構成型ジグソー法」（東京大学 CoREF 2018）

　そこで、本研究では、「知識構成型ジグソー法」の授業をデザイン・実践し、実践後に今日の授業で「疑問に思ったこと／もっと知りたくなったこと」を記述させるという手順によって、児童生徒の協調学習とそれに伴う問いの創発を引き出して見取る。得られたデータを分析することにより、教師がデザインした協調問題解決活動においても、協調学習を引き起こすことで、児童生徒が教科内容について理解を深めるとともに、次の学びにつながる問いを自分たちで見出せることを確認すると共に、授業デザインへの示唆を得ることを目指す。

4. どんな実践事例を対象にしたか

　実践研究の対象としたのは、毎月 1 回開催する学校外の科学教室での授業である。この科学教室は、東京大学 CoREF が学校内外の理科教育支援に取り組む NPO と共同で実施しているものである。授業は各回学年別で行われるが、児童生徒は予定に応じて参加するため、各回の参加者と人数は異なっ

ている。普段は主に NPO スタッフによる実験と講義を中心に授業が展開されているが、一部に CoREF がデザイン・実践する協調問題解決を中心とした授業を取り入れている。データの分析は、CoREF が平成 29 年度に担当した 9 授業のうち、執筆時点でデータの整理が完了していた 4 事例を対象に行った。

　4 つの授業は、全て「知識構成型ジグソー法」による授業実践研究の豊富な経験を持つ東京大学 CoREF のスタッフ 3 名が中・高等学校での先行実践を基にデザイン・実践した。4 つの授業のデザインの概要を表 1 〜 4 に示す。

表 1 「酸と塩基」の授業デザイン

日時／対象	平成 29 年 8 月 6 日／小学 6 年生（8 名）
課題	①紫キャベツでヤキソバを作ります。そのまま作ったら、緑色になりました。それはなぜでしょう。 ②赤色にするには、どんな調味料を入れればいいでしょう。それはなぜでしょう。
期待する解答の要素	・紫キャベツの色素アントシアンは、酸性で赤色、中性で紫色、アルカリ性で青・緑色に変化する。 ・中華麺にはアルカリ性を示す成分が含まれる。 ・レモン汁や酢は酸性を示す。 ・酸性とアルカリ性は中和するが、酸性を更に多く加えると酸性を示すようになる。

表 2 「電磁誘導」の授業デザイン

日時／対象	平成 29 年 8 月 6 日／中学 1 年生（9 名）
課題	電磁調理器の上に導線につないだ豆電球をのせたとき、流れた電流はどのようにして発生したのだろうか。
期待する解答の要素	・電磁調理器内のコイルには、一定周期で向きの変わる交流電流が流れている。 ・電磁調理器内のコイル周辺には電流の向きの変化に応じて向きの変わる磁界が発生する。 ・向きの変わる磁界の発生に応じて、電磁調理器上の導線には誘導電流が流れる。

表 3 「滑車のはたらき」の授業デザイン

日時／対象	平成 29 年 11 月 19 日／小学 6 年生（5 名）
課題	動滑車や定滑車を使うと、どんなことが起こるでしょう？

期待する 解答の要素	・動滑車を使うと、少ない力でものを同じ高さまで持ち上げることができるようになる。 ・動滑車を使うと、ひもを引く距離は、直接持ち上げたときより長くなる。 ・定滑車を使うと力を加える向きを変えることができる。

表4 「電話の仕組」の授業デザイン

日時／対象	平成 29 年 11 月 19 日／中学 1 年生（7 名）
課題	電話はどのようにして声を遠くまで伝えるのだろう？
期待する 解答の要素	・声（音）の正体は空気の振動である。 ・電話器内では、空気の振動と電気を変換している。 ・空気の振動を電気に変えると遠くまで速く届く。 ・電気は途中で弱まるが、各地の電話局で増幅される。

　表中の項目のうち「日時／対象」は授業を実践した日付と授業を受けた児童生徒の学年と人数である。「課題」は、「本時にみんなで答えを出してみる問い」である。図2のステップに即して言えば、授業の前に各自が自力で考えてみて(①)、③のジグソー活動において協調的に探究し、最終的に各自で納得のいく答えを出してみる(⑤)課題ということになる。課題は、授業の最初に、教師から児童生徒へ向けて、動画や演示等も用いて丁寧に提示された。
　「期待する解答の要素」は、授業のねらいをもとに設定した、授業後の課題に対する解答に含まれていてほしい知識である。授業において児童生徒に提示されたわけではなく、授業をとおして出てくる解の評価規準をあらかじめ明らかにしておくために授業デザインの段階で準備されたものである。

5. 理解の深まりと問いの発見の関係—実践事例の分析とその考察

　本節では、4つの実践事例について、授業前後の課題に対する解答の変化、生起した問いの数を示し、比較しながら、課題の難度や授業中の理解深化と問いの生起の関係を検討する。その後、生起した問いの内容を分類し、授業デザインの質的な分析と照らし合わせながら、どのような課題がどのよ

うな問いを生むのかについて考察する。

5.1　児童生徒の理解は深まったか─授業前後の課題に対する解答の変化から

　では、実践結果を見ていこう。まず、授業前後の課題に対する解答の変化から各授業における児童生徒の理解の深まりの様子を確認する。

　授業前後の解答の分析は、表1〜4中の「期待する解答の要素」への言及に着目し、本章の筆者を含む2名が協議のうえで行った。「授業前」は教師が課題を提示した時点で各自がワークシートに書いた解答（文と図）を、「授業後」はエキスパート活動、ジグソー活動、クロストークを経て最後に各自がもう一度ワークシートに書いた解答（文と図）を分析対象とした。

　分析例を表5に示す。この例は「酸と塩基」の授業を受けたある児童（同一人物）の授業前後の課題への解答を分析してみたものである。解答と「期待する解答要素」を対照してみると、授業前の解答には4つの「期待する解答の要素」への言及と見られる記述が1つも含まれないのに対し（要素数0）、授業後には4つの「期待する解答の要素」に言及した含まれた解答が書かれていると分析できる（要素数4）。例えば「めんにふくまれているかん水」という記述と、「かん水＝アルカリ性」という記述は、「中華麺にはアルカリ性を示す成分が含まれる」ことへの言及とみなすことができる。

表5　授業前後の解答の分析例　（「酸と塩基」より）

	授業前	要素数	授業後	要素数
課題①	むらさきキャベツのせい分がヨウ素液のような働きをして、めんの中のでんぷんの色がかわった。	0／4	めんにふくまれているかん水が、アントシアンのせいしつで、青、緑系の色にへんかしたから。かん水＝アルカリ性　アルカリ性＝青・緑系	4／4
課題②	す：なんとなく		す、レモン汁：中和の性しつを利用して、す、レモン汁をすこしずつくわえていくと赤色になるから。	

表 6　授業前後の「期待する解答の要素」への言及数の平均（個）

酸と塩基 (要素の数 4)		電磁誘導 (要素の数 3)		滑車のはたらき (要素の数 3)		電話の仕組 (要素の数 4)	
授業前	授業後	授業前	授業後	授業前	授業後	授業前	授業後
1.1	3	0.1	2.3	0.2	1.6	1.1	2.4

　こうした分析を全員について行った結果として、4 つの授業実践それぞれの授業前後の解答における「期待する解答の要素」への平均言及数（以下、「平均要素言及数」）を表 6 に示した。

　表 6 から、児童生徒の理解の深まりについて 3 点を指摘したい。1 点目にどの授業でも児童生徒の多くが授業をとおして理解を深めたこと、2 点目に課題の難度は授業によって異なること、3 点目に授業をとおしての理解の深まりの幅は授業によって異なることである。

　1 点目については、4 つの授業全てにおいて、授業前よりも授業後のほうが「平均要素言及数」が多いところから、どの授業でも、授業後に授業を受ける前に比べて「期待する解答の要素」をふまえた解答を書けた児童が多いことがわかる。このことから、全ての実践で、授業をとおして課題についてなんらか理解を深めた児童生徒が多かったことが窺われる。

　他方、授業前の「平均要素言及数」に着目すると、「酸と塩基」「電話の仕組」では授業前から 1.1 の要素が言及されていたのに対し、「電磁誘導」「滑車の働き」では要素への言及がほぼない。授業前に「期待する解答の要素」への言及が少ない後者に授業は難度の高い課題だったといえる。

　また、授業前後での「平均要素言及数」の変化の幅に注目すると、「電磁誘導」で特に変化の幅が広く、「電話の仕組」で特に小さい。この結果から、「電磁誘導」の授業では授業内での理解深化の度合いが特に大きく、「電話の仕組」では相対的に大きくなかったと見なせる。

5.2　児童生徒は問いをみつけたか──今日の学習で「疑問に思ったこと／もっと知りたくなったこと」の個数や内容から

5.2.1　授業をとおして生まれた問いの個数

　それなら、授業の難度や理解の深まりと授業における問いの創発にはどのような関係があったのだろうか。続いて、問いの創発に着目したい。

　児童生徒が見出した問いの分析は、数と内容の2つの観点から、本章の筆者を含む2名が協議のうえで行った。分析の対象としたのは、授業後に本時の課題に対する答えを各自で記入するワークシートに設けられた「今日の学習で疑問に思ったことやもっと知りたくなったことを書いてください」という欄の記述（文と図）である。授業中、児童生徒には、必ずこの欄を埋めるようには指示しておらず、「疑問に思ったことや知りたくなったことが特になければ書かなくてもよい」という指示でワークシートを配っている。

　各授業をとおして生まれた問いの個数についての分析結果を表7に示す。上段に1授業あたりにクラス全体で生まれた問いの総数、下段には、それぞれの授業で1人あたり平均何個の問いが生まれたかを示した。

表7　それぞれの授業をとおして生まれた問いの個数

	酸と塩基 (N=8)	電磁誘導 (N=9)	滑車のはたらき (N=5)	電話の仕組 (N=7)	平均
総数	6	16	3	11	9
個／人	0.75	1.8	0.6	1.6	1.2

　表7から、2点を指摘したい。1点目に、問いが生まれなかった授業はなく、4授業の平均では1人1問以上の問いが生まれていることである。このことから、4つの授業では協調学習をとおした理解の深まりに伴ってある程度多くの児童生徒が自分たちで問いを見出せたと言える。

　他方、生まれた問いの数には授業によって差があった。「電磁誘導」・「電話の仕組」では、1人あたり1つ以上の問いが生まれているのに対し、「酸と塩基」・「滑車のはたらき」では、それほど多くの問いは生まれていない。参加人数等を考慮しても、授業によって問いが多く生まれやすい授業と相対的に問いが生まれにくい授業があったということができるだろう。

　ここで考えてみたいのは、これらの結果から課題の難度、授業を通じた理
解深化の度合いと問いの生起についてどのようなことが言えそうかというこ
とである。

　単純な仮説としては、「児童生徒にとって課題の難易度が高く、理解の深
まりの幅が大きい授業のほうが、やはり探究中に疑問も多く湧くだろうか
ら、問いが生まれやすいのではないか」あるいは「授業中により理解が深
まった授業の方が問いが生まれやすいのではないか」ということが考えられ
る。果たしてこの仮説は妥当なのだろうか。

　分析の結果を表 8 に示す。特に疑問が多く生まれた 2 つの授業のうち、「電
磁誘導」は課題の難度、理解深化の度合いともに高い授業であったが、「電
話の仕組」は課題の難度、理解深化の度合いともに低い授業であった。この
結果からは、上記のような単純な仮説は成り立ちにくい。

表 8　課題の難度、理解深化の度合いと問いの生起の関係

	酸塩基	電磁誘導	滑車	電話
授業前の要素数 (= 小さければ課題の難度が高いと見なす)	1.1 / 4 (27.5%)	0.1 / 3 (3.3%)	0.2 / 3 (6.7%)	1.1 / 4 (27.5%)
要素数の変化 (= 大きければ理解深化が大きいと見なす)	1.9 / 4 (47.5%)	2.2 / 3 (73.3%)	1.4 / 3 (46.6%)	1.3 / 4 (32.5%)
問いの生起 (個 / 人)	0.75	1.8	0.6	1.6

　課題の難度や理解深化の度合いと問いの生起との間に単純な仮説が成り立
たないとすれば、何が問いの生まれ方に影響しているのだろうか。この問題
に結論を出すのは簡単ではないと考えられるが、まずは、問いの内容や「期
待する解答の要素」の性質に着目してみることで、次の研究の手がかりを
探ってみよう。

5.2.2　授業をとおして生まれた問いの内容

　本項では、問いの内容に着目した分析を行う。まずは、生まれた問いが「次
の学びにつながる」ものであったかどうかを見ていきたい。どういった内容
の問いが「次の学びにつながる」のかというのは難しい問題であるが、今回

は、試しに表9のような4つのカテゴリを設定した。

　ここで思い出してほしいのが、第2節で考えた「人はいかに学ぶか」という問題である。人の学びが、第2節で提示した図2のイメージのような課題解決に伴う理解深化のサイクルからなるプロセスだとすれば、1つの学習活動を基点に考えたときの「次の学び」とは、1つの課題に一旦解を見出したところから一歩先を目指して進む学びであると説明することができるだろう。

　したがって、「次の学びにつながる問い」とは、その日の課題にとりあえず納得しうる解を見出して一歩先へ向かう学びの萌芽、次のゴールへ向かう学びの出発点になりうる問いと位置づけることができる。勿論、「一歩先」の方向性は、一旦出してみた解の確認や妥当性の検証のようにコンテンツ内ということもありうるし、解の別の課題への適用や他の領域との関連づけなどコンテンツ外へ向かうことも考えられる。そこで、今回は「確認」「深化」「適用」「発展」の4カテゴリによって問いの内容分類を試みた。

表9　授業をとおして生まれた問いの内容による分類カテゴリ

カテゴリ名	サブカテゴリ名	定義	例（原文ママ）
1 確認		本時に提示した資料等の不明点を確認しようとする問い	モジュラージャックの仕組をもっと知りたい
2 深化	2a 解の妥当性検証	本時の課題の解そのものの妥当性を検証しようとする問い	本当に中で電磁誘導がおきているのか
	2b 解成立の理由追究	本時の課題の解がなぜ成立するのかを追究しようとする問い	電気はどうやって言葉（注：音声としての言語）に変化したのかをもっとしりたい
3 適用		本時の課題の解を別の条件や題材に適用しようとする問い	定滑車と動滑車を例えば10個にしたりしたらどうなるのか 家でいろいろな物を入れてカラフルなやきそばを作れるか
4 発展		本時の課題の解を前提に、課題と別領域の知識や経験を関連付けようとする問い	電線を通る電波もフレアの影響を受けるのか

　表10は、4つの授業において生まれた問いを表9の内容分類カテゴリに

沿って分類した結果である。

表10　授業をとおして生まれた問いの内容の分類

		酸と塩基 (N=8)	電磁誘導 (N=9)	滑車のはたらき (N=5)	電話の仕組 (N=7)
1 確認		0	1	0	3
2 深化	2a 解の妥当性検証	0	3	0	1
	2b 解成立の理由追究		7		1
3 適用		6	3	3	3
4 発展		0	2	0	3

　表10の分析結果は興味深いものだと言えるだろう。4つの授業では、ど
れも「次の学びにつながる問い」が生まれていた。その一方、相対的に生ま
れた問いの数が少なかった2つの実践、「酸と塩基」・「滑車のはたらき」で
は、生まれた問いが「適用」に該当するものに偏っているという共通の特徴
が見出されたのである。

　対して問いの総数が多かった「電磁誘導」・「電話の仕組」の2実践では、
全てのカテゴリに該当する問いが生まれている。勿論、総数が多いほうが該
当数0のカテゴリが生じる確率は下がるが、だとしても、「酸と塩基」・「滑
車のはたらき」の2授業において、生まれた全ての問いが「本時の課題の解
を別の条件や題材に適用しようとする」内容だったということは、特徴的な
ことだと言えるだろう。そのため、以下では、「酸と塩基」・「滑車のはたら
き」の授業デザインに共通する特徴があったのではないか、という可能性に
ついて考察してみたい。

　表8に示すように、課題の難度の点では、2つの授業デザインの特徴は異
なっている。そこで、もう少し違う視点から表1〜表4の授業デザインを見
直してみると、「酸と塩基」・「滑車のはたらき」に共通する特徴として、「期
待する解答の要素」の性質が近いことを指摘できる。2つの授業において「期
待する解答の要素」として設定されているのは、どちらも、五感をとおして
知覚的に実感しやすい知識が中心である。それに対し、「電磁誘導」・「電話

の仕組」の授業における「期待する解答の要素」は、知覚的に実感しづらい内容が多いと言える。

　表 6 のとおり、4 つの授業では授業後に多くの児童生徒が「期待する解答の要素」に言及している。しかし、「期待する解答の要素」となる内容の性質の違いによって、同じ数の要素に言及している場合でも、理解深化に伴う児童生徒の感覚に差があると考えることは無理なことではないだろう。「酸と塩基」・「滑車のはたらき」では、「期待する解答の要素」が知覚と結びつきやすいものであったために、児童生徒がねらう解を出せたときに、「この課題についてはもうこれ以上探究の必要がない。わかった」という実感を持ちやすかった、そこで児童の関心は「解を別の条件や題材に適用しようとする」方へ集中した。その結果、問いの総数も少なかった。それに対して、「電磁誘導」・「電話の仕組」の授業では、「期待する解答の要素」が知覚的な実感と結びつきづらい分、同じように「期待する解答の要素」をふまえた解答を出せるようになってきた段階でも、「本当にそうか？」「なぜこういう解になるのだろう？」という感覚を持ちやすい傾向があり、解成立の理由や、別領域の知識や経験との関係が気になった、その結果問いが多く生まれ、内容も「深化」や「発展」など多様などを含む多様なものになった、と考えてみることができるのではないだろうか。

6. 次の学びにつながる「問い」の創発をどう支えるか

　以上、「問いの創発」という視点から、学校外の科学教室における「知識構成型ジグソー法」による授業実践における児童生徒の学びを分析してきた。以下、実践研究から見えてきたことを 3 点にまとめ、そこから授業デザインについてどのような示唆が得られるかを検討する。

　1 点目に「協調学習を引き起こすことができれば、児童生徒は、課題解決をとおして教科内容について理解を深めるとともに、次の学びにつながる問いを自分たちで見出すことができる」という考えは、授業における問いの創発の支援を考えるうえで、引き続き検討するに値する有効な発想であるとい

うことである。今回の実践研究では、「知識構成型ジグソー法」という協調学習を引き起こしやすい型を使った 4 つの授業全てにおいて「次の学びにつながる問い」を引き出すことができたと言える。

このことは、学習の最初に課題を発見させるデザインに対し、教師が設定した課題に自分たちで納得のいく答えを作ってみるような授業デザインでも、児童生徒一人ひとりがやりとりをとおして自分の考えの質を自分で上げていく「協調学習」を引き起こすことに留意することによって、結果としてより多くの児童生徒の自然な問いの発見・創発を促し、より質の高い次の学びを生み出す可能性を示唆すると言えよう。

実践研究から見えてきたことの 2 点目は、協調学習を引き起こせば、問いの創発が促されやすいとは言え、児童生徒がみつける問いの個数や内容は、授業デザインによって変わるということである。今回の実践研究では、4 つの授業のうち「酸と塩基」及び「滑車のはたらき」では、児童生徒が見出した問いの個数が少なく、内容も「解を別の条件や題材に適用しようとする」方向に偏っていた。それに対し、「電磁誘導」及び「電話の仕組」では、児童生徒が見出した問いの個数が多く、内容も多様であった。4 つの授業は、どれも「知識構成型ジグソー法」という共通の手法を使って協調学習を引き起こしたが、児童生徒に提示する課題や、期待する解答の要素の性質、提示した資料など、授業の具体的なデザインはそれぞれ異なっていた。こうした授業デザインの諸要素が、児童生徒のみつける問いの個数や内容に影響していたと考えられる。

このことは、「問いの創発を促す」という協調学習の持っている機能を授業に有効活用するためには、協調学習が生まれることを期待できる手法を使うだけでは必ずしも十分でなく、どんな「期待する解答の要素」を設定して、どんな課題を提示し、何を手がかりとして課題解決を目指してもらうと、ねらうポイントで次の学びにつながる問いを創発できそうか、授業の具体的なデザインを検討する必要があることを示唆しているだろう。

最後に、実践研究から見えてきたことの 3 点目として指摘しておきたいのは、「児童生徒がみつける問いの個数や内容が、授業デザインによって変わ

る」というとき、それなら「どういう授業デザインが、児童生徒の見出す問いの個数や内容にどういう影響を及ぼすのか」という問題は、一筋縄では解決できない問題だということである。今回の実践研究では、「酸と塩基」及び「滑車のはたらき」の 2 授業と、「電磁誘導」及び「電話の仕組」の 2 授業との間で、問いの個数や内容について異なる傾向を確認できた。しかし、前者の 2 授業と後者の 2 授業の授業デザイン上の特徴を比べても、「児童生徒にとって難しい課題を出したほうが、課題解決をとおして生まれる問いの個数が多い」のような単純な原則を見出すことはできなかった。

　5.2.2 では、「期待する解答の要素」として設定した知識が、授業を受けた児童生徒にとって知覚的に実感しやすいかどうかによって、生まれる問いの個数や内容が左右されるのではないかという可能性について考察したものの、この可能性を検証することは残された課題となっている。

　なお、「どういう授業デザインが、児童生徒の見出す問いの個数や内容にどういう影響を及ぼすのか」という課題について研究を継続する際には、「児童生徒が質の高い問いを多く見出すための最適な授業デザインの同定」というようなゴールを目指す研究とは異なるスタンスが必要になるだろう。というのも、どのくらいの数、あるいはどんな内容の問いが生まれる授業が望ましいかという規準そのものが、その授業の単元中の位置づけによって変わりうるものだからである。例えば、単元の導入時なら、その後単元の主題について児童生徒が継続的に探究を深めていくための出発点になるような問いで、その後の授業で扱う内容に関連した問いを創発することが有効だろうし、逆に単元末なら、次の単元や発展的な自由研究につながるような問いを創発しておくことで、長期的に見たときの学習効果が高まるかもしれない。

　5.2 で明らかにしたように、「酸と塩基」及び「滑車のはたらき」では、児童生徒が見出した問いの内容が「解を別の条件や題材に適用しようとする」方向に偏っていた。それに対し、「電磁誘導」及び「電話の仕組」では、児童生徒が見出した問いの個数が多く、内容も多様であった。しかしこうした違いは、絶対的な「優劣」と言えるものではないと考えられるのである。仮に本時が導入の 1 時間であったとしたら、後者のような授業を設定すること

で、本時に生まれた多様な問いを、単元の学習の過程で常に想起させながら継続的に探究を深めていくような展開を構想しうる。これに対し、本時が単元末の授業であり、宿題として行わせる自由研究につなぐ 1 時間であったとしたら、前者のような問いを創発できる授業を設定することも有効だろう。逆に、単元末で後者のような授業をした場合は、次の単元へ向かう新たな学びへのモチベーションを持ちづらくなる可能性も想定しうる。

　こうして考えてみると、本章の実践研究からは、授業改善において、たとえ 1 コマの授業をいかにデザインするかを考える際であっても、単元スパンで中・長期的に起こしたい学びのプロセスを明確にイメージし、次の時間の学びを視野に入れて授業をデザインしていことが重要だということが、改めて浮かび上がってきたと言えるだろう。短期－長期のスパンを行き来しながら、「何が最適か」を繰り返し見直しつつ学びのプロセスをデザインしていく、そうしたスタンスが求められていると考えられる。

参考文献

Bransford, J. D., Brown, A. L. and Cocking, R. R. (1999/2000) *How people learn: Brain, mind, experience, and school.* Washington, D.C: National Academy Press.（森敏昭・秋田喜代美監訳（2002）『授業を変える―認知心理学のさらなる挑戦』北大路書房）

Chinn, C.A., and Brewer,W.F. (1993) The role of anomalous data in knowledge acquisition: A theoretical framework and implications for science instruction. *Review of Educational Research* 63: pp.1–49.

Griffin, P., McGaw, B. and Care, E. (2012). Assessment and teaching of 21st century skills. NY: Springer-Verlag.（三宅なほみ監訳 益川弘如・望月俊男訳（2014）『21 世紀型スキル―学びと評価の新たなかたち』北大路書房）

広島県教育委員会（2017）「小学校及び中学校「課題発見・解決学習」実践のための事例集」『ホットライン教育ひろしま』広島県教育委員会. <http://www.pref.hiroshima.lg.jp/site/kyouiku/jreisyuh29.html> 2018.3.20

稲垣佳世子・波多野誼余夫（1989）『人はいかに学ぶか―日常的認知の世界』中公新書

国立教育政策研究所編（2016）『資質・能力　理論編』東洋館出版社

三宅なほみ（2011）「概念変化のための協調過程―教室で学習者同士が話し合うことの

　　意味」『心理学評論』54 (3)：pp.328–341. 心理学評論刊行会

三宅なほみ (2016)「実践学としての教育工学へ」大島純・益川弘如編『教育工学選書
　　II 5　学びのデザイン：学習科学』pp.210–218. ミネルヴァ書房

Miyake, N. and Norman, D.A. (1979) To Ask a Question, One Must Know Enough to Know
　　What is Not Known. *Journal of Verbal Learning and Verbal Behavior* 18: pp.357–364.

三宅なほみ・東京大学 CoREF・河合塾編著 (2016)『協調学習とは―対話を通して理
　　解を深めるアクティブラーニング型授業』北大路書房

東京大学 CoREF (2018)『自治体との連携による協調学習の授業づくりプロジェクト
　　（平成 29 年度報告書）』東京大学 CoREF

第7章
授業後の質問作成を通した アクティブラーニング
──留学生を対象とした実践とその改善

小山悟

1. 本実践の目的と背景

1.1　どのような授業か

　本章で紹介するのは、留学生対象の日本語教育における質問作成活動である。と言っても、日本語の文法や語彙について質問を考えさせるのではなく、読解の授業で読んだ文章の内容について質問を考えさせるのでもない。留学生対象の1学期15回の「歴史」の授業（学習言語は日本語）で幕末・明治の歴史について勉強した後に、その日の学習内容について毎回質問を書くというものである。これは目標言語を媒体として歴史や文化などの学術的知識を学ばせる CBI（Content-Based Instruction）[1] という教授法を筆者なりの方法論で実践したもので、対象は母国の大学で日本語・日本文化を専攻する短期留学生（中・上級者）である。

1.2　日本語の授業になぜ質問力か

　一口に「日本語の授業」と言っても、その目的や内容は様々である。学部の1〜2年生を対象に大学での勉学に必要なアカデミックスキルを習得させることを目的とした授業もあれば、国立大学で行われている国費留学生対象の入学前予備教育のように、日常生活に必要な基礎的なコミュニケーション能力を身につけさせることを目標とした授業もある。しかし、授業の「位置づけ」という点で言えば、これまで大学で行われてきた日本語の授業は、

いずれも他の一般教科とは別枠の「語学」の授業であり、専攻教育への橋渡しや生活適応支援を目的とした補助的なものであった。一方、短期留学生にとって日本語は専攻科目であり、ゆえにその学生たちを対象とした日本語の授業は、文学や経済の授業と同様、大学の「教科」としての要件を備えたものでなければならない。そのように考え、大学教育の重要な教育目標の1つである批判的思考力の育成を目指した日本語授業の開発に取り組むことにした。その手段として着目したのがCBIであり、質問作成活動である。

1.3　日本語教育における問いの活用

　批判的思考をテーマにした実践は、近年日本語教育でも様々報告されているが、ここでは以下の2つを紹介したい。

　1つは佐藤・ロチャー松井(2011)の「文字プロジェクト」である。これはアメリカの大学1年生(初級)を対象としたもので、2〜3人のグループで片仮名の使用例を集めて分析した後、片仮名の使用法に関する教科書の説明を批判的に考察するというものである。日本語の教科書の中には片仮名を「外来語や擬声語・擬態語などの表記に用いる」のように簡潔に説明しているだけのものもあるが、この実践ではそれを鵜呑みにせず自分たちで様々な使用例を集め、その結果をもとに片仮名表記の持つ機能について独自の考えを述べさせている。その上でさらに学習した知識の応用にも踏み込み、片仮名を使った俳句や詩、ショートストーリーなどを作らせている。

　もう1つは、熊谷・深井(2009)の「教科書書き換えプロジェクト」である。これはアメリカの大学2年生(中級前半)を対象とした実践で、授業で日米の教育制度に関する文章を読んだ際、「アメリカの大学は入るのは簡単だが卒業するのは難しい」と書かれていたことに学生が異議を唱えたことから、教科書の記述を批判的に考察し、協働で書き換える活動へと発展させている。

　前者はグループ活動によって学生たちの問いを引き出し、後者は学生の何気ない問いを拾ってそれを出発点にしたという違いはあるものの、どちらも学生たちの問いを効果的に活用した実践と言えるであろう。しかし、本章のテーマである「質問力の育成」そのものに焦点を当てた日本語教育の実践は

管見の限りまだ見られない。

2. 初期の実践について

2.1　最初の実践

　最初の実践は 2012 年度の秋学期に行った。16 人の受講者を 4 人ずつ 4 つのグループに分け、各グループ交代で学期中 2 回ずつ（合計 8 回）発表を行い、それを聞いた学生たちに質問を考えさせた（詳細は図 1）。

教師から与えられたテーマについてグループで協力して調べ、共通のレジュメを作成・準備する。	授業前

▼

発表者以外の学生 12 人を 3 人ずつ 4 つのグループに分け、発表者は各自担当のグループで同じレジュメを使い、同じ内容の発表を別々に行う（持ち時間 10 分）。	

▼

発表を聞いた学生は各自 3 つずつ質問を考え、発表者は答えられる質問にはその場で答える。	授業

▼

答えられなかった質問については、授業後に再度グループで集まって調べ、翌週の授業までに発表に使ったレジュメと質問の回答を教員に連名で提出する。	

▼

提出されたレジュメと質問の回答は翌週の授業で学生全員に配布し、期末試験の出題範囲とする。	授業後

図 1　授業の流れ（2012 年度の実践）

　しかし、学期終了後に質問の質と変化を分析したところ、その多くが次の(1)〜(3)のような言葉の意味を確認する質問や漠然とした質問（あるいは唐突な質問）で、(4)や(5)のような発表内容を引用したり自分の考えを添えたりした質問はごくわずかであった（小山 2014）。

（1）　禁教令というのはなんですか。(14字)[2]

（2）　幕府はなぜ250年以上続けた。(13字)

（3）　どうして大名の法律が作られた？(15字)

（4）　<u>鎖国を始めた要因にはキリスト教を拡げたくない</u>という理由以外にも何か他にあったのでしょうか。(45字)

（5）　どうして日本はオランダと貿易しますか。<u>中国や朝鮮や韓国が近いのは理解できるが、オランダは遠いじゃないか。</u>(52字)

[(2)(5)は小山(2014: 81)より転載]

　そこで翌年、比較のために、今度は日本人学生対象の集中講義(「第二言語習得論」)で質問を書かせ、合わせて「どのような態度で講義を聞いていたのか」についても質問紙調査[3]を行った。その結果、事前・事後で講義を聞く態度に変化は見られたものの、質問の質に大きな変化はなく、多くはやはり低次のものであった。このことから留学生特有の要因(日本語力など)が影響した可能性も否定できないものの、それ以前に質問の書かせ方や授業設計の点で問題があることが明らかになった(小山2015)。

2.2　日本人学生との違い(1)―質問の質と講義を聞く態度

　そこで、翌年の集中講義では①学習内容の見直しと削減、②フィードバックの徹底[4]、③モデリング活動の導入の3点について改善を行った。ここで言う「モデリング活動」とは、前年度の受講者が書いた質問をスクリーンに投影し、「よい質問とは何か」を考えさせるもので、質問作成を一度経験した後、2回目の質問作成の前に行った。その上で、「その質問が単なる思いつきではなく、講義の内容を自分なりに咀嚼・理解した結果浮かんだものであることが読み手(＝筆者)に伝わるような書き方、例えば自分なりの解釈や根拠を示すように」と助言した。その結果、質問の質を中位の「具体的・分析的質問」(2.5で詳述)のレベルまで高めることができた(小山2017)。

　これを受けて留学生対象の授業でも同じ3つの改善を行い、再度質問を書かせてみたところ、質問の質は母語話者と同等のレベルまで高まったもの

の、講義を聞く態度には変化が見られず(むしろ数値は低下し)、本実践が学生たちの批判的思考を促していないことが明らかになった(小山 2017)。

2.3　日本人学生との違い(2)―質問作成活動に対する評価

　日本人学生と留学生の違いは、質問作成という学習活動に対する評価にも表れた。以下は日本人学生の振り返りコメントからの引用であるが、「新しい発見」や「前回学んだこととの比較」「批判的な見方で考える」などのコメントが見られ、質問作成の意義と効果を感じたようである。

(a) 質問を考えることに関しては、自分がした質問以外にも、他の人の質問を聞いて<u>新しく発見する</u>ことがあったので、良かったと思います。【2年生】

(b) 最初は質問を作るためということという思いが正直大きかったですが、だんだんと<u>前回学んだことと今回学んだことを比較する</u>ようになり、小さなことでも疑問を持つようになりました。【2年生】

(c) 良い質問を考えるのは難しかったですが、普段の授業の何倍も内容に集中して聞いたり、批判的な見方で考えたり、と<u>常に何か考えながら授業を受けることができた</u>ので良かったです。【2年生】

[小山(2017: 100)より転載]

　一方、留学生の書いた振り返りには「書かされた感」の滲んだ「不満」とも取れるコメントが散見された。

(d) いいと思います。毎回質問を考えるために、細かく発表を聞かなければならない。でもやはり<u>どの発表でも質問が考えられるというわけでもないと思う</u>、どうしても発表に関係がある質問が出るとは限らない。【漢字圏】

(e) 質問を考えることによって、学んだ知識を再思考できます。でも、勉強する過程で自然にいろいろ質問が頭に浮かぶはずだから、<u>このとき出さ</u>

　れた質問とわざと考えた質問とは同じ効果ではない［のではない］かと
思います。【漢字圏】

［小山（2017: 103–104）より転載　　［　　］内は筆者］

2.4　不満の原因は何だったのか

　このような否定的評価は、日本人学生対象の先行研究でも「質問とは自
然に浮かぶもので、強い意志で無理矢理作るものではないという考えが浸
透している」（田中裕 2009: 72）との指摘があることから、留学生に限った問
題ではないようである。「質問を考えることは多くの学生にとって最初はか
なり難しく、最後まで上達しない学生が一定程度いる」（田中一 1996; 田中裕
2008）ことや「質問は思いついてもそれを言語化することに難しさを感じる
学生がいる」（田中裕 2008, 2009）ことを考えれば、質問作成に対する「不慣
れ」が原因とも考えられる。しかし、筆者の集中講義を受けた日本人学生が
質問作成に慣れていたかといえば、必ずしもそうではなかった。

（f）　個人的に質問はあまり思い付く方ではないのですが、今回必ず質問をし
　　　なければいけない状況で、授業を聴くというのは初めは少し難問でした
　　　が、日を追うごとに慣れ、質問を考えながら授業を聴くことで理解度や
　　　自分の中での整理もやり易かったと思います。【2 年生】
（g）　自分は質問を考えるのは苦手な方ですが、改めて今日やった内容を見直
　　　すことでより深まったり、他の問題も見えてきたりするので、自分でも
　　　この作業をこれからの学習にいかしていきたいです。【2 年生】

　つまり、不満の主たる原因は個々の学生の「学習観」や「質問作成に対す
る不慣れ」ではなく、2.1 でも述べたように、「質問の書かせ方」や「授業設
計」にあり、筆者の行った改善が不十分だったということである。加えて、
留学生の場合には「母語以外の言語で講義を聞く難しさ」が不満を増大させ
たと思われる。

(h) 発表を聞いてすぐに質問を考えるのは辛かったのです。発表を聞くのか それともその発表の中にどうやって質問をするかということ考えなが ら、発表は一生懸命にされているのに注意できませんでした。発表の ときただ発表をよく聞き、後で、帰ってその発表のいい点とか自分で何 を知りたいかを考えて書いたほうがもっと楽しかったかもしれません。 【非漢字圏】

［小山（2017: 104）より転載］

　講義内容をまだ十分に理解できていない段階で「質問を書け」と強要され れば、不満を感じるのは当然である。また、講義を聞く態度に変化が見られ なかったことも、批判的に「聞かなかった」のではなく「聞けなかった」の だと考えれば、説明がつく。しかし、それでもまだ1つ疑問が残る。それ は、質問の質については母語話者と同等のレベルまで高まっていたことであ る。講義の内容を十分に理解できぬまま質問を書かされたのなら、なぜ中位 の「具体的・分析的質問」が書けたのであろうか。

2.5　なぜ質問の質だけが高まったのか

　本実践では毎回、質問の質と変化を比較・分析するために、学生たちの書 く質問を表1のように分類している[5]。この表からもわかるように「具体的・ 分析的質問」とは、独自の考えや評価は打ち出せていないものの、その日の 学習内容を既有知識と関連づけ、分析（関係性の分析や比較・対照、予想立

表1　本実践における質問の分類

低次	①単なる感想・コメント	質問になっていないもの
	②無関係な質問	講義内容とは関係ないもの
	③思考を深めない質問	無関係ではないが本筋から外れているもの 自分で考えず教師に答えを求めているもの
	④漠然とした質問	「なんとなくそう思った」レベルのもの
	⑤一般的・包括的質問	知識間の関連づけができているもの
	⑥具体的・分析的質問	講義内容を分析できているもの
高次	⑦応用的質問	独自の考えや評価を打ち出せているもの

注．網掛け部分は「批判的に思考していない」と思われる質問

てなど)はできていると見なされた質問のことである。

　一方、湯澤(2009)は、市川(2008)の「教えて考えさせる授業」の枠組み
に沿って、学生たちの書く質問をわからないところを聞く「タイプ A」(習
得サイクル)、大切なところを聞く「タイプ B」(習得サイクル)、学習したこ
との応用について聞く「タイプ C」(探求サイクル)の 3 つに分類している。
そして、タイプ C の質問については「自己質問の作成を単に繰り返しても、
ほとんど出てこない」と述べており、その理由について「タイプ A とタイ
プ B の質問は、数学や理科などいずれの教科にもあてはまる領域一般的な
学習方略を利用して作成できるが、タイプ C の質問はそれぞれの教科の内
容にある程度依存している」からだとしている(湯澤 2009: 156)。

　この指摘を踏まえ、本実践における具体的・分析的質問を「独自の考えや
評価を打ち出すまでには至っていない」との理由で、湯澤のタイプ B と同
じ習得サイクル内の質問と見なせば、「質問の質が具体的・分析的質問のレ
ベルまで高まった」と言っても、それは「授業内容の深い理解なしに十分に
起こりうる変化だった」と解釈することができる。つまり、学生たちはその
日の学習内容を十分に理解できていないにもかかわらず、これまでの学習経
験などを活用して、どうにかその場を切り抜けていたということである。

3. 何をどう改善したのか

3.1　予習と授業を関連づける

　では、学生たちの理解を妨げた原因は何だったのであろうか。まず考えた
のは「基礎知識の不足」である。そこで、2015 年度の初回の講義で受講者
16 人に「江戸時代」あるいは「幕末」と聞いて思い浮かぶ言葉をできるだ
け多く書き出してもらった。結果は表 2 のとおりで(頻度 3 以上)、学生たち
の持つ知識が断片的で、やや不正確であることが伺える。そのような学生た
ちに講義を聞いた直後に質問を書けと要求するのは、中・上級者といえども
負担が大きすぎたであろう。そこで、篠ヶ谷(2008, 2010)の研究知見に基づ
いて予習のあり方を見直すことにした(本書第 2 章参照)。

表2　学生たちの持つ予備知識

江戸時代	幕末
家康／徳川家康(6)	武士(4)
幕府／江戸幕府(5)	織田信長(4)
侍／武士(4)	徳川家康(4)
鎖国(3)	維新／明治維新(3)
将軍(3)	ペリー(3)
文学(3)	豊臣秀吉(3)
＊その他に62語	＊その他に45語

　篠ヶ谷(2008)は中学生対象の世界史の授業で事前に教科書を読んで「どのような事件が起こったか」などの知識を得ておくと、授業ではその背景因果に注意が向けられ、理解が促進されることを明らかにしている。また、篠ヶ谷(2010)では、授業でなされる説明が予習で得られる情報よりも詳細なものでなければ、学習者の注意は背景因果に向けられず、理解も促進されないことも明らかにしている。そこで、中学の歴史教科書3冊の記述を合成した650字程度の資料(4.2参照)を自作し、それを事前に読んで歴史的事実を予習させ、授業では資料に書かれていない背景因果について説明するという教授方略を採用することにした。

3.2　教材の難易度を調整し、講義のフレームを示す

　2つ目は「教科固有の問題」である。それまでは高校の日本史の教科書を何も手を加えずそのまま教材として使用していたが、高校の教科書は情報量が多く、文章の難易度も高いため、中学の教科書に変更することにした。しかし、J. Readability[6]で文章の難易度を測定してみたところ、中学の教科書も「上級前半」で、高校の教科書(上級後半)ほどではないものの、それでもまだ一部の学生(特に非漢字圏出身者)には難しいと思われた。そこで、語彙の書き換えや文構造の単純化を行うことで、文章の難易度を「中級後半」まで下げることにした。

　一方、筆者が授業で背景因果の説明をする際には、最初に講義のポイントを明示し、その後「背景・問題・意図・方法・結果」の5つの観点を意識し

て説明するようにした。そして、それを「本講義のフレーム」(表 3 参照)と
して学生にも伝えた。

3.3 発表のモデルを示す

　最後は「発表者の問題」である。この実践を始めるにあたって最初に考え
たのは、筆者の講義をただ黙って聞くだけの授業にはしないということで
あった。与えられたテーマについてグループで協力して調べ、発表し、それ
を聞いた学生たちに質問を考えさせることにしたのも、そのためである。し
かし、学生の中には発表に慣れていない者も少なくなく、発表の上手下手が
聞き手の内容理解に影響を与えたことが考えられた。

(i)　あるグループは調べたことがわからないのに、そのままネットからとっ
　　た複雑な言葉で発表してしまったこと。結局、後半のことがあまりわか
　　らなくなった。【非漢字圏】
(j)　他の人の発表を聞くとき、よく分からなくてあまり勉強にならなかった
　　【非漢字圏】

［小山(2014: 45)より転載］

表 3　講義のフレーム：「鎖国」(第 4 週)の場合

講義のポイント
A.　なぜ幕府は鎖国をしたのか。
B.　(ヨーロッパの国の中で)なぜオランダだけが日本と貿易をすることができたの
　　か。
講義内容(要約)
江戸時代初期、幕府はキリスト教の布教を認めていた。しかし、キリスト教が全国
に広がり、急激な勢いで信者が増えていくと【背景】、幕府は徐々にキリスト教を
警戒するようになった【問題】。幕府はキリスト教の布教を禁止し、ヨーロッパ船
の入港を制限することで【方法 A】、これに対処しようと考えたが【意図】、人々は
キリスト教の信仰を止めようとはしなかった【結果 A】。そのため、幕府はついに
キリスト教徒を処刑し、スペイン船やポルトガル船の来航を禁止した【方法 B】。
その結果、日本と貿易できるのは「貿易だけをして布教はしない」と約束したオラ
ンダだけとなった【結果 B】。

　そこで、これまで各グループ 2 回ずつ行っていた発表を 1 回に減らし、学期の前半は、筆者の講義内容について質問を考えさせることにした。その際、先に述べたように、最初に講義のポイントを示した上で「背景・問題・意図・方法・結果」の 5 つの観点を意識して説明するようにし、学生たちにも同じ方法・手順で発表することを求めた。

4. 現在の実践について

　これら 3 つの改善を行い、再構築したのが表 4 のシラバスである。本授業は歴史の授業であると同時に、歴史を題材とした日本語の授業でもあるため、歴史教科特有の語彙・表現の習得に焦点を当てた練習なども行っているが、ここでは質問力の育成に関連した部分だけを紹介する。

4.1　シラバス

　まずシラバスについてであるが、15 回の授業を大きく 4 つの部に分け、それぞれに目標を定めている。第 1 部(第 1 週〜)は、幕末・明治の歴史に対する興味・関心を高め、その後の講義理解に必要不可欠な歴史用語を学ぶことが目標で、第 1 週はガイダンス、第 2 週は予習の仕方と講義の聞き方に関する練習である。そして、受講者が確定する第 3 週に翌週以降の教材と参考資料を配布し、第 2 部(第 4 週)からは、篠ヶ谷(2008, 2010)の知見に基づき、事前に資料(図 2)を読んで「いつ、どんな出来事が起こったか」を予習させ、講義では資料に書かれていない背景因果について説明するという流れで授業を進めていく。ここでの目標は「歴史の大まかな流れを理解し、学生たちの注意を背景因果に向けさせる」ことである。また、第 3 部(第 8 週〜)では「多角的に捉えられるようになる」を目標とし、背景因果の説明を学生たちに交代で担当させる。そして、第 4 部(第 12 週〜)ではそれまでに学習した内容のまとめをし、現代への応用について考える。

4.2　下地作り

　ここで言う「下地作り」とは、学生たちが質問を考えられる条件を整えることで、第3節で述べた3つの改善がこれに相当する。図3は、このうちの「予習と授業の関連づけ」について詳細を示したものである。

表4　シラバス（現在の実践）

部	週	主な授業内容	講義者		質問作成
I	1	ガイダンス			
	2	基礎知識①／講義の聞き方の練習	教師		練習（宿題）
	3	基礎知識②	教師		
		▼			
II	4	鎖国	教師	指導1	1回目（授業）
	5	黒船来航から通商条約締結まで	教師	指導2	2回目（宿題）
	6	安政の大獄と攘夷運動	教師		3回目（宿題）
	7	薩長同盟、そして討幕へ	教師	指導3	4回目（宿題）
		▼			
III	8	廃藩置県：中央集権体制の確立	学生		5回目（宿題）
	9	四民平等と徴兵制	学生		6回目（宿題）
	10	地租改正と学制の公布	学生		7回目（宿題）
	11	不平等条約の改正	学生		8回目（宿題）
		▼			
IV	12	グループディスカッション1			
	13	グループディスカッション2			
	14	現代への応用			
	15	期末試験			

資料　　　　　　　　講義ノート　　　　　　まとめプリント

図2　第4週の授業で用いた3つの教材

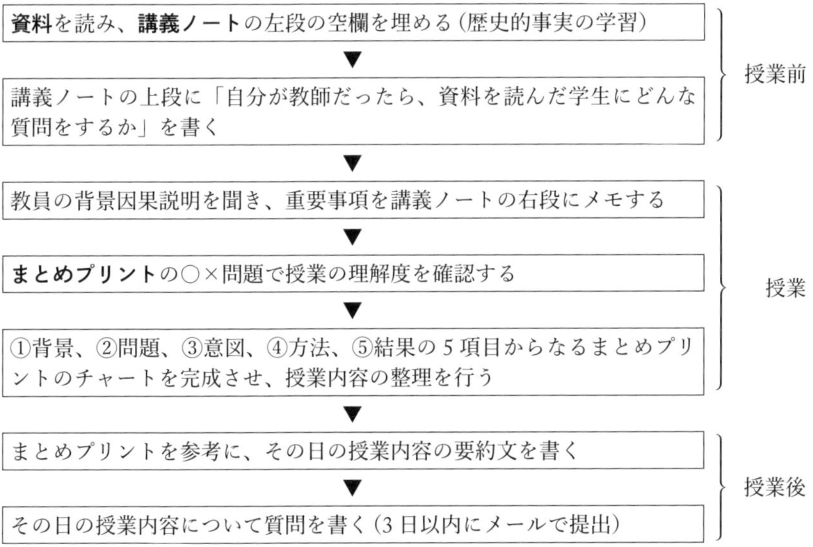

資料を読み、**講義ノート**の左段の空欄を埋める（歴史的事実の学習）

▼

講義ノートの上段に「自分が教師だったら、資料を読んだ学生にどんな質問をするか」を書く

》授業前

▼

教員の背景因果説明を聞き、重要事項を講義ノートの右段にメモする

まとめプリントの○×問題で授業の理解度を確認する

▼

①背景、②問題、③意図、④方法、⑤結果の 5 項目からなるまとめプリントのチャートを完成させ、授業内容の整理を行う

》授業

▼

まとめプリントを参考に、その日の授業内容の要約文を書く

その日の授業内容について質問を書く（3 日以内にメールで提出）

》授業後

図 3　予習と授業の関連づけ

4.3　質問の書かせ方

　質問はこれまで授業の最後に 15 分ほど時間をとって書かせていたが、現在は第 4 週を除いて全て宿題とし、自宅で書かせている（提出期限は授業後 3 日以内）。宿題にすると、講義の聞き方を変える効果が薄れてしまうことや質問の未提出が増えることも懸念されたが、高次の質問を引き出すためには十分な時間が必要と判断した。また、提出された全ての質問に回答と評価（4 段階）をつけ、文書にして翌週の授業で全員に配布している。

　質問の書き方については、第 2 部で「A. 質問だけでなく、質問の背景も書く」「B. 講義のポイントを押さえて書く」「C. 既有知識と関連づけて書く」「D. わかった点について質問する」の 4 点を 3 回に分けて指導している。最初の指導は第 4 週に（第 2 週の）練習で書いた質問の回答と評価を返した後、A と B の 2 点について行う。A は田中一（1996）の実践を参考にしたもので、「何をどう考え、その質問に至ったのか」を書かせれば、その場の単なる思いつきでは書けなくなり、結果として深い思考を促せるだろうと考えた。B

については筆者の講義と学生の発表で最初に示される講義のポイントと、まとめプリントのチャートを意識して考えるよう助言している。その後第5週にCを、1週おいて第7週にDをそれぞれ指導する。前者は精緻化方略の使用を促すもの、後者は前述の「教えて考えさせる授業」のモデルに沿ったものである。

5. 学生の書いた質問

　では、これらの指導によって学生たちの質問はどう変化していくのであろうか。ここではある年度の学生たちが書いた質問について見てみる。

（6）　江戸時代、幕府と朝廷の関係はどのようなものだったか？【26字：漢字圏】
（7）　寺社奉行、町奉行、勘定奉行、遠国奉行の中ではどれが一番権力を持つか。【34字：非漢字圏】

　これは第2週の練習で「幕府の仕組み」と「幕府と藩の関係」について学習した後に書かれた質問である。この時点では質問の書き方についてまだ何も指導していない。そのため、初期の実践(2.1)で見られたのと同じような、漠然とした短い質問が多い。しかし、2週間後に最初の指導を行うと、以下のような質問が出てくるようになる。

（8）　幕府は人々がキリスト教を信じて、幕府の言うことを聞かなくなることを恐れたから、キリスト教を禁止された。その結果、外国との貿易に悪い影響をしていた。そして、隠れてキリスト教を信仰していた人もいた。なかなかよい結果は出なかったと思っている。では、なぜ幕府はキリスト教を利用して、国民を統治しないのか。（例えば、国教として認める）【162字：漢字圏】

　まだ少し漠然としてはいるが、講義内容の一部を引用し、質問の背景を示したことで、字数も大きく伸びている[7]。また、以前は（例えば参勤交代について学んだ後）「自分の領地から江戸へ行くまでの間、大名はどこに泊まり、何を食べていたのか」のような、理解を深めるというより興味・関心を広げる質問が多かったが、講義のフレームを示し、「講義のポイントを押さえて書く」ことを指導した後には、そのような質問はほとんど見られなくなる。

　さらに、翌週「既有知識と関連づけて書く」ことを指導した後には、他国（多くは母国）の歴史と関連づけた質問が増える。

（9）　中国では、アヘン戦争によっての「南京条約」をはじめとして、外国といろいろな不平等条約を結び、しだいに半植民地・半封建の国家に変わっていった。中国の人々の生活に大きな影響を与えた。日本も似ている条約を結んだ。しかし、その結果、日本は半植民地・半封建の国家に変わらず、明治維新を迎えた。日本の近代化を加速した。違う結果となった原因は両方の違う態度だか。つまり、中国は外国からの脅威を抵抗し、幕府はアメリカからの脅威を抵抗しなかったということだか。【221字：漢字圏】

　また、第7週に「わかった点について質問する」よう指導した後には、授業ではまだ触れていない、学生たちが独自に調べた内容（ここでは将軍継嗣問題）を含んだ質問も出てくるようになる。

（10）　私が知っている限り、徳川家定と家茂は将軍継嗣問題が生じることになった。特に家定死んだ後、継嗣に関して、島津斉彬と井伊直弼は闘争することもあったそうだ。また、慶喜は将軍を固辞して、将軍不在の状況になった。つまり、安政の改革時代から、将軍の指導力が薄くなり、実力が強い藩主と老中結束して幕政を左右することが多くなっていくということだ。で、なぜ薩摩藩は公武合体を支援したのか。そ

うしたら、将軍の権威は再び回復するだろう。また、慶喜という人に興味を持つようになった。矛盾な点が色々あって、理解できない。彼は最初将軍の相続を固辞した。そして、征長戦、諸侯会議、幕政改革といったことで将軍の権威を回復としようとした。が、逆に諸侯に倒幕を決意させた。そして、大政奉還になった。ちょっとやる気がなさそうだ。彼は本当に大政奉還で幕府の統治を維持したかったのか。それとも、幕府もう終わりとしっていて自主的に諦めたのか。【399字：漢字圏】

　こうして一歩一歩段階を踏みながら質問の考え方・書き方を学んでいくことで、筆者の講義(第1部)だけでなく学生の発表(第2部)に対しても高次の質問が書けるようになり、学期の終わりには以下のような現代の日本と関連づけた質問も出てくるようになる。

(11)　日本に対して、積極的に外国から学ぶイメージがある一方、自国の伝統をちゃんと守っているイメージもある。明治時代、新政府は、日本が対等な国家として認められるために、欧化政策を行った。社会制度から生活様式まで、外国のものをいろいろ取り入れた。その時、西洋の生活スタイルを求める日本の上流階級の人は少なかった。外国のいい制度を導入するのは役に立つかもしれないが、生活習慣までも真似するのは本当に必要なのか。それは少し極端なやり方だと思う。一方、欧化主義を反対する国粋主義もあった。国粋主義を支持する人は、外国の影響を避け、日本の伝統を守ることを呼びかけていた。現代の日本社会を見れば、日本の伝統がちゃんと守られていると同時に、外国のいい方面もちゃんと取り入れられている。その二つの思想は少し極端的だったが、社会の発展に従って、それぞれ日本社会で影響を及ぼした。今は、ちょうどバランスをとっている。自国の文化と外来文化をどのように扱うのは国の国際化発展にとって、非常に重要なことである。日本は自国の文化と外来文化を扱うのには上手だと思

う。日本は、外国の文化をちゃんと取り入れているとは言える一方、自分の文化をちゃんと守っているとも言える。では、日本は一体どうのようにそのバランスをとったのか。外国の優れた部分から学び、自分の文化の優れた部分を守るという道理は誰でもわかるが、よくできている国は少ない。日本の成功の秘密はどこにあるのか。【612字：漢字圏】

　もちろん学生によって個人差があり、このような「応用的質問」(独自の考えや評価を含む質問)が書けるようになるのは毎学期十数人の受講者のうち2〜3人であるが、他の学生たちの質問も初期の実践と比較すると、格段の進歩である(数量的な分析については小山(2018)を参照)。

6. 実践をふりかえって

　最後に、これまでの実践を通して感じたこと、見えてきたことを3点述べ、本稿のまとめとしたい。
　本稿の冒頭で「日本語を専攻科目として学ぶ短期留学生対象の日本語授業は、大学の教科としての要件を備えたものでなければならない」と述べたが、この点に関し、「事前知識のほとんどない留学生対象とは言え、中学校の教科書程度の内容でよいのか」と疑問を持つ読者もいるかもしれない。これに対する筆者の考えは「この授業の一番の目的は考えさせることであり、授業で学ぶ知識はその材料に過ぎない(よって問題ない)」というものである。むしろ、情報を与えすぎて消化不良を引き起こし、質問を考えられなくさせることの方が問題であろう。筆者の初期の失敗もまさにそれが原因であった。
　2つ目は「本実践における真の学びはどこにあったのか」という問題である。学生の書く質問の質が大きく変化した理由として、予習と授業の関連づけを見直したことや、講義や発表のフレームを示したことなどが挙げられるが、中でも大きく影響したのは質問作成を宿題にしたこと(十分な時間を与

えたこと）ではなかっただろうか。そこで、学生たちに「毎回どのように質問を考えているのか」を直接聞いてみたところ、「うちへ帰ってその日の学習内容を復習し、わからないところはネットなどで調べ、それから質問を考える」とのことであった（小山 2018）。授業デザインにおいては予習を事前学習、授業を本学習、復習を事後学習と位置づけることが多いように思われるが、本実践の場合、授業後の質問作成が本学習で、授業は事前学習の一部だったのではないかと思われる。「アクティブラーニング」と聞くと発表や話し合いの活動がすぐに思い浮かぶが、一人静かに考える質問作成もやり方次第ではアクティブラーニングになるのだと気づかされた。

　3つ目は「今後の課題」である。本章で紹介した歴史の授業は毎年秋学期（学生たちにとっての前期）に開講しているため、春学期には受講者の何人かと別の授業で出会うことになる。そこで、春学期の終わり（7月）に、歴史の授業と同じ質問紙を使って講義を聞く態度について再調査してみたのだが、秋学期の終わり（2月）に大きく高まっていた数値が、春学期の終わりには「元に戻った」とまでは言わないものの、大きく下落していた。学生たちにとって質問作成は新たな学習方略として定着しなかったようである。

　植阪（2010）によれば、学生たちが新たな学習方略を自発的に使用するようになるためには、その方略の有効性とコストの低さを認知させる必要があるという。前者については、本実践でも（少なくとも一部の学生には）感じさせられたのではないかと思われる。

（k）質問を思い出すのはなかなか難しくなりました。だが、毎回質問を提出するために、本を読んだり、歴史家の意見を比較したりしますので、勉強になりました。大学での勉強は与えられるものではないということが改めて感じます。【漢字圏】

　しかし、後者については、宿題にしたことで逆に高めてしまったかもしれない。日本人学生のように質問を考えながら講義を聞けるようになれば、質問を授業中に書かせることができ、コストも下げられるかもしれない。この

点が今後の課題である。

注

1　CBI は近年、第二言語の習得とともに批判的思考力の育成にも貢献できる教授法として注目されており（近松 2009）、牛田（2007: 194）はこれを「言語そのものを授業の中心にするのではなく、教材の内容を重視し、内容に関する言語活動を展開することによって、外国語能力を伸ばそうとする教授法」と定義している。

2　本文中の学生の質問・コメントは全て原文のままである。

3　King（1995）の質問語幹リストに記された 19 の文型（質問の型）を、生田・丸野（2005）がブルームのタキソノミーに沿って分類したものをベースに、筆者が作成したものである。

4　前年度の集中講義では、時間の関係で質問に回答できないことも多かったが、この年度は毎回欠かさず、できるだけ多くの質問に答えるようにした。

5　「一般的・包括的質問」「具体的・分析的質問」「応用的質問」という分類は生田・丸野（2005）に従った。

6　筑波大学の李在鎬氏を代表者とする研究グループが開発した「日本語文章難易度判別システム」のことである。

7　初期の実践では質問の平均文字数は日本人学生が 100 字程度、留学生が 30 字程度であったが、2016 年度の実践では学期の前半（第 2 部）が 250 字程度、後半（第 3 部）が 360 字程度まで伸びている（小山 2018）。

参考文献

生田淳一・丸野俊一（2005）「教室での学習者の質問生成に関する研究の展望」『九州大学心理学研究』6: pp.37–48.

市川伸一（2008）『「教えて考えさせる授業」を創る―基礎基本の定着・深化・活用を促す「習得型」授業設計』図書文化社

植阪友理（2010）「メタ認知・学習観・学習方略」市川伸一（編）『現代の認知心理学 5 発達と学習』pp.172–200. 北大路書房

牛田英子（2007）「ナショナル・スタンダーズの日本語教育への応用―国際関係大学院における日本語カリキュラムの開発」『世界の日本語教育』17: pp.187–205.

熊谷由理・深井美由紀（2009）「日本語学習における批判性・創造性の育成への試み―「教科書書きかえ」プロジェクト」『世界の日本語教育 日本語教育論集』19:

pp.177–197.

小山悟（2014）「中上級学習者を対象としたCBIの実践報告―「歴史」の授業における学習者の質問の変化」『日本学刊』17: pp.69–85.

小山悟（2015）「質問作成の活動は学部生の講義の聞き方に影響を与えたか？―批判的思考力の育成を目指した日本語教授法の開発に向けて」『日本学刊』18: pp.77–91.

小山悟（2017）「批判的思考を促す日本語の授業―母語話者対象の集中講義との比較」『九州大学留学生センター紀要』25: pp.91–106.

小山悟（2018）「歴史を題材としたCBIで学習者の批判的思考をどう促すか―デザイン実験による指導法の開発」『日本語教育』169: pp.78–92.

佐藤慎司・ロチャー松井恭子（2011）「「内容重視の批判的言語教育（CCBI）」の理論と実践：初級日本語の文字プロジェクト」『Proceedings of 18th Princeton Japanese Pedagogy Forum』pp.37–52.

篠ヶ谷圭太（2008）「予習が授業の理解に与える影響とそのプロセスの検討―学習観の個人差に注目して」『教育心理学研究』56（2）: pp.256–267

篠ヶ谷圭太（2010）「高校英語における予習方略と授業内方略の関係―パス解析によるモデルの構築」『教育心理学研究』58（4）: pp.452–463

田中一（1996）「質問書方式による講義―会話型多人数講義」『社会情報』6（1）: pp.113–127.

田中裕（2008）「質問書方式による考える力をつける教育実践2」『神戸山手短期大学紀要』51: pp.15–33.

田中裕（2009）「質問書方式による考える力をつける教育実践3」『神戸山手短期大学紀要』52: pp.63–80.

近松暢子（2009）「米国におけるコンテント・コミュニティーベース授業の試み―米国シカゴ日系人史」『世界の日本語教育』19: pp.141–156.

湯澤正通（2009）「自己質問作成による活用力の向上」吉田甫・エリック ディコルテ（編）『子供の論理を活かす授業づくり―デザイン実験の教育実践心理学』pp.143–161. 北大路書房

King, A. (1995). Inquiring minds really do want to know: Using questioning to teach critical thinking. *Teaching of Psychology* 22(1): pp.13–17.

コラム 2

沖縄県「問いが生まれる授業」

沖縄県教育庁義務教育課長　目取真康司

　沖縄県は平成 29 年度より、学力向上推進施策のなかで、「他者と関わりながら課題解決に向かい「問い」が生まれる授業」をめざすことを明言している。新たな時代へ対応する視点をもった授業改善を推進していく必要があると考えるからである。

　なぜ「「問い」が生まれる授業」としたのか。子供達が主体性を発揮している授業では共通して、子供達が追求したいと思う「問い」が生まれている。問いをもつということは、授業で学ぶ内容を、ある意味、子供達が与えられた情報を単に受け入れるだけでなく、「疑いながら」または「批判的に学ぶ」ということだと考えている。それは、価値観は多様化し何が正解で何が不正解であるのか明快な答えが見いだせない社会では、必要な力である。

　どんな場面で問いが生まれるのか。本県の学力向上施策を聞いて、悩んでいる教員も少なくないようだが、難しく考える必要はないと考えている。授業のさまざまな場面で問いは生まれる。特に終末の「振り返り」は、問いを引き出すのに有効な場面だと考える。授業で学習したことを言語化させ、次の学習について考えさせることで、新たな問いが生まれやすくなる。

　評価をする場面でも問いは生まれる。友達の考えや作品、作者の主張などに対して、「私ならこうする」と感じたとき、「なぜこうしなかったのだろう」「なぜそうしたんだろう」と、問いが生まれる可能性がある。

　言語活動において重要な、根拠を考えることや比較をすることも、問いにつながる。根拠を考えることは、「どうして～といえるのか？」と問いを発することになる。比較の視点を持つことで、「○○は△△なのに、□□はどうして☆☆になるの？」という問いが生まれやすくなる。

　次期学習指導要領では、「教科等による見方・考え方を働かせる」という考えが示されている。国語では「言葉による見方・考え方」、社会では「地理的・歴史的な見方・考え方」などである。それは、考えるためのツールになる。そしてまたそれは、先に挙げた根拠や比較の例と同様、問いを引き出

すためのツールともなりうる。

　このようにして子供たちの中に問いが生まれたら、次はそれを「質問」という形で、表現することのできる力が必要である。

　沖縄県内の小中学校においても近年、言語活動が意識されたことで、子供達が生き生きと発表している場面が多くなっている。しかし、聞き手である子供達から、「どうして……？」、「よくわからなかった」「もし……でもそうなるのかな？」など、発表内容について問いを発している姿を見ることは少ないように思う。問いを発することができるためには、自分が感じた違和感やわからなさを言葉にできる力、つまり「質問する力」を育成する必要がある。

　質問することで、自分の理解や解釈が確認できる。自分の発表などに対して良い質問をされると、さらに理解が深まったり、そこから新たな問いが生まれたりと、その効用は多岐にわたる。そのような経験を積み重ねることで、質問する力は育っていくのではないだろうか。

　これからの社会は、グローバル化やＩＴの進化等により、価値観は多様化し、何が正解で何が不正解であるのか明快な答えが見いだせない社会になっていく。そういった社会を息苦しいと思いながら過ごすのではなく、多様な価値や考え方を交差させながら、よりよい考えや適性解にたどり着く過程を楽しむことが、自身の良さを発揮することにつながるのではないか。そういった意味でも、生徒自身が「問い」を持ち、主体的に学習できるかどうかが今後の沖縄県の未来を左右すると考えている。

第3部

「探究に関わる学習」における「問い」

第8章

問いに基づく探究的な学習と
その実践

深谷達史

1. はじめに

　探究的な学習とは、自らの興味・関心を追究するような学習のことを指す。大学では卒業論文がまさに探究の一例であるが、「総合的な学習の時間」に代表されるように、小学校、中学校、高等学校においても探究の学習は求められる。また、探究は、そもそも学校での学習として求められるから実施されるというより、人の知的好奇心、あるいは自身や社会をよりよいものにしたいという願いに根差すもので、学校卒業以降も、職業生活や市民生活の様々な場面で行われる。

　しかし、筆者自身、大学生に卒業論文の作成を指導する中でも感じることだが、学習者に課題を課すだけでもちろん探究がうまくいくわけではなく、探究力を養いながら探究をうまく進めるには、教師の適切な働きかけが求められる。詳しくは後述するが、特に、その働きかけの一つとして「問い」の設定を促すことはとても重要である。本章では、筆者自身がかかわった教育実践の事例も紹介しながら、探究的な学習における問いの役割や、問いに基づく探究的な学習を促すことを試みた実践例などを概説したい。まず、1節では、探究の定義と具体的な実践例を紹介する。次に、2節で、探究の過程に関する理論や研究を解説した上で、特に、探究における問いの重要性を論じる。3節で問いに焦点をあてた実践例を紹介したのち、4節でまとめと展望を示す。

1.1　探究とは

　探究とはそもそもどのような学習を指すのだろうか。市川（2004）は、「習得」と対比させて「探究」を定義している。習得とは、「円の面積の公式」や「植物のつくり」など、既存の知識・技能を学ぶことを指す。習得の授業では、授業の目標を設定するのは教師であり、教科の授業の大半は習得的なものだといえる。他方、探究とは、（教師が目標設定の支援をすることはあっても）児童生徒が主体となって課題を見つけ、学習の目標を設定し追究する学習を指す。そのため、内容も「これを学ばなければならない」と制限されるものではない。大学でいえば、卒業論文の作成はまさに探究的な学習といえる。学校教育の典型でいえば、「総合的な学習の時間」が挙げられるが、教科の中でも調べ学習や自由研究などの形で実施される。

　なお、学習教育の中では、「習得・活用・探究」という用語が使用されているが（文部科学省 2017）、ここでは、市川（2019）にしたがい、活用を、習得と探究に並列される一つの学習の類型としてではなく、習得と探究の様々な場面で起きるものと捉える。例えば、前の単元で学んだことを新しい単元で活用する（習得での活用）、習得で学んだことを探究で活用する（探究での活用）、学校で学んだことを日常や将来に活用する（学校以外での活用）といった場面を考えることができる。また、習得と探究は「習得から探究」と一方向的に進むものではなく、「探究から習得」という方向もありえる。探究的な学習をしてみると、自分の基礎知識が不十分であることを実感するため、探究を行うことが習得を促すことも考えられる。市川（2004）が、習得から探究に進む学びを「基礎から積み上げる学び」、探究から習得に進む学びを「基礎に降りていく学び」と整理している通り、学校教育としては、習得と探究を積極的に結びつけ、互いの質を高める工夫が求められる。

　習得と探究は、学校を卒業し社会人となった後にも、職業生活や市民生活を送る上で不可欠となる学習である。特に、既存の知識・技能を再生・適用するだけでは解決できない課題が山積する社会の現状を考慮すると、探究を進める力を育成する重要性がますます高まっているといえる。こうしたことを踏まえると、小学校、中学校、高等学校、大学と進むにつれて、求められ

る探究のレベルも高まっていくことが必要だと思われるが、現状では、総合的な学習の趣旨に適っていない活動が行われている場合があることなどの課題も指摘される（文部科学省 2016）。こうした課題が生じる要因として、探究を進める過程においてどのような資質・能力が求められるのかが明確でなかったことが挙げられると考える。本章では、その一つが、問いを立てたり見直したりするスキルであると考え、2 節で探究における問いの役割を概観する。

1.2　探究の実践例

　本節では、探究の実践例として、東京大学附属中等教育学校（以下、東大附属）で行われている卒業研究の事例を紹介する（東京大学教育学部附属中等教育学校 2005）。東大附属は中等教育学校であることから、6 年間のカリキュラムを設定しており、卒業研究は最後の 2 年間で行われる、集大成として位置づけられている。卒業研究は、生徒が自身の関心に基づいてテーマを設定し研究を行い、その成果を論文としてまとめるものである。大学の卒業論文のように、専門的な学問の方法論に則ったものではないにせよ、そこで求められる活動はまさに卒業論文の制作に近いものといえる。

　具体的には、卒業研究は、事前のオリエンテーションの後、高校 2 年生の 4 月から開始され、1 月の中間報告を経て、高校 3 年生の 7 月に論文作成および発表が行われる。生徒は、8 〜 10 人のグループに分かれ、グループ指導を受けてから、さらに 2 〜 3 人のグループに分かれ、1 人の担当教師の指導を受ける。月に 1 度全体やグループでの指導を受ける他、担当教師から個別に指導を受けながら、実験、文献調査やフィールドワークなど、各々がそれぞれの方法を用いて研究を進めていく。先の書籍からテーマ例を挙げると、平家物語やフランシス・ベーコンの思想などの古典的なテーマに加え、臓器移植や裁判員制度などの時事的なもの、建築デザインなどの現代的なものまで、幅広いテーマが扱われている（当時）。

2. 探究に関する理論や研究

　前節で挙げた卒業研究の事例は、1 年以上の長期間にわたるという意味で特殊な事例であり、総合的な学習の時間としては長くても数か月、教科の授業としては数時間のようなより短い時間で行われることが一般的ではあるだろう。ただし、そこで見られる、生徒が設定したテーマを追究し、まとめていくという過程は、様々な探究に共通するものだといえる。そこで、本節では、先行研究の知見を参照しながら、探究の過程とはどのようなものであるかをまとめ、探究の過程での問いの役割について概観する。

2.1　探究の過程と課題設定の重要性

　本邦では、文部科学省（2011: 17）により、探究の過程が以下のようにまとめられている。

① 課題の設定：体験活動などを通して、課題を設定し課題意識をもつ。
② 情報の収集：必要な情報を取り出したり収集したりする。
③ 整理・分析：収集した情報を、整理したり分析したりして思考する。
④ まとめ・表現：気付きや自分の考えなどをまとめ、判断し、表現する。

　なお、分かりやすさのため、番号を付したが、これらの過程が常に単線的に進むとは限らず、探究は行きつ戻りつしながら進むとされる。なお、これら 4 つの過程は学術的な知見を直接参照したものではないが、探究に関する研究でも類似したモデルが示されている（e.g., Pedaste et al. 2015）。
　それでは、4 つの過程のうち、いずれの過程が特に重要な役割を果たすのだろう。もちろん、どの過程も探究の達成のためには不可欠な過程ではあるが、探究の方向性を定める意味でひときわ重要だと考えられるのは課題設定の過程である。課題設定の重要性は、総合的な学習の時間に関する高橋の研究からも示唆される。高橋・村山（2006）は、都内の中高一貫校で行われていた卒業研究を対象とし、どのような要因が卒業研究の達成を促進するのか

を量的(質問紙)および質的(面接法)調査を通じて検討した。質問紙調査の結果、研究開始時点でのテーマ決定の度合いと卒業研究に関する意欲、ならびに中間報告時点での進捗状況を表す得点が高い生徒ほど、卒業研究の最終的な成績も高かったという関係が見られた。

　加えて、高橋・村山(2006)は、これらの要因だけでは説明できない要因の影響を調べるため、少数の生徒を対象に面接調査を実施した。4名の生徒の面接調査から、卒業研究の達成を規定する要因として、「生徒の関心の深い領域とテーマの結びつき」、「研究の枠組み・計画の明瞭性」、「情報収集や支援・資源に向かう能動性」、「教師からの支援の適切性」の4つが抽出された。後者2つの要因が全般的なものである一方、前者2つは課題設定に直接かかわるものとなっている。うまくいった事例では、生徒の関心と設定されたテーマが適切に結びついていたり、具体的な題材に対して目的に応じた明確な方法がとられたりしており、うまくいかなった事例では、その逆であったことが示されている。例えば、卒業研究がうまくいかなかったDくんは、書籍の流通システムという観点から出版界の現況を調べるという研究を行ったが、偶然見たテレビ番組から安易にテーマを決定してしまい、作業が始まってもなにをしたらよいか戸惑いがあったという。他方、Cくんは、「農業」という自分の興味のあるテーマを設定したにもかかわらず、ゴールを明確にしなかったため、寄せ集めの作業で終わってしまった。

　これらの事例からも、的確な課題を設定できなければ、その後の過程においても、どのような情報を収集したらよいか、どのように整理・分析すればよいか、どのようにまとめたらよいかが分からず、結果的に的確に探究が進められないことが示唆される。

2.2　探究における問いの役割

　高橋・村山(2006)の研究によって示唆される通り、探究の中でも課題設定は特に重要である。では、的確に課題を設定するために、どのような活動が必要となるのであろうか。本章では、課題設定の下位過程として問いづくりの重要性に着目する。

　探究における問いの重要性は様々なところで指摘されている。例えば、大学においては卒業論文の作成が探究の例となることを先述した。戸田山(2012)は、卒業論文を含む論文について、「問いに対して明確な答えを主張し、その主張を論証するための文章」(p.12)と定義し、論文には問いが不可欠であることを指摘している。さらに、その論文でとりあげる主題を明確な問いの形にすることを「問いの定式化」と呼び、問題を自分で立てる論文では問いの定式化が最も重要な過程となると強調している。関連して、高等教育における思考法の教育方法を論じた刈谷(1996)では、感じるだけで終わってしまう「疑問」ではなく、自分でその答えを探そうとする「問い」の形に表現することこそ、考えることの出発点となることが論じられている。

　筆者自身も、卒論ゼミのガイダンスでは、必ず、学生に関心のあるテーマを問いの形にするよう求めている。ガイダンスに先立つゼミの配属アンケートでも、興味のある事柄の記入が求められるのであるが、そのほとんどはキーワードだけで、問いとして表現する学生は多くない。しかし、例えば「学習意欲」というキーワードだけでは、何を調べたらよいのかが明確でなく、次の過程に結びつきにくい。「学習意欲とはそもそも何か？」、「学習意欲は発達に伴いどう変化するのか？」、「学習意欲はどうしたら高められるか？」など、キーワードを問いの形にすることで、学習意欲の中でも自分がどういった側面に関心があるのかが明瞭になり、どんな文献を調べればよいのかのヒントがつかみやすくなる。

　卒業論文の作成のみならず、「探究に基づく学習」(inquiry-based learning)の研究でも、問いの設定が探究の重要な過程であるとされている[1]。探究に基づく学習の過程をモデル化した Pedaste et al. (2015) では、「概念化」の下位過程として「問いの設定」が位置づけられている。また、自身の関心に基づき、真正性のある課題に生徒たちが取り組む「プロジェクトに基づく学習」(project-based learning; PBL) においても、「駆動的な問い」(driving question) の設定が PBL を特徴づける一つの要素として挙げられている(Thomas 2000)。Thomas (2000) によると、駆動的な問いとは、学問の中心的概念・原理と出会う(ときには格闘する)よう生徒を駆動させる問いを指す

という。

　以上から、いずれの探究活動においても、課題設定の段階で探究全体を導くような問いを立てることが重視されていることが分かる。

3. 問いに焦点をあてた実践例

　探究的な学習は、生徒や学生にとって自分の興味を追究できる機会である一方、習得的な学習に比べて、やるべき事柄が明確でなくしばしば困難感を伴うものとなる。実際、高橋 (2007) は、卒業研究に取り組んだ高校生において、開始当初に見られていた意欲が、研究終了時には全般的に減退していたことを報告している。もちろん、高橋 (2007) の研究対象となった学校でも、教師からの支援は行われているわけだが、それでもなお、生徒の意欲を維持するのが難しい実態が見て取れる。したがって、探究をいかに支援しうるかを検討することは重要な課題といえる。前節までの論考を踏まえ、本稿では、特に、課題設定において問いを立てたり問い立てを探究スキルとして意識化させたりすることを支援する事例を紹介したい。

3.1　玉川学園での「探究の技」の実践

　1 つ目に紹介するのは、玉川学園中学部において 2008 年度から実施されている「学びの技」という授業である。学びの技は、中学 3 年生を対象に総合的な学習の時間 (2 単位) を活用し、表 1 に示すような全 70 時間の学習プログラムとして構成されている (登本ほか 2016)。この授業で、生徒たちは自分が興味を持つ論題 (問い) を設定し、情報収集やフィールドワークなどを通じてその論題を追究する。最終的に、生徒は 3000 字以上のレポートを提出する。

　表 1 には、問いの設定に関する内容として「課題 (問い) の見つけ方」と「リサーチ・クエスチョンの設定」が含まれている。まず、問いの見つけ方について、学びの技の授業内容をまとめた書籍 (後藤・伊藤・登本 2014) では、よい論題の設定の仕方を 4 つの要件としてまとめている。まず、1 つ目の要

表1　「学びの技」年間計画（登本ほか、2016 を一部改変）

時期	内容（括弧内は配当時間）
4〜5月	話の聴き方（1）
	図書館・授業ガイダンス（2）
	1年間の授業の流れをクイック体験（4）
	マインドマップの描き方（2）
6〜8月	課題（問い）の見つけ方（1）
	図書の探し方（NDC）、ブラウジング、OPAC（2）
	著作権、引用、参考文献の書き方（1）
	リサーチ・クエスチョンの設定（2）
	情報の収集と取捨選択、グルーピングの仕方（1）
	探究マップを書く（2）
	論理的な考え方、視点を変えた情報収集の仕方（1）
	情報収集、マインドマップにまとめる（4）
	公共図書館の使い方（1）
9〜10月	マインドマップ展示・発表（5）
	発表スライド作成の方法（1）
	発表スライドの作成（5）
	プレゼンテーションの仕方（1）
	質問するスキル（2）
	プレゼンテーション練習（5）
11〜12月	ポスターセッション（4）
	発表の振り返り、反論の検討（2）
	論文用探究マップの作成（2）
	論文の書き方、引用の仕方（1）
	論文執筆（4）
1〜2月	論文修正、スライド修正（4）
	アブストラクトの書き方（1）
	声の出し方トレーニング（1）
	発表練習（2）
	最終発表（3）
	来年度以降の学習への接続の仕方（1）
	振り返り、評価（1）

件は「自分が興味を持っている」ことである。長い期間にわたって探究を行うには、やはり自分の興味が強い対象であることが重要である。実際、高橋（2011）でも探究の取り組みを規定する要因として興味が重要な変数となることが示されている。2つ目が「問いの形になっている」ことである。自分の関心のある事柄を問いの形にすることで、情報を探索しやすくなることは

先述した通りである。特に、学びの技の中では、論証を行いやすくする工夫としてYESかNOで答えられる問いにすることが挙げられている。

　ただし、実際の探究活動においては、問いの立て方についてさらに詳しく指導する必要がある。というのは、生徒に問いを設定させても、必ずしも適切な問いを設定するとは限らないためである。そこで、3つ目の要件として「大きすぎない」ことが挙げられている。例えば、「戦争はなくせるか？」といった問いはあまりにも範囲が大きく、扱うことが難しいため、「○○の内戦は終わらせられるか？」など、対象や範囲を制限することが重要であるとされる。また、4つ目として「専門的すぎない」ことが挙げられている。中学生にとって高度過ぎない内容を選ぶことが推奨される。

　さらに、後藤・伊藤・登本(2014)では、探究活動で追究する問い（リサーチ・クエスチョン）の作り方として、戸田山(2012)で考案された「ビリヤード法」が紹介されている。ビリヤード法とは、抽象的なテーマに対してビリヤードの球のように様々な観点からの疑問をぶつけることで、具体的な問いを作り出す方法である。例えば、後藤・伊藤・登本(2014)では「地球温暖化」というテーマを具体例として、疑問の観点と取り出せる問いを表2のようにまとめている。また、後藤・伊藤・登本(2014)は、「科学はどう進歩してきたのか」というような漠然とした問いを、「深海に挑んだ人間は科学を進歩させたのか」といった仮説を含んだ問いに変えていく重要性を述べている。もちろん、仮説を含んだ問いを作るには、テーマに関する知識が必要となるため、実際には、テーマに関する学習を進めながら問いを精緻化していくことになるわけだが、探究活動の序盤にこうした問いの設定に関する指導を行うことは、質の高い探究を促進するために不可欠であると考えられる。

　それでは、「探究の技」は生徒にどのような学習効果を生んだのだろうか。例えば、登本ほか(2016)は、塩谷・堀田(2008)により開発された「情報活用スキル習得度」および「情報とメディアに対する意識」を測定する質問紙を用いて、プログラムを受講する前後で値に違いが見られるかを調べている。その結果によると、全般的に事後の方が事前よりも高い値を示す項目が多かった。特に、図書館の使い方やレポートの構成以外に、「調べるための

表2　ビリヤード法による問いの設定（後藤ほか（2014）を一部改変）

ぶつける質問			取り出される問い
Who	主体	誰が？	先進国が地球温暖化を引き起こしているのか
What	定義	どういう意味？	そもそも地球温暖化とは大気の温度が上昇することか
When	時間	いつから？	1900年代から地球温暖化は始まったのか
		いつまで？	22世紀まで地球温暖化は続くのか
Where	空間	どこで？	地球上のすべての場所で地球温暖化しているか
Why	因果	なぜ？	地球温暖化の原因は化石燃料の燃焼なのか
How	経緯	いかにして？	最終間氷期の温暖期の過程で地球温暖化しているのか
	様態	どのように？	地球温暖化すると砂漠化の進行は加速するのか
	方法	どうやって？	気候変動枠組条約で地球温暖化は解決できるか
	当為	どうすべきか？	地球温暖化には節電で対応すべきか
信憑性		事実か？	本当に地球温暖化は起きているのか
比較		ほかではどうか？	過去にも地球温暖化は起きたことあるのか
特殊化		これについては？	地球温暖化が起こった場合、東京も暑くなるのか
一般化		これだけか？	地球以外にも温暖化が起きている惑星はあるのか
限定		すべてそうなのか？	2003年の夏にヨーロッパが暑かったのは地球温暖化が原因なのか

テーマを見つけるには、どうしたらいいかわかる」、「テーマ作りに困ったときに、どうしたらいいかわかる」などテーマ設定に関する項目に対しても効果が見られたという。問いの設定に関する支援が、生徒のテーマ設定に関する認識に正の効果を及ぼしたことが伺える結果といえる。一方で、「情報とメディアに対する意識」の中に含まれた、動機づけに関する項目（「自分が関心を抱いたことを調べることは好きである」など）には事前と事後で違いが見られなかったため、いかにスキル指導を動機づけの涵養につなげるかが課題であると考えられる。

3.2　小学校での自由研究特別授業の実践

　3.1節で紹介した玉川学園の実践は中学校におけるものであったが、小学校でも探究的な学習は多く行われている。特に、小学校段階では、総合的な学習の時間や教科の中の探究に加え、夏休みの宿題として自由研究が課されることが多く、ベネッセ教育総合研究所（2009）の調査結果によると、4年生

以上では 8 割以上の児童が自由研究に取り組んでいるという。他方で、「理科の自由研究の指導技術が十分あるか」という項目に肯定的回答をした小学校教員の割合は 18% と 2 割に満たないことも報告されており（科学技術振興機構 2010）、十分な指導がなされていない実態も示唆される。そこで、筆者は公立小学校で教鞭をとる三戸大輔教諭と共同で、自由研究の質を高めることを目的に、夏休み前に 2 時間の特別授業を実施した（深谷・三戸 2017）。効果検証として、研究計画書を配布するだけで特別授業を行わなかったクラスを対照群とし、自由研究がうまくいったかという自己評価と自由研究をうまく進めるコツの自由記述を夏休み後に求め、その結果を比較した。

　対象となったのは、公立小学校 6 年生で、特別授業を受けた 1 クラスを介入群、受けていない 2 クラスを対照群とした。学活の時間を利用し、夏休み前（7 月）に 2 時間の特別授業を実施した（大まかな内容は表 3 参照）。

表 3　実践の概要

時間	大まかな内容
1 時間目	・テーマ設定 ・問いづくり
2 時間目	・仮説づくり ・方法検討 ・研究計画書の作成

　まず、1 時間目において、児童は自由研究で扱いたいテーマを考えた。ただし、漠然と興味のあるテーマを挙げさせても考えが思いつきにくいと考えられたことから、Y チャートに「授業」、「身近なこと」、「体験したこと」という 3 つの観点を示し、教師からそれぞれの観点について具体例を示した。その上で、児童にも Y チャートに思いつくままキーワードを書きださせた（図 1）。次に、その中から特に自由研究で扱いたいテーマに丸をつけるよう指示し、選んだテーマについて問いを考えるよう指示した。問いづくりを促すため、「どうして？」「なぜ？」「コツは？」などのキーワードとなる疑問詞を与え、各テーマについて複数の問いを生成させた（図 2）。テーマや問いの生成を促す支援として、適宜、他の児童との交流の機会を設定した。手が止まっていた児童も他の児童の記述を見ることで、考えを持つことができた

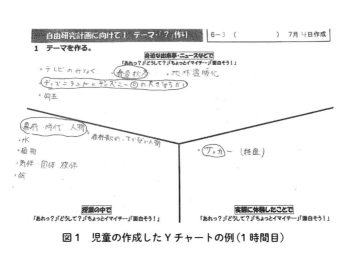

図1 児童の作成したYチャートの例（1時間目）

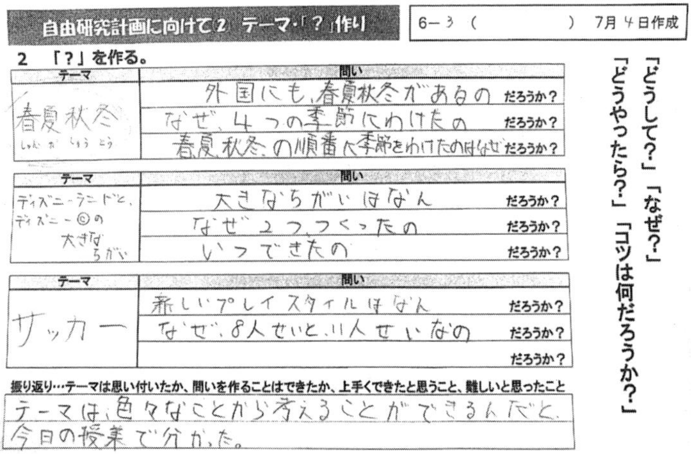

図2 児童が考えた問いの例（1時間目）

様子であった。

　ただし、1時間目に児童が立てた問いの中には、漠然としていて探究しづらいものも含まれたため、2時間目の冒頭に、期間内に調べられそうかなど、問いが探究に適したものとなっているかを確認する時間を設けた。2時間目では、さらに、児童に問いを3つ選ぶよう伝え、それぞれについて仮説

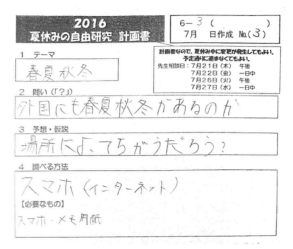

図3　児童が作成した研究計画書の例（2 時間目）

と調べる方法を考えるよう求めた。特に、調べる方法については、教師から
具体例を示しながら、安易にインターネットで調べるだけでなく、自分で行
えるような実験・調査方法を考えるとよいことを伝えた。他の児童と交流し
ながら考える時間を設けた後、研究計画書に 1 つの問いについてそれまで考
えたことをまとめさせた（図3）。なお、計画は実際に自由研究を行う中で変
更することも可能であった。

　介入群となったクラスでは、夏休み後の課題提出時には計画書も一緒に提
出させた。他方、対照群となった他のクラスでは、同じ研究計画書を配布し
たが、授業は行わなかった。

　効果測定として、課題提出後の 9 月に質問紙調査を実施した。質問紙で
は、「今年の自由研究は今までよりうまくできたか」について 5 件法で自己
評価を求めた（1：「まったくあてはまらない」から 5：「大変よくあてはま
る」）。自己評価は、全体的にうまくできたかをたずねる包括的評価の他、探
究における 4 つの過程（課題設定、情報収集、整理・分析、まとめ・表現）ご
とにたずねる観点別評価の項目を用いた。また、授業で学んだことを探究の
スキルとして一般化し意識化できたかを調べるため、「自由研究を上手に進

めるコツは何だと思いましたか」という設問に対して自由記述を求めた。

　夏休み後に提出された研究計画を確認したところ、授業で考えたことをもとに自由研究を行った児童が大半であった(96%)。自己評価の結果として、包括的評価と観点別評価の平均値と標準偏差を算出した(表4)。いずれの項目においても授業を受けなかった対照群と比べて、実験群に高い自己評価得点が認められた。問いづくりと計画書を作成することが、自由研究を的確に遂行する支援として機能したのだと思われる。特に、課題設定を支援することが、後続する段階(情報収集、表現など)の自己評価を高めたことは注目に値する。

表4　自己評価の平均値（括弧内はSD）

	介入群		対照群	
包括評価	4.08	(0.76)	3.75	(0.77)
課題設定	4.48	(0.85)	3.84	(0.93)
情報収集	4.45	(0.60)	3.77	(1.07)
整理分析	4.10	(0.78)	3.75	(0.99)
表現	4.41	(0.75)	3.73	(0.79)

　さらに、授業で学んだことを探究スキルとして意識しているかを調べるため、自由研究のコツをたずねた自由記述データを対象に、「疑問に感じたことをテーマとする」など問いづくりや「計画書で作る構成を考える」など計画書作成に関する記述を「授業で学んだコツ」としてカウントした。「やりたいと思ったことをやる」などそれ以外の記述は「その他」とした。結果を

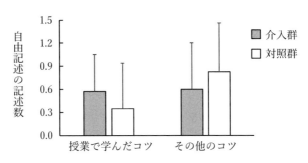

図4　自由記述を分類した記述数（エラーバーはSD）

図 4 に示した。授業で学んだコツは介入群の方が多かった一方、その他は対
照群の方が多かった。このことから、介入群の児童が、授業の活動がうまく
探究を進めるスキルとしても意識されていたことが示された。

　本実践は、課題設定の中の問いづくりに焦点をしぼった、少ない時間での
単発の実践であったが、児童からは自由研究の進め方が分かったなど、肯定
的な反応が多く得られた。特に、自己評価の結果から示唆されるように、課
題設定を支援することは、その後の探究を進めやすくする効果ももたらすた
め、特に重要性が高いと考えられる。ただし、さらに探究の質を高めていく
ためには、一度立てた問いをさらに精緻化していく活動が重要であるととも
に、情報収集の仕方など後続する過程に即した支援も不可欠である。今後、
自由研究を単発の実践とせず、総合的な学習の時間をはじめとする他の探究
的な学習と関連させるような実践を開発することが必要だといえる。

4. 本章のまとめと展望

　現代は変化が大きい社会であり、学校で学習したことをそのまま適用すれ
ば解決可能な課題は少なくなっている。そうした状況を考慮すると、自らの
関心に基づき答えが明確でない事柄を追究する探究的な学習の重要性はます
ます高まっているといえる。ところが、各種の調査からは、探究的な学習が
うまくいっていないという課題が示されている。例えば、ベネッセ教育総合
研究所（2015）の調査では、小学 5 年生が好きだと回答した割合は、「先生が
黒板を使いながら教える授業」に比べ（86%）、「自分たちでテーマや調べ方
を決めてする授業」（76%）や「考えたり調べたりしたことを色々工夫して発
表する授業」（66%）が低かった。また、教師も探究的な学習の指導に対して
苦手意識を有しており、「指導がとても／やや不安」と回答した小学校教員
の比率は、「基礎的・基本的な知識技能を活用する学習」（28%）に比べて、「探
究的な学習」（54%）の方が高かった（ベネッセ教育総合研究所 2010）。

　探究的な学習は、学習者自身の関心を追究する学びであるが、「自分の関
心を探究してみよう」と学習者に丸投げするだけでは、探究の質は高まら

ず、意欲も低下してしまうことは明らかである。指導者が探究的な学習を通じて高めたい資質・能力を明確にするとともに、それらの資質・能力はどのようにすれば高まるのかを考えていくことが求められる。「活動あって学びなし」の状態に陥らないようにするためには、本稿で紹介した実践のように、探究のスキルを教師が明示的に教えることもときには必要であろう（同様の指摘として、植木ほか（2001））。

　今後の実践および研究への展望として、第一に、探究スキルの体系化が求められるだろう。質の高い探究を行う上で必要なスキルとはどのようなものかを考える上で、探究にかかわる研究領域との接合が必要である。心理学をはじめとする研究では、批判的思考（楠見・子安・道田 2011）やアーギュメント（富田・丸野 2004）、文章読解・産出（犬塚・椿本 2014）など、質の高い探究に必要なスキルに関する多くの研究がなされている。探究スキルを体系化する上で、これらの領域の研究知見を参照することが有用だろう。関連して、初等、中等、高等教育と、発達段階に応じた系統化や学校種を超えた連携も重要なトピックとなると考える。第二に、探究的な学習を、日々行われている習得的な学習と結びつける視点が重要だと思われる。本章の冒頭でも、習得から探究に進む「基礎から積み上げる学び」と、探究から習得に進む「基礎に降りていく学び」という枠組み（市川 2004）を紹介したように、習得と探究を結びつけた実践と研究の蓄積が求められる。例えば、日々の教科の授業でも学習する表現スキル（発表の仕方など）を、探究の中でも積極的に活用させるといったことが考えられる。習得、探究それぞれの質を高めるとともに、両者を結びつけるような試みが今後期待される。

注

1　国外では、「探究に基づく学習」（inquity-based learning）という研究領域が存在し、多くの研究が行われている（レビューとして Barron and Darling-Hammond 2008）。本研究では、この領域の知見も考察の対象としているが、研究によっては、この領域と本

章での「探究」の定義が必ずしも一致しない場合があることに留意してほしい。「探究に基づく学習」は、学習の類型というより、学習者に課題発見・解決を積極的に求める教授法の意味で用いられることがあり、既存の知識・技能を学ぶという習得的な目標に対して適用されることもある (e.g., Abdi 2014)。「探究に基づく学習」は（教師の解説主導ではなく）学習者の発見・解決を重視しているか、という教授法に基づく区分として使用されることがある一方、本章でいう「習得」「探究」は学習の目標に基づく区分となっている。

引用文献

Abdi, A. (2014) The Effect of inquiry-based learning method on students' academic achievement in science course. *Universal Journal of Educational Research* 2(1): pp.37–41.

Barron, B., and Darling-Hammond, L. (2008) How can we teach for mearningful learning? In L. Darning-Hammond (ed.) *Powerful learning: What we know about teaching for understanding.* pp.11–70. San Francisco: Jossey-Bass. (B. バロン・L.・ダーリング - ハモンド（2016）「意味ある学習のために私たちはいかに教えることができるか」L. ダーリング–ハモンド（編）深見俊崇（編訳）『パワフル・ラーニング』pp.9–67. 北大路書房

ベネッセ教育総合研究所（2009）「小学生の夏休み調査―小学生の保護者を対象として［2009 年］」ベネッセ教育総合研究所 <http://berd.benesse.jp/shotouchutou/research/detail1.php?id=3266>（2018.03.25. アクセス）

ベネッセ教育総合研究所（2010）「第 5 回学習指導基本調査（小学校・中学校版）［2010 年］」ベネッセ教育総合研究所 <http://berd.benesse.jp/shotouchutou/research/detail1.php?id=3243 >（2018.03.25. アクセス）

ベネッセ教育総合研究所（2015）「「第 5 回学習基本調査」報告書［2015］」ベネッセ教育総合研究所 <http://berd.benesse.jp/shotouchutou/research/detail1.php?id=4862>（2018.03.25. アクセス）

深谷達史・三戸大輔（2017）「探究スキルの習得を目指した自由研究の授業実践―小学 6 年生の授業を事例として」日本教育工学会第 33 回全国大会ポスター発表 日本教育工学会

後藤芳文・伊藤史織・登本洋子（2014）『学びの技―14 歳からの探究・論文・プレゼンテーション』玉川大学出版部

市川伸一（2004）『学ぶ意欲とスキルを育てる―いま求められる学力向上策』小学館

市川伸一（2019）「習得・活用・探究のプロセスと学力保証」東京大学教育学部教育ガバナンス研究会（編）『グローバル化時代の教育改革―教育の質保証とガバナンス』東京大学出版会

犬塚美輪・椿本弥生（2014）『論理的読み書きの理論と実践―知識基盤社会を生きる力

の育成に向けて』北大路書房

科学技術振興機構（2010）「理科教育支援検討タスクフォース才能教育分科会報告書」科学技術振興機構 <http://www.jst.go.jp/cpse/risushien/highschool/cpse_report_008.pdf>（2018.03.25. アクセス）

刈谷剛彦（1996）『知的複眼思考法』講談社

楠見孝・子安増生・道田泰司（編）（2011）『批判的思考力を育む—学士力と社会人基礎力の基盤形成』有斐閣

文部科学省（2011）『今、求められる力を高める総合的な学習の時間の展開（小学校編）』教育出版

文部科学省（2016）「生活・総合的な学習の時間ワーキンググループにおける審議の取りまとめについて（報告）」文部科学省 <http://www.mext.go.jp/component/b_menu/shingi/toushin/__icsFiles/afieldfile/2016/09/12/1377064_2.pdf>（2018.03.06. アクセス）

文部科学省（2017）「幼稚園、小学校、中学校、高等学校及び特別支援学校の学習指導要領等の改善及び必要な方策等について（答申）」文部科学省 <https://www.mext.go.jp/b_menu/shingi/chukyo/chukyo0/toushin/1380731.htm>（2018.03.06 アクセス）

登本洋子・後藤芳文・伊藤史織・河西由美子・堀田龍也（2016）「探究的な学習の年間カリキュラムによる情報活用スキルの習得とそれに及ぼす要因の検討」『教育情報研究』32（1）: pp.15–26. 日本教育情報学会

Pedaste, M., Mäeots, M., Siiman, L. A., De Jong, T., Van Riesen, S. A., Kamp, E. T., Manoli, C. C., Zacharia, Z. C., and Tsourlidaki, E. (2015) Phases of inquiry-based learning: Definitions and the inquiry cycle. *Educational Research Review* 14: pp.47–61.

塩谷京子・堀田龍也（2008）「中学校・高等学校の生徒の情報活用スキル習得度の調査」『日本教育工学会研究報告集』4: pp.15–20. 日本教育工学会

高橋亜希子（2007）「卒業研究過程における高校生の継時的な変化—生徒から見た高校総合学習の意義と課題」『カリキュラム研究』16: pp.43–56. 日本カリキュラム学会

高橋亜希子（2011）「高校生の総合学習への取り組みの分化の要因—学習過程に即した質的・量的検討」『教授学習心理学研究』7（2）: pp.56–69. 日本教授学習心理学会

高橋亜希子・村山航（2006）「総合学習の達成の要因に関する量的・質的検討—学習様式との関連に着目して」『教育心理学研究』54（3）: pp.371–383. 日本教育心理学会

Thomas, J. W. (2000) *A review of research on probject-based learning.* <http://www.bie.org/images/uploads/general/9d06758fd346969cb63653d00dca55c0.pdf>（2018.03.13 アクセス）

戸田山和久（2012）『新版論文の教室—レポートから卒論まで』NHK出版

富田英司・丸野俊一（2004）「思考としてのアーギュメント研究の現在」『心理学評論』

47 (2)：pp.187–209. 心理学評論刊行会

東京大学教育学部附属中等教育学校（2005）『生徒が変わる卒業研究―総合学習で育む個々の能力』東京書籍

植木理恵・清河幸子・岩男卓実・市川伸一（2001）「テーマ学習における自己制御的活動の支援―地域における実践活動から」『教育心理学研究』50 (1)：pp.92–102. 日本教育心理学会

第9章
大学での卒論・修論指導時における「問い」の役割

野崎浩成

1. はじめに―ここでいう「問い」について考える前に

　最初に、卒論・修論指導を行う前段階として、大学の初年次にどのような教育がなされているのかを見ていく。これにより、今日の教育（小中学校を含む）で、論文執筆の基礎となるアカデミックライティング（いわゆる、レポートライティング）がどのように行われているのかを述べる。次に、国立教育政策研究所が新たに提唱している「21世紀型能力」の定義を紹介し、その中で「問い」や「アカデミックライティング」がどのように位置づけられているのかを説明する。以上の点を踏まえ、著者の大学（愛知教育大学）で行っている「卒論・修論指導」の教育実践を例示し、論文執筆時の「問い」の役割を考察する。なお、愛知教育大学は、明治6年設立の愛知県養成学校以来130余年の歴史を有する国立大学で、2011年時点での卒業生の総数は約85,000名（愛知教育大学広報部会 2011）。2017年3月の卒業生については、教員養成課程における正規採用教員就職者数は299名で全国1位、正規教員就職者数は8年連続で全国1位という結果だった（愛知教育大学キャリア支援課 2018）。入学定員は、学部865名、大学院修士150名、博士課程4名、専攻科30名である。この大学に勤務する筆者の印象では、地元（東海三県）出身者が多く、まじめな気質を持つ学生がとても多いと感じている。教員免許を取得しないコースもあるため、民間企業等で活躍する卒業生も多い。

2. 大学での初年次教育・リメディアル教育の実施状況
　　―今、大学で行われている初年次教育・リメディアル教育とは何か

　日本リメディアル教育学会(2012)によれば、2011年4月時点で、リメディアル教育は、国立大で80%、私立大で約60%、全体ではおよそ55%の大学・短大で実施されていた。リメディアル教育の実施目的は、「高校生として必要な基礎学力の確認・補修」が約70%、「大学での専門教育の導入教育」が約65%であった。さらに、およそ60%の大学が1年次前期までにリメディアル教育を終了させていることが分かった。また、国立教育政策研究所が2007年に実施した調査では、国公私立大1419学部が回答したうち、97%が初年次教育を実施していた(初年次教育学会2013)。その学系別の実施率は、人文系96.7%、社会系96.3%、理系98.0%であり、学系間での差はなく、幅広い学部において極めて高い割合で初年次教育が行われていることが示された(初年次教育学会2013)。

　本来、リメディアル(remedial)という単語は、「治療上の、救済的な、矯正的な、補修的な」という意味である。すなわち、リメディアル教育とは、広く学生の基礎学力の支援から大学入学時の学習スキルや生活支援までをカバーするもので、(1)大学入学前に実施する「入学前教育」、(2)入学後に大学が行う「初年次教育」、(3)大学の授業を理解するための基礎的な学力不足を補う「基礎学力の支援教育」の3つからなるとされている(小野2008)。よって、リメディアル教育は初年次教育を含むものであるといえる。

　このように、多くの大学で初年次教育やリメディアル教育が実施されていることが示された。それでは、大学の初年次にはどのような教育が行われているのかを、「アカデミックライティング」と関連づけながらその内容を分類してみることにした。

3. 初年次教育と「アカデミックライティング」の位置づけ

　絹川(2007)によれば、初年次教育(一年次教育、導入教育)を次のように

類別している。すなわち、(1)入学前教育、(2)補修教育(基礎学力の補修)、(3)転換教育、(4)スタディスキル(学習技術の獲得)、(5)専門ガイダンス、(6)キャリア支援の6つである。この類別に基づいて考えるならば、「アカデミックライティング」は、「(4)スタディスキル」の「文章表現やノートテイク」であり、国語が苦手な高校生・大学生には「(1)入学前教育」や「(2)補修教育」が必要である。また、多くの就職試験で課される「小論文」は「(6)キャリア支援」となる。さらに、専門教育で出題される「レポート」の書き方の指導は「(5)専門ガイダンス」であり、専門教育への橋渡しとしての「(3)転換教育」として位置づけられる。このように、「アカデミックライティング」は初年次教育の(1)から(6)のすべてに含まれており、すべての学びの基礎であるといえる。

　なお、ここでいう「アカデミックライティング」の定義は、「レポート課題やゼミレジュメをはじめとして、卒業論文や研究学術論文などの学術的な文章を書く技術、書く行為、または書いた物のこと」をいう(堀・坂尻2016)。このアカデミックライティングのような科目が成立することこそ、大学教育のありようの変化であるといえる。

4. 伝統的な作文教育と「アカデミックライティング」との関係

　昭和の時代に小学生だったものは、その頃の「作文」という授業にある程度のイメージはあるだろう。その起源はかなり古い。

　小学校段階での作文教育は、昭和初期の「綴り方」以来、自由に感じたままの気持ちを子供らしくありのままに書くことに主眼が置かれ、書くための技術が十分に教えられていないと指摘されている(藤木2011)。これに関して、慶松(2011)によれば、感情を描くことより観察したり、調査したりした事実を、感情を交えずに書く訓練に重点が置かれるべきであると述べている。また、鈴木・佐藤(2011)によれば、小学校学習指導要領国語科2008年の改訂において、「書く行為」によって「自分の思考、認識を確立させ、深める」については「目標」や「指導事項」から抜け落ちていると述べている。

さらに、小野・馬場・たなか (2012) によると、日本語力とは「様々な学び
や社会人として必要となる理解力、論理力、記述力などの思考力、さらに自
分の人生を組み立てるための創造力や問題解決力などを支えるための力」で
あり、日本語で思考する能力の育成を目指すのはとても重要であると指摘し
ている。小学校段階からこのような意識を持った作文教育が求められるとい
える。

5. 21 世紀型能力と「問い」「アカデミックライティング」との関係

5.1　21 世紀型能力とは―現代社会で求められている能力について

　21 世紀となった今、何が教育として求められているかを改めて述べる。
　国立教育政策研究所 (2013) が提唱する「21 世紀型能力」とは、①基礎力：
言語スキル、数量スキル、情報スキル、②思考力：問題解決・発見・創造力、
論理的・批判的思考力、メタ認知・適応的学習力、③実践力：自律的活動力、
人間関係形成力、社会参画力等、の三層構造になっている。これからの学校
教育で育成すべき「生きる力」として求められる日本型資質・能力のモデル
(枠組み)を提案し、教育活動の質を高めていくものである。すなわち、従来
型の知識・技能の習得に加え、知識・技能を習得するための思考力、実践力
を重視する教科等横断的な汎用性の高い能力を指しているといえる。

5.2　21 世紀型能力と「アカデミックライティング」の関係

　上述したように、「21 世紀型能力」では、基礎力として「言語スキル」、「情
報スキル」が必要であるとされており、いわゆる「読み書き」のみならず、
① ICT を活用した情報の収集や分析、②文献データベースの活用、③ワー
プロ機能を活用した文書編集や推敲、④表計算ソフト等を活用したデータ分
析や図表の作成等、レポート執筆に必要な基礎的なスキルを含むものとなっ
ている。さらに、21 世紀型能力の思考力として挙げられている「論理的・
批判的思考力」は、論文執筆に必要不可欠なのは言うまでもない。

　このように、21 世紀型能力は、アカデミックライティングの基礎となる力や論文執筆時に必要な論理的思考力や批判的思考力を含むものであるといえる。

5.3　21 世紀型能力と「問い」の関係—21 世紀型能力には「問い」を見出すことも含まれている

　21 世紀型能力を育成するための授業づくりや教育課程の編成には、次に示す①〜⑦までの 7 つの視点が求められている（三省堂 2015）。すなわち、①学びの文脈を創る意味のある問いや課題、②子どもから引き出す考えの多様性、③考えを深めるための対話活動の導入、④考えるための材料の提供、⑤学習活動やツールへのすべ・手立ての埋め込み、⑥子どもが学びを振り返り、学び方を自覚する機会、⑦教室や学校に創る学び合いの文化、の 7 つである。

　この 7 つのうち、特に、「①学びの文脈を創る意味のある問いや課題」では、次のような点が強調されている。すなわち、

・「自分が今からどのような内容を（何を）、何のために学ぶのか、学んだ結果何ができるようになるのか」といった目的や意味をつかむことができると学びやすくなる。ここで「求められること」は、各単元・教材において目的（見通し）の提示と振り返りの場を設定することが重要。
・問いの「質」を吟味し、学習者のモティベーションを高め、思考を駆使して多様な解が導き出される問いを設定することが重要。「求められること」として、質のよい課題、学習者による問いの創出（問題発見）や交流が仕組まれた教材の他、「問いと思考」、「問いとコミュニケーション」、「質問のスキル」など「問い」自体についても学べる教材。

などを挙げている（三省堂 2015）。

　さらに、「②子どもから引き出す考えの多様性」では、他の人は自分と異なる問いを持っている、他の人が作成した問いの内容を聞く、自分の問い

を他の人に紹介する、ということになる。「③考えを深めるための対話活動の導入」ではディスカッションを通じて他者や自分の問いの共有・評価を行う。「④考えるための材料の提供」においては、指導者は一方的に問いを与えるのではなく、問いの作成を促すサポート役に徹する。「⑤学習活動やツールへのすべ・手立ての埋め込み」では、思考活動のすべ・手立てとして「問い」を作成させる。「⑥子どもが学びを振り返り、学び方を自覚する機会」では、自分の作成した問いの振り返りや他者の問いと比較評価することであり、「⑦教室や学校に創る学び合いの文化」では、他者との対話的・協調的学び合いの学習環境で、問いの作成を行うということである。

　このように、21世紀型能力においても、「問い」を重要視しているといえる。さらに、上記の活動を通じて、より質の高い「問い」を作成することで、①多様な考え方に気づき、自らの考え方を深めることができる、②対話的な活動を促進し、学びの振り返りや相互評価ができる、といえる。

　さらに、学習者の「問い」の作成の1つの例として、いわゆる「作問演習」が挙げられる。一般に行われている「作問演習」では、①学んだ内容について自ら問題を作る、②その解答例を考える、③問いと解答例を共有・評価する、これらの3つのステップからなるといえる。これらの活動を通じて、学習者には、(a)学びの振り返り、(b)自己説明、(c)知識の構造化／外言化、(d)メタ認知、などを促し、より「深い」水準の処理が行われる学習方略といえる。

6. 愛知教育大学情報科学コースにおける教育実践事例

6.1　高校と大学における「学習技術」の位置づけ

　大学などの高等教育機関への進学率は5割を超え（文部科学省2007）、ユニバーサル段階に達した。このような進学率の上昇は大学生の学力低下などの深刻な問題を引き起こす大きな原因の1つであると考えられる。そのような大学生に対応するために、多くの大学で学習技術（アカデミック・スキルあるいはスタディ・スキル）の習得支援に力を入れるようになってきた。学

習技術とは、(1) ノートテイク、(2) リーディング (読解技能)、(3) レポート
の書き方、(4) プレゼンテーション、(5) 情報収集の方法、であると定義さ
れている (学習技術研究会 2006)。(3)〜(5) については、高校の教科「情報」
で学ぶことが求められている「情報活用の実践力」に該当し、「学習技術」
と「情報活用の実践力」は重複する内容が多く含まれている。教科「情報」
は普通科高校で必修となっており、「情報活用の実践力」が高校で十分に学
ばれていれば、「学習技術」の習得も容易になると考えられる。

　しかしながら、教科「情報」は、配当授業時数が少ないため、「情報活用
の実践力」や「学習技術」を学ぶ時間が十分に確保されているとはいえな
い。よって、大学 1 年次に、再度、「学習技術」の習得支援が必要であると
考えられる。

6.2　「学習技術」の習得支援とパソコンを用いた「アカデミックライ
ティング」との関係

　愛知教育大学情報科学コースが 2012 年度に 1 年生向けに開講した授業の
うち、「学習技術」の習得支援に関連するものは次の通りである。すなわち、
学習技術「(3) レポートの書き方」は、パソコンを活用したアカデミックラ
イティングであり、「レポートライティング」(1 年次前期) を開講している。
学習技術 (4) と (5) については「情報教育入門 I、II」(1 年次前期・後期、全
学必修) で対応している。また、学習技術 (1)〜(5) をすべて含んだものとし
て「初年次導入演習」(1 年次前期) がある。この授業では、大学で学ぶ上で
必要なスキルとして学習技術の習得と転換教育 (高校から大学への学びの移
行支援)、専門への導入教育 (専門科目への橋渡し) などをあわせて行ってい
る。教員と受講生との間でコミュニケーションを深め、大学教育への適応を
スムーズに行うことに配慮している。

　このように、愛知教育大学情報科学コースでは、学習技術 (1)〜(5) の習得
を通じて、パソコンを用いたアカデミックライティングを学び、専門教育の
総まとめとして卒業研究に取り組む。次節では、卒業研究・修士研究の指導
について述べる。

6.3　卒業研究・修士研究における「アカデミックライティング」の指導

　卒業研究・修士研究における「アカデミックライティング」とは、「情報伝達型作文」の指導といえる。これを、慶松（2011）の指摘を参考に定義すると、「感情を交えず、調査・分析で得たことを客観的に伝達する」ことである。

　卒業研究の着手（学部生の研究室配属）は、3 年次後期からである。「情報科学コース」40 名（教員免許取得を卒業要件にしていないコース）と、教員免許を取得する「初等情報」10 名「中等情報」10 名で、1 学年で 60 名となる。学生は希望する教員の研究室に所属して卒業研究の指導を受ける。2012 年4 月現在で、担当教員 14 名である。筆者の研究室では、学部の 3・4 年生のみならず、大学院生や留学生などを合わせると、毎年平均して、15 名程度の学生を指導している。

6.4　卒論・修論指導の実践例

6.4.1　指導する学生数とその課題

　卒業研究・修士研究の指導を行った対象者は、筆者の研究室に所属する学生である。2012 年度は、3 年生 5 名、4 年生 6 名、大学院生 3 名、研究生（外国人留学生）3 名、計 17 名であった。課題は、各学年別にして表 1 に示した。

表 1　各学年の課題一覧

学 年	課 題
3 年後期 ～ 4 年次	研究計画 卒業研究に関連する論文のレビュー
4 年次	卒業研究中間発表会（プレゼンテーション） 卒業論文（50 ページ程度） 卒業研究発表要旨（A4 サイズ 2 ページ） 卒業研究発表会（プレゼンテーション）
大学院	合同発表会（プレゼンテーション） 修士論文（ページ制限なし） 修士論文発表要旨（A4 サイズ 2 ～ 4 ページ） 修士論文発表会（プレゼンテーション）
研究生 （留学生）	研究計画 修士研究に関連する論文のレビュー

6.4.2　指導方法

　学部の卒業研究のゼミは、2012 年前期は木曜 4 限、後期は月曜 2 限、週 1 回 1 コマ 90 分間、年間で延べ 30 回実施した。学生は 3 回の授業のうち 1 回のペースでゼミ発表をする。1 年間で一人当たり 10 回発表することになる。4 年生は前期終了後に、複数の研究室と合同で、卒業研究中間発表会を行う。卒業論文提出後に、クラス全体で卒業研究発表会を実施する。発表会では、すべての学生が発表 10 分、質疑 4 分でプレゼンテーションを行う。卒業研究の執筆指導は、これらの発表とは別に、学生一人一人に対して指導教員が個別指導を行う。

　一方、大学院の修士研究については、クラス全体で行う合同報告会（ゼミ発表）は、月に 1 回のペースで、大学院担当教員全員が出席して実施される。修士研究の指導は、研究室ごとに個別に行われている。筆者の研究室では週 1 〜 2 回のペースで定期的に大学院生に対して個別指導を行っている。

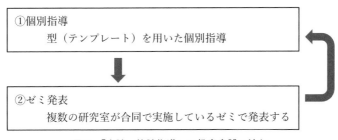

図 1　「卒論・修論指導」の教育実践の流れ

　図 1 には、「卒論・修論指導」の教育実践の流れを示した。最初に、指導教員（筆者）による「①個別指導」が行われ、その内容は、「②ゼミ発表」（複数の研究室が合同で実施しているゼミ）で発表される。「②ゼミ発表」での議論に基づいて、卒論・修論の内容を精緻化し、再度、指導教員（筆者）による「①個別指導」が行われ、その内容について「②ゼミ発表」を行う。すなわち、「①個別指導」と「②ゼミ発表」を交互に行うサイクルを、複数回繰り返すことで卒論・修論指導を行っている。

　他の研究室と合同で「ゼミ発表」を実施することにより、①自分の所属す

る研究室以外の学部生・院生から意見を得ることができる、②他の研究室で取り組まれている卒論・修論の研究内容も把握できる、③他研究室の教員から研究についての有益なコメントを直接得ることができる、などのメリットが得られると考えられる。次節では、「個別指導」(型(テンプレート)を用いた個別指導)について、その詳細を述べる。なお、テンプレートとは、一般的によく目にするのは、年賀はがきなどで、新年の挨拶・謝辞・日付などの配置や項目を決めたサンプルファイルや、日報の書式などがあげられる。

6.4.3　型(テンプレート)を用いた個別指導

　筆者の研究室では、卒業研究・修士研究を次に示す3つに分類している。すなわち、(1)心理・社会調査系研究、(2)教育実践系研究、(3)システム開発系研究、の3つである。(1)は被験者(あるいは被調査者)を対象に、データを収集し、統計的な分析を行うことを通じて仮説の検証を行う。心理学実験を実施するものや情報メディアに関する社会調査を行うものなどがある。(2)は指導案の作成や教材開発などを行い、授業実践を通じてその教育的評価を行うものである。(3)は仕様書を作成し、教育あるいは社会一般に役立つシステムの開発とその運用・評価を行うものである。

　上記(1)～(3)の3つの分類にごとに合わせたテンプレートを配布し、学生ごとに個別に添削することを通じて、卒論・修論の指導を行っている。具体的には次の通りである。

　　①テンプレート(定型書式)の配信と共有
　　指導の際、特定の規範(＝型)を教える
　　②よい原稿の例示
　　先輩が作成したお手本となる良い事例を紹介
　　③個別指導
　　添削結果の返却と指導
　　④卒業研究・修士研究のスケジュール管理
　　ゼミ発表の予定日や原稿提出締切日の確認

　「③個別指導」の問題点としては、誤字・脱字、文法的な誤り、意見と事実の区別など、表面的な様式に注意が向きやすい、ということである。これは学生のみならず、指導する側の教員も同様である。また、教員が配布しているテンプレートへの加筆作業に陥ってしまう可能性も否定できない。本来ならば、文と文のつながり、論理的な組み立て(パラグラフの構成)、トピックセンテンスやキーワード、アウトラインの明確化など、構造的な様式への指導まで目が向けられるようにする必要がある。

　なお、図2には、筆者の研究室で使用している型(テンプレート)の一部を示した。テンプレートには留学生向けに作成した英語版もある。この型(テンプレート)には、卒論・修論を進める上で必要な「問い」が列記されている。

図2　卒論・修論指導で用いられている型(テンプレート)　日本語版と英語版

0) 卒論のテーマ
1) 先行研究(これまでに読んだ論文)から分かったことは何か？
・これまでの研究で何がどこまで明らかになったか？
・これまでの研究の問題点(不備な点)は何か？
2) 上記1)を踏まえて、上記0)の卒論テーマを決めた理由は何か？
・研究の必要性(教育的ニーズ、社会的ニーズ、学問的ニーズ)は何か？
・これまでの研究との相違点は何か？(先行研究が持っている問題点は解決できるのか？)
・どのような成果が期待できるのか？
・その成果が何に役立つか？(社会的な貢献、教育的な貢献、学問的な貢献は何か？)
3) 研究の方法・手順
3-1) 心理・社会調査系研究の場合：
・調査(実験)の対象者は？
・調査(実験)の方法・手順は？
・質問紙の内容は？
・説明変数は？、従属変数は？
・どのような方法で分析をするのか？
・予測される結果は？
・モデルとなる仮説や理論はあるのか？
3-2) 教育実践系研究の場合：
・対象者(小学生、中学生、高校生、大学生？)
・扱う内容(算数、数学、情報？)
・方法・手順は？(実現する方法は？)
・期待される効果は？
・今までの授業実践と比べて新しい点は何か？

・授業実践の評価方法は？
・「教授・学習に関する理論的な枠組み」と「自分が実践した授業」との関連性は？
3-3) システム開発系研究の場合：
・システムの目的（何ができるシステムなのか？）
・システム開発の方法（どのような方法でシステムを実現させるのか？）
・想定されるシステムの利用者は？
・システムの評価方法は？
・現有システムとの相違点は何か？（新しい点は何か？）
・システムによって得られる成果は何か？
4) 実施計画（いつまでに、何をするのか、簡単なスケジュール表）
　　5月　　○○○を準備する
　　6月　　○○をする……
　　9月　　卒業研究中間発表
　　1月末　卒論提出
　　2月　　卒論発表会
5) 引用文献
・今まで読んだ文献のリスト
・これから読んでみたい文献のリスト

型（テンプレート）の英語版：留学生向け
0) Themes for the undergraduate thesis, themes for the graduate thesis
1) What have you learned from the previous researches (papers you have read up to now)?
　　・In the research done up to now what has become clear? To what extent has it become clear?
　　・What are the issues in the research done up to now?

2) Based on 1) above, what is your reason for choosing the theme in 0 above?
　　・What is the necessity for this research (education needs, social needs, academic needs)?
　　・What points in your research will be different from research done up to now? (Can you solve the problems that former research has had?)
　　・What kind of results can you expect?
　　・What will those results be useful for? (What will be their the social, educational, or academic contributions?)

3) Research methods and procedures
3-1) In the case of psychological and social investigations and research:
　　・Who are the subjects of the investigation (experiment)?
　　・What methods and procedures are used for the investigation (experiment)?
　　・What are the contents of the question sheet?
　　・What are the explanatory variables?; the dependent variables?
　　・What kind of methods will you use for analysis?

・What results do you expect?
・Are there any model hypotheses and theories?

3–2) In the case of research on education practices:
・Who are the subjects (elementary school students, junior high school students, high school students, university students)?
・What is the content dealt with (arithmetic, mathematics, information)?
・What are the methods and procedures? (What are the methods for that purpose?)
・What kinds of results can be expected?
・What are new points compared to the former researches?
・What are the methods to evaluate classroom practices?
・What is the relationship between 'a theoretical framework for teaching and learning' and 'the classes that you have practiced your skills'?

3–3) In the case of system development:
・Purpose of the system (What can the system offer?)
・Method of system development (With what kind of method will the system be realized?)
・Who are seen to be the users of the system?
・Which method will be used to evaluate the system?
・What are different in the new system from the previous ones? (What are the new points of the system?)
・What results can be gained from the system?

4) Action plan (by when, what will be done, simple schedule and roadmap)
・May : prepare OOO
・June : do OOO
・September : Graduation thesis interim research presentation conference
・End/January : submit graduation thesis
・February : Undergraduate thesis presentation conference

5) Cited documents
・List of documents read up to now
・List of documents that you want to try to read from now

6.4.4　型を用いた「アカデミックライティング」への指導に関する考察

　上述のように、今回の教育実践は、テンプレート（定型書式）という特定の規範（＝型）を活用することで、「アカデミックライティング」の指導を行った。ここでは、型を活用して「アカデミックライティング」を指導すること

について、関連する先行研究と比較しながら考察を行う。

　西田（2012）は、型を活用した文章構成法を提案している。文章には型があり、その型に当てはめて書けば、だれでも説得力があるレポートも論文も書くことができると述べられている。「文章」、「導入部」、「展開法」という3つについて、それぞれに5つ型を提案している。例えば、「文章」の5つの型は、1. はじめに・本論・おわりに型、2. 具体例型、3. 意見・事実型、4. 一つには、二つには型、5. 比較型である。型を列記するだけではなく、西田（2012）が提案した10のステップに従い、練習問題やワークシート、例文などを用いて実践的に学べるように工夫されている。

　井下（2013）は、様々なテーマに合ったレポート・論文の型を図解し、自分が目指すレポート・論文の型はどれかを導く方法を提唱している。今回の実践では、卒業研究・修士研究に特化した型を提案しているが、井下（2013）は様々なテーマに対応できるように配慮しているといえる。井下（2013）も指摘しているように、型に従って書くだけではなく、なぜ書き方にルールがあるのかを理解させ、どんな課題にも対応できる思考力を鍛えることが重要である。最終的には、（1）教師から与えられた型をベースにして、より良い型を学生自らが編み出す、（2）他者から与えられた型から脱却して、型が与えられなくても書けるようになることを目指すべきである。

　このような考え方は、守破離という価値観にも合致している。守破離とは、剣道や茶道などの伝統的な日本のスキル教育においてその段階を三段階で説明したものである。「守」とは、師や流派の教え、型、技を忠実に守り、それに倣い修得する段階。「破」は、学びを多様な師や流派まで広げた上で自分の師の教えに、より良いものを取り入れるという、心と技のバランスを取りながら発展していく段階。「離」は、今までの教えから離れ、自らの新しい視点を生み出し構築していく段階という三段階である。

7. 本教育実践（第 6 節）と「問い」の関係―本教育実践の中での「問い」について改めて考える

　以下では、筆者が愛知教育大学で行った教育実践事例（第 6 節）と「問い」の関係を考察する。

7.1　卒論・修論指導と「問い」との関係

　筆者の行った「卒論・修論指導」と「問い」の関係を図 3 に示した。最初に、テンプレートを学習者に提示することにより、学習者がみずから「①「問い」を作る」を行う。これにより、卒論・修論のメインテーマである「リサーチクエッション（RQ）」を構築する足がかりを得ることとなる。ゼミ発表や指導教員との個別指導などを通じて、「②問いの共有・評価」を行う。これにより、RQ を精緻化する、③「解答例」の作成として、先行研究の吟味、研究計画を作成し、その内容をゼミで発表するなどを行い、「④解答例の共有・評価」をする。指導教員や学習者からのフィードバックを参考に、「⑤その先の新しい問いを作る」へつながり、①に戻る。このようなサイクルを繰り返すことで、卒論・修論の執筆を進めて行くこととなる。

　第一段階での「自分のことばで「問い」を説明する」（図 3）は、簡単そう

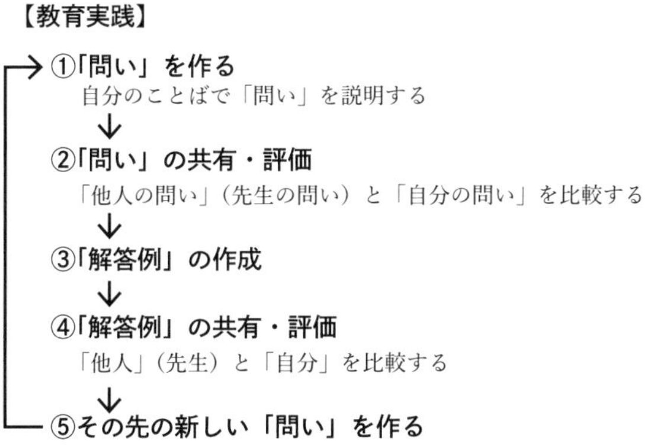

【教育実践】
①「問い」を作る
　　自分のことばで「問い」を説明する
　　↓
②「問い」の共有・評価
　　「他人の問い」（先生の問い）と「自分の問い」を比較する
　　↓
③「解答例」の作成
　　↓
④「解答例」の共有・評価
　　「他人」（先生）と「自分」を比較する
　　↓
⑤その先の新しい「問い」を作る

図 3　「卒論・修論指導」と「問い」の関係

で難しい非常に重要な段階である。読者の皆さんも、家の設計図を見せられたり、生命保険の加入を勧められたりなどの人生での大きな決定を迫られたりしたときに、何らかの違和感を持って、何とかそれを質問しようとして、うまく伝えられなかった経験はないだろうか。人間とは、意外と自分が感じている、受け止めている何かを自分のことばで人に伝えるのは難しいものである。だからこそ、学問として学んだ分野の中で、自分の問いを立て、自分のことばにするというのは最初の段階として非常に重要な教育活動といえる。

　図4には、卒業研究のゼミ発表でどのような議論があったのかその経緯を時系列で示したものである。これは、筆者の研究室に所属する4年生の一人（吉田 2018）がゼミ発表でのやり取りについて自ら記録したものの一部である。第1回目のゼミ発表（2017年6月29日）では、自らが卒業研究で取り組みたいテーマを発表している。第2回目のゼミ発表（2017年7月20日）では、リサーチクエッション（RQ）の重要性を認識し、適切なRQを設定している。それが的確な研究テーマの設定へとつながり、卒論中間発表会および卒業研究発表会へと進めることができた。このような活動がとても優れた卒業研究（吉田 2018）を行うことにつながったといえる。

図4　卒業研究のゼミ発表での議論の経緯

2017年6月29日（木）ゼミ発表（1回目）
卒論テーマ：illustrator を使った高校生向けの教材開発
質疑応答
・「イラストレーター」を選んでいたが、なぜそのソフトなのか？がない
（自分が開発したソフトならば、今のテーマのままでも良いが…）
・ソフトに着目するのではなく、「レイヤーを理解している人・していない人」等を比較するなど、異なる観点を持ったほうが良い

・研究としての要素が何かが見えない
→使い方講座はどこでもやっている
何が新しいのか？
・イラストレーター・フォトショップの良いところを取り出したソフトは既にある
（3Dとの統合を扱う機能、ネットとリンクをさせる機能など）
イラストレーター・フォトショップは古典的なソフトである

→新しさはない

考えたこと
今の観点のテーマ（イラストレーターにこだわる）ではなく、社会的に意義のあるテーマに考え直したい

2017年7月20日（木）ゼミ発表（2回目）
卒論テーマ：ドローイングソフトを使った高校生向けの教材開発
△既存の美術・情報の関係性が薄い
→「なに」が身に付くのか？を明確にする必要がある。

・何を目的にするのか？→レイヤーの概念に絞るのか？
　教材の開発なのか？
（テーマにズレがある）
△「やりたいこと」が先になっている
→リサーチクエッションが先。

◆リサーチクエッション
レイヤーの概念を知らない生徒、知っている生徒で表現力の差が生じるのか。

◆授業実践（仮）
生徒に自由にポスターを描いてもらう（レイヤーを知らない状態）
↓
教師がレイヤーの概念を教える指導を行う
↓
生徒に再度、ポスターを描いてもらう（レイヤーを知っている状態）

◇レイヤーの利点
・奥行が出る
・編集がし易い
・複製、合体がし易い→協働学習を意識することが出来る
　（各々でレイヤーを作成→最後に合体させる、という授業展開）

◆課題
・どのような能力が身に付くのか、を明確にする
・適切なテーマの設定をする
・リサーチクエッションを明確にする
・授業実践をより具体的にする
・デザイン力とは何か、という定義を定める

2017年11月22日（卒論中間発表会）

タイトル：レイヤーの概念を知らない学生、知っている学生で表現力の差が生じる
　　　　　のか。

2018年1月31日（卒業研究の提出締切）
2018年2月8日（卒業研究発表会）
タイトル：「レイヤーを複数使うことによってどのような利点があるのか」を学習す
　　　　　ることが出来る教材の開発

7.2　本教育実践（第6節）の今後の課題

　本教育実践（第6節）では、「①「問い」を作る」という最初のステップで、指導教員が学習者に「テンプレート」（図2）を与えている。すなわち、指導教員から与えられたテンプレートには、学習者が検討すべき「問い」が列記されている。テンプレートのような足がかりがなくても、自ら主体的に問いを生み出せるような学習者を育成することが今後の課題である。指導教員からテンプレートが与えられなくても、⓪自ら問いを生み出す、あるいは、⓪'指導教員から与えられてきたテンプレートに相当するものを自ら作り出す、さらに、大学卒業後ゼミ発表のような場がなくなってしまっても、①他人の「問い」「解答例」を自ら探し出し（情報検索・収集）、②それらを比較・評価し（批判的思考）、③新しい問いを作り出す、このような取り組みを学習者が主体的に行うことができる力を育成する必要があると考える。

　これは、実生活の場でも必要なことである。例えば、ある保険会社のプランをもとに、それを選択するかを考えたときに、他の会社のプランとの比較や評価をし、自分が必要としている組み合わせや新たなプランは何かということを考えることと似ており、生活に密着したプロセスである。

8.　まとめと今後の課題—未来を担う学生のために

　本稿では、近年、大学で必要とされている教育分野であるリメディアル教育や初年次教育における「アカデミックライティング」の位置づけを概観し、愛知教育大学における教育実践事例を紹介した。具体的には、筆者が

行っている型（テンプレート）を用いた卒論・修論指導と「問い」の関係を論じた。「アカデミックライティング」指導の問題点は、(1)指導教員が個別に取り組んでいる添削指導に頼っていること、(2)日本語指導が専門ではない教員の多くは、最適な指導方略を持ち合わせていない場合が多いこと、(3)一般的な卒業研究指導場面では、少人数（あるいは 1 名）の教員が多数の学生を対象に個別指導を行っているため、指導への熱意が個別の教員に依存している面が多いこと、などが挙げられる。このような問題点を解決するために、「アカデミックライティング」についてのより良い指導方略が共有され、教員サイドの問題意識をさらに高めていくことが必要であると考えられる。

引用・参考文献

愛知教育大学広報部会（2011）「愛知教育大学同窓会名簿の発行について（報告）」『AUE News 第 22 号（2011 年 8 月 15 日）』愛知教育大学. <https://www.aichi-edu.ac.jp/intro/files/AUENews22_110815.pdf> 2019.11.27

愛知教育大学キャリア支援課（2018）「正規教員就職者数 8 年連続全国 1 位を達成！（2018 年 2 月 16 日）」『愛知教育大学のホームページ』愛知教育大学. <https://www.aichi-edu.ac.jp/pickup/2018/02/16_007400.html> 2019.11.27

馬場眞知子・田中佳子（2006）「学ぶ意欲を育てる日本語力支援教育―その実践で見られた学習動機の志向」『リメディアル教育研究』1 巻 1 号：pp.96–103、日本リメディアル教育学会

藤木剛康（2011）「日本の作文教育の問題点とライティング・センター―和歌山大学経済学部の文章作成指導はいかにあるべきか」『和歌山大学経済学会研究年報』15：pp.109–118. 和歌山大学

学習技術研究会（2006）『知へのステップ 改訂版』くろしお出版

堀一成・坂尻彰宏（2016）『阪大生のためのアカデミック・ライティング入門（第 3 版）』大阪大学全学教育推進機構

井上千以子（2013）『思想を鍛えるレポート・論文作成法』慶應義塾大学出版会

慶松勝太郎（2011）「我が国における作文教育の問題点」『LEC 会計大学院紀要』9：pp.1–14. LEC 会計大学院

絹川正吉（2007）「学士課程教育における初年次教育」『カレッジマネジメント』145：pp.22–25. リクルート進学総研

国立教育政策研究所（2013）「社会の変化に対応する資質や能力を育成する教育課程編成の基本原理（改訂版）」『平成 24 年度プロジェクト研究調査研究報告書、教育課程の編成に関する基礎的研究 報告書』5、国立教育政策研究所

文部科学省（2007）「学校基本調査報告書―平成 19 年度　初等中等教育機関」文部科学省

文部科学省「国立の教員養成大学・学部（教員養成課程）の平成 29 年 3 月卒業者の就職状況等について」『文部科学省のホームページ』文部科学省．<http://www.mext.go.jp/b_menu/houdou/30/02/1401088.htm>2019.11.27

日本リメディアル教育学会監修（2012）『大学における学習支援への挑戦―リメディアル教育の現状と課題』pp.2–18. ナカニシヤ出版

西田みどり（2012）『〈型〉で書く文章論』知玄舎

小野博（2008）「「リメディアル教育は大学の社会的使命」―学生の基礎学力を高め、学習意欲を引き出す」『ワオ・コーポレーションのホームページ』ワオ・コーポレーション．<http://edu.wao-corp.com/lab/revolution/vol01/01_01.html>2018.12.30

小野博・馬場眞知子・たなかよしこ（2012）「概説：国語リメディアル教育と大学生の日本語教育」日本リメディアル教育学会監修『大学における学習支援への挑戦』pp.144–147. ナカニシヤ出版

三省堂「「21 世紀型能力」とは」『キーワードを読み解く 教育最前線（2015 年（平成 27 年）2 月 20 日発行）』三省堂．<https://tb.sanseido-publ.co.jp/kokugo/Info/magazines/saizensen/pdf/saizensen01.pdf>2019.11.27

鈴木晴久・佐藤史人（2011）「小学校学習指導要領国語科 2008 年改訂における「書くこと」領域の改訂について」『和歌山大学教育学部教育実践総合センター紀要』21: pp.77–81. 和歌山大学

初年次教育学会編（2013）『初年次教育の現状と未来』pp.12–13. 世界思想社

吉田千紘（2018）「「レイヤーを複数使うことによってどのような利点があるのか」を学習することが出来る教材の開発」『2017 年度愛知教育大学教育学部情報科学コース卒業研究報告書』愛知教育大学

謝辞

優れた卒業論文を執筆し、かつ、卒業研究のゼミ発表での議論の経緯（図 4）の掲載を快諾していただいた吉田千紘さんに感謝いたします。また、執筆にあたり、日本工業大学のたなかよしこ先生より有益なコメント頂きました。

第10章

学会で質疑応答できる力を
育成し評価する

亀岡淳一

1. はじめに

　私は血液内科医である。医学部を卒業して、2年間の初期研修を終え、東北大学の血液内科学部門に所属し、これまで30年余り、貧血・白血病・悪性リンパ腫・血小板減少症など血液疾患の診療・研究・教育を行ってきた。

　初めて参加した血液学関連の学会は、1986年4月の日本血液学会で、多くの発表はレベルが高すぎて理解できず、ましてや質問などは思いもよらぬことであった。その後、勉強を重ね、経験を積み、学会の発表は少しずつ理解できるようになり、質問もときに頭に浮かぶようになったが、「質問するのは上の立場の人の役割」という固定観念もあって、フロアから質問したことはなかった。

　転機が訪れたのは1995年であった。血液の指導医が突然退職し、思いもかけず、自分が「上の立場の人」になってしまい、自分が必ず何か質問をしなければいけない状況になったのである。そのときから、学会・研究会等への参加の態度が変わり、常に質問を考えメモをとりながら講演・発表を聴くようになった。そして気づいたのは、以下の点である。

1)質問は、最初からするつもりがなければあまり思い浮かばないが、するつもりで聴けばかなり生み出すことができる。
2)質問の質には差があり、ある程度評価可能である。

3）質問力は経験とともに向上しうる。

4）良い質問は、質問者の理解が増すのみならず、発表者の研究の進展に寄与しうる。

　以上より、質の良い質問を多く生み出すための教育は重要と考えられるが、その教育に関心を持つ人は少ないようであった。このような問題意識を持ちながらも、血液内科医としての仕事に忙殺され、なかなか行動に移せないでいたが、2009年4月に所属が医学教育推進センターに移り、主に教育に従事することになった。そこで、質問力育成のために、「学内の発表会における質問振り返り表の活用」「質問評価表の作成による質問の質評価の試み」「質問振り返り表と質問評価表を用いた学会による実践」という3段階による教育手法の開発を計画し、科学研究費を得た。本章は、その内容の紹介が中心となる。

2. 質問力向上の教育の意義

　さて、そもそも質問力育成はどのような意義をもつか。

　第一に、本人の自己研鑽力を高める効果が期待できる。質問力は自ら「問い」を立てる力であり、自律的に学ぶ能力である。大学時代に質問力を身に付ければ、卒業後のあらゆる知的活動において、他人のプレゼン（職場での議論のようなinformalなものから、学会発表のようなformalなものまで）に建設的な質問を行うことによって、新たな知を創造し、自己開発を促進しうる。

　第二に、社会的な観点から、科学の総体的な向上に寄与しうる可能性がある。最上のアカデミックな質問は、後述するように、学会等での研究者の研究活動を活性化しうるものであり、長期的にみれば、日本の研究活動のレベルアップに結びつきうる。

3. 第 1 段階：学内の発表会における質問振り返り表の活用

3.1　先行研究

　近年、プレゼン力を向上させる教育の取り組みは多いが、「質問力」向上の取り組みはまだ少数である。教員が学生から質問によって能力を引き出す方略が多く（Graesser and Person 1994、Parsell 2000）、学生側からのアプローチでは、「羞恥心を除くには」など心理学的な考察が中心であった（宮崎学園短期大学 2018）。「質問力」は、「質問生成力」と「質問発信力」に分けられる。学会等の議論の場で日本人の質問が少ない原因として、日本の文化（控えめが美徳）や教育（アウトプットよりインプットを重視）に起因する「質問発信力」不足が挙げられてきた。しかし、「質問をしない」のか「質問を思いついていない」のかを区別したところ後者が圧倒的に多かったという報告があり（生田・丸野 2004、生田・向井 2012）、「質問生成力」不足が日本人の質問が少ない主因である可能性が指摘されている。

　『知の技法』（東京大学出版会、1994 年）で、船曳建夫は、

> 誰かの発表があります。終わると主宰者は「何か意見がありますか？」と訊ねます。誰も意見をいいません。…この「何か意見がありますか？」には大きな誤りがあります。…
>
> …意見は作るものです。ある議論に対して、意見やコメントが自然に湧いてくると思うのは間違いです。…適切な発言をするためには「なにか発言をしてやろう」と最初から意識的に心がけることが必要です。
>
> （小林・船曳 1994: 269–278）

と述べている。全く同じことが質問についても言えよう。質問は自然に湧いてくるものではなく意識して作るものであるから、意識しなければ生成されないのは当然で、学生に常に質問を考えながら聞く習慣をつけさせれば、質問生成力は向上する可能性がある。

3.2　質問振り返り表の作成と実践

　そこで、第一段階として、「学内の発表会における質問振り返り表の活用」
を試みた。

　具体的には、図1のような「質問振り返り表」を、グループ討論会や研究
発表会の前に毎回配布し、思いついた質問は何でもいいから書き出して提出
させた（実際に質問した質問には印をつけさせた）。

図1　質問振り返り表 Reflection sheet

　結果は、学生一人あたり平均の書き出した質問数（実際に挙手して発した
質問数）は、A発表会（実習）4.57 (-)、B発表会（研究）4.43 (1.14)、C発表会
（研究）3.57 (0.82)、D発表会（実習）8.33 (0.53)であった。内容も、興味深い
質問が少なからず含まれていた。図2にB発表会における学生別質問数を
示す。右半分は発表した学年、左半分は見学した1つ下の学年である。1つ
下の学年は遠慮してほとんど質問を実施していないが、書き出された質問に
は目を見張るものもあった。以上より、質問振り返り表の有用性とともに、
学生の多くは質問生成力（ポテンシャル）を有している可能性が示唆された。

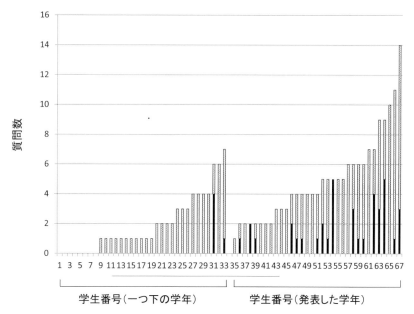

図2　発表会における各学生の質問数

B 発表会における各学生の質問数を、質問数順に示した。右半分は発表した学年
（n=34）、左半分は一つ下の学年（n=33）。塗りつぶしは挙手して実施した質問、水玉模
様はそれ以外の質問。

4. 第2段階：質問評価表の作成による質問の質評価の試み

4.1　先行研究

　次は、質問の質を向上させる試みである。そのためには、質問の質を評価
するツールを開発しなければならない。

　小山（2015）らは、質問の質に基づく分類を試みている。それによると、
まず、「単なる感想・コメント」と「質問」に分け、後者を「無関係な質問」、
「思考を深めない質問」、「思考を深める質問」の3つに分け、「思考を深める
質問」を「漠然とした疑問」、「一般的・包括的質問」、「具体的・分析的質問」、
「応用的質問」の4つに分けている。この分類は、質問をマクロ（一般的）な
視点とミクロ（具体的）な視点に分けるなど参考となる部分が多いが、「思考

を深める質問」の実体がはっきりしない。桐山（2009）は、質問の的確さの
評価基準として、レベル1「発表の主旨から外れた質問」、レベル2～3「課題・
対策間の5W1Hの質問」、レベル4「対策→課題→（新）対策の提案・指摘」、
レベル5「課題→目標→（新）課題の提案・指摘」および「目標→目的→（新）
目標」という定義を示している。この基準は、新たな知を生み出しうる質問
を高評価するという点で注目されるが、対策→課題→目標→目的というレベ
ルの差がわかりにくい。以上から、研究促進への寄与度も加味した新たな質
問評価表の作成が必要と考えられた。

4.2　質問評価表の作成

　我々は、コアメンバーで討論して、図3のような、「重要性」「独自性（意
外性）」「レトリック」「ミクロかマクロか（以上、5段階評価）」「ベネフィッ
ト（benefit）の及ぶ範囲（「質問者にとどまる」「聴衆に及ぶ」「発表者にまで及
ぶ」の3段階評価）」の5項目による質問評価表を作成した。

```
                                         氏名（                    ）

  1.（                           に対して）

  ・重要性               1    2    3    4    5
  ・独自性（意外性）        1    2    3    4    5
  ・ミクロ          ←      1    2    3    4    5    →   マクロ
  ・ベネフィットの及ぶ範囲      質問者      聴衆        発表者
  ・レトリック             1    2    3    4    5

  2.（                           に対して）
```

図3　質問評価表 Evaluation sheet

　最初の2項目は、研究における2大要素（importance と novelty）に相当す
る。両者の観点は独立しており、「重要ではあるが誰でも思いつきそうな質
問」もあれば「意外性はあるがそれ程重要ではない質問」もある。

　「ミクロかマクロか」は、価値基準ではなく、カテゴリー分類である。「ミクロ」はデータそのものおよび方法に関する質問で、「マクロ」は一般的・大局的意義や長期的展望に関する質問で、学生には「どちらも重要であるが、まずミクロから考えよ」と指導している。ミクロのデータの正確性（広義の信頼性・妥当性）があってはじめてその意義の考察が成立するためである。

　「ベネフィットの及ぶ範囲」は、他の項目が主にプロセス評価であるのに対して、アウトカム評価に近い。すなわち、その質問が聴衆や発表者に及んだかどうかをその場で判断するものである。「ベネフィットが質問者のみにとどまる質問」は、単なる聞き漏らしや理解不足を含む。「ベネフィットが聴衆にも及ぶ質問」とは、多くの聴衆も知りたいと思われる事項だが、発表者は既に知っていたと思われる事項を指す。「ベネフィットが発表者にまで及ぶ質問」とは、発表者も気づいておらず、「次の研究（実験）でそれも是非調べてみたい」と言わせるような質問に相当する。学生には、「国際学会で"good question"と言われるのは嬉しいが、"good suggestion"と言われる方がより嬉しい」と話し、発表者にベネフィットを与える質問を究極の目標とするよう指導している。

　ここまでの項目が主に「質問発生力」を測定しているのに対して、「レトリック」は「質問発信力」の測定が目的である。明瞭性、簡潔性、語彙などを、具体的な判断基準として挙げている。

4.3　質問評価表の信頼性・妥当性の検討

　上記質問表の（狭義の）信頼性・内容妥当性を 3 つの学会で検討した。ここでいう「信頼性」とは評価者間のばらつきの少なさ、「妥当性」とは測定したいものを測定しているか、を指す。

　学会参加予定の教員 5 〜 10 名（できる限り、この研究とは無関係者）に事前に主旨を説明し評価を依頼した。評価者は、学会会場で同一演題の同一質問に対して評価表を用いて別々に評価し、回収して級内相関係数（評価者間のばらつき）を解析した。また、終了直後に、評価者に項目の内容妥当性評

価(5 段階)も判定してもらった。

　第 1 回検討を、A 学会(2016 年 9 月、主に症例報告)で実施した(評価者 5 名)。基準をより明確にして、第 2 回検討を、B 学会(2016 年 10 月、主に臨床医学的研究報告)で実施した(評価者 6 名)。さらに基準を明確にして、第 3 回検討を、C 学会(2017 年 12 月、主に社会医学的研究報告)で実施した(評価者 10 名)。それぞれの質問数(表 1)、評価スコアの級内相関係数(表 2)、内容妥当性(表 3)を示す。

表 1　3 学会における質問数

A 学会(9 演題)

	座長から	フロアから	計
総質問数	12 (2)	5 (1)	17 (3)
評価対象	10	4	14
	71%	29%	100%

B 学会(9 演題)

	座長から	フロアから	計
総質問数	6 (5)	21 (6)	27 (11)
評価対象	1	15	16
	22%	78%	100%

C 学会(10 演題)

	座長から	フロアから	計
総質問数	12 (0)	7 (0)	19 (0)
評価対象	12	7	19
	63%	37%	100%

(　)は評価者からの質問→対象から除外

表 2　評価スコアの級内相関係数(ICC)の平均測定値

	A学会 5 評価者(9 質問)	B学会 6 評価者(16 質問)	C学会 10 評価者(17 質問)
ミクロ / マクロ	**0.823**	**0.852**	**0.874**
benefit	0.153	**0.632**	**0.779**
重要性	0.276	**0.690**	**0.795**
独自性(意外性)	**0.683**	**0.550**	**0.627**
レトリック	0.022	0.142	**0.625**

太字：0.5 <

表 3　内容妥当性の平均値

	A 学会	B 学会	C 学会
ミクロ / マクロ	4.3	3.6	3.1
benefit	4.3	4.6	4.6
重要性	4.5	4.4	3.9
独自性（意外性）	3.7	3.6	4.0
レトリック	4.3	3.5	3.6

　質問数に関しては、B 学会を除いて、座長からの質問が 6 － 7 割を占め、日本人の質問数の少なさを象徴する結果となった。級内相関係数（信頼性）は、基準の明確化を重ねることによって、次第に向上し、最終的に全 5 項目で十分な信頼性を得ることができた。内容妥当性も項目によってばらつきはあるが、概ね良好な結果と考える。以上より、この質問評価表は、今後のツールとして活用可能と判断された。

5. 第 3 段階：質問振り返り表と質問評価表を用いた学会による実践

　では、「重要性」「独自性」が高く、発表者にまでベネフィットが及ぶような良い質問を、ミクロからマクロにわたって数多く生成するにはどうしたらよいか？

　一般に、5W1H が揃っているかどうかを考えることが質問生成の基本とされる（桐山 2009）。これを学会レベルに置き換えると、「背景」「方法」「結果」「考察」それぞれにおける欠損（あるべきものがない）を探す作業となる。また、道田（2011）のデータ（5 段階評定、平均±標準偏差）によると、質問力向上の影響因として、発表準備時のグループ内でのやりとり（3.99 ± 0.90）、発表グループに対して、自グループで質問作成したこと（3.97 ± 0.80）、質疑応答時に、答を聞いたり、他グループの質問を見たりしたこと（3.82 ± 0.97）が上位に挙がっており、「内容に関する基礎知識」「質問の下準備」の重要性が示唆される。さらに、質の高い質問を生成するには、良い質問を「良い」と判断する審美眼を養う必要があり、道田らの「他者の質問の見聞」が

有効であり、しかも質の高い質問が発せられる場が求められる。

　これらを総合して、私見を交えて整理すると、

1）ふだんの知識・問題意識の蓄積
2）直前の下調べ
3）プレゼン中のメモ
4）プレゼン中の思考（ミクロからマクロまで）
5）振り返りおよび後調べ→1）の知識・問題意識の蓄積

というサイクルが質問力向上には有効であると考えられ、これらを質の高い質問が発せられる場（学会）で数多く経験するのが最良の方法と言えよう。

　そこで、我々は、第3段階として「質問振り返り表と質問評価表を用いた学会による実践」を計画している。具体的には、（希望する）学生が指導教員と一緒に学会に参加し、同一セッションの同一演題をいっしょに聞き、自分が思いついた質問を振り返り表に記入するとともに、そこでなされた質問に対して評価表も記入し、両者の結果をもとに、指導教員から指導を受けるというものである。

6. 質問発信力の育成

　本稿では、質問力を質問生成力と質問発信力に分け、日本人の質問が少ない主因は「質問生成力」不足であるという前提で論じてきた。しかし、「質問発信力」不足も無視することはできず、ここで簡単に述べる。

　質問発信力は、「質問に踏み切る力」と「踏み切ったあとの表現力（上述の質問評価表の「レトリック」で評価される力）」が含まれる。後者の育成に関しては膨大な研究があり、ここでは割愛する。

　質問に踏み切るには、「バカな質問ではないか…？」といった羞恥心を取り除く必要がある。そのためには、仮にバカな質問であっても羞恥心が広く及ばないような少人数から開始して、徐々に人数の多い場へ拡張するステッ

プが有効かと思われる。まず、誰か一人に聞いてみる(授業中、「隣の人に聞いてみましょう」といった教育)。次に、PBL tutorial のような少人数グループで質問を発してみる。そこで「バカな質問ではなさそう…」と確信すれば、クラス全体の発表会で質問できる。実際、東北大学の授業で最も質問が多かったのは、症例ベースの PBL tutorial 教育発表会で、マイクの前に 10 名以上ならぶことも稀でなかったが、既にグループ内で一度討論した同じ症例がテーマであったことと無関係ではないと思われる。

　「バカな質問ではないか…?」の羞恥心は、自分一人で取り除くことも可能である。質問生成力の育成で述べた「振り返り(reflection)」である。1 回目のときは恥ずかしくて質問できなくても、一度調べると不安が解消され、次に同様の論点が提示されたときに、自信を持って質問できるものである。同じ論点に遭遇する機会は稀なように思われるが、実際は、全く同じでなくとも類似(analogy)の論点が提示される機会は少なくない。

7. アウトカム評価

　教育の評価には、インプット評価(どのような教育が施されているか)、アウトプット評価(終了時にどのような能力が獲得されたか)、アウトカム評価(長期的にどのような人材を生み出したか)の 3 種類がある。私は、アウトカム評価に特に関心を持っており、医学部卒業後の医師の診療の質を「カルテピアレビュー」で評価するシステムの構築に取り組んでいる(Kameoka et al. 2014)。

　同様に、質問力向上のための本研究にも、アウトカム評価が必須である。横断的アウトカム評価と縦断的アウトカム評価の 2 種類を考えている。前者は、いくつかの学会(たとえば、東北地方であれば、内科学会東北地方会: 年 2 ~ 3 回仙台で開催)における本教育を受けた卒業生の質問を毎年記録し(数だけでなく質問評価表で質も評価し)、10 ~ 20 年にわたって変化を解析する方法である。後者は、本教育を受けた卒業生全員に、一定期間(5 年など)毎にアンケートを送付し、自分が学会等で行った質問の状況(回数)を調

査し、このプロジェクトの長期的効果を検証する方法である。いずれも容易ではないが、容易でないがゆえに誰も取り組んでいないのがアウトカム評価であり、避けては通れないと考えている。

　興味深い報告がある。三重大学の非常勤講師が岐阜大学医学部で薬理学講義を行った直後のブログ（三重大学バイオインフォマティクス 2010）で、「最先端の講義内容であったが、入眠率は低く、正午を過ぎているのに、質問が続出したことに感服した。岐阜大学医学部は、三重大学医学部と類似性が言及されることがあるが、こと医学科学生の質問力は突出しており、…」と述べている。岐阜大学は、双方向性の PBL tutorial 教育を多く取り入れたカリキュラムで知られており、質問力が学部教育によって向上しうることを示唆する一例と思われる。

8. おわりに

　文部科学省（2018）は「思考力・判断力・表現力」や「主体性を持って多様な人々と協働して学ぶ態度」を育成する目的で大々的な入試改革を進めている。本章で述べた質問力は、学会の場を一つのモデルとしながらも、実は、あらゆる知的活動の場に汎用できる、まさしく「主体性を持った思考力」の土台となるものである。また、本研究で求める質問力は、英語による質問力向上にも連結しうる。この教育が、次世代を担う人材を育成する上で、有効な手段であることを疑わない。

参考文献

Arthur C. Graesser and Natalie K. Person. (1994) Question Asking During Tutoring. *American Educational Research Journal* 31 :pp.104–137.

生田淳一・丸野俊（2004）「小学生は授業中に質問を思いついているのか―疑い知ろうとする気持ちの生起と教師に対する質問生成・表出との関連」『九州大学心理学研究』5 : pp.9–18.

生田淳一・向井隆久 (2012)「大学での講義において学生は質問を思いついているのか」『教育実践研究』20 : pp.129–134.

Junichi Kameoka, et al. (2014) Development of a peer review system using patient records for outcome evaluation of medical education: reliability analysis. *Tohoku Journal of Experimental Medicine* 233 :pp.189–195.

桐山聰 (2009)「学生の質問力向上を狙った評価方法の開発」『工学教育』57 (1) : pp.99–102.

小林康夫・船曳建夫 (1994)『知の技法』東京大学出版会

宮崎学園短期大学　平成 20 年度文部科学省 GP「質問力向上を目指した教育プログラムの開発」<http://kyoiku-gp.mgjc.jp/> 2018.5.21

小山悟 (2015)「質問作成の活動は学部生の講義の聞き方に影響を与えたか？―批判的思考力の育成を目指した日本語教授法の開発に向けて」『日本学刊』第 18 号(香港日本語教育研究会)

三重大学バイオインフォマティクス (2010 年 10 月 29 日付け) <http://pgx.medic.mie-u.ac.jp/mbi/system/kyo_det.php?no=448> 2016.3.10

道田泰司 (2011)「授業においてさまざまな質問経験をすることが質問態度と質問力に及ぼす効果」『教育心理学研究』59 : pp.193–205.

溝上慎一 (2006)『大学生の学び・入門―大学での勉強は役に立つ！』有斐閣アルマ

文部科学省　大学入学共通テストについて <http://www.mext.go.jp/a_menu/koutou/koudai/detail/1397733.htm> 2018.5.21

Glennys Parsel. (2000) Asking questions - improving teaching. *Medical Education* 34 :pp.592–593.

コラム3

生徒の問いに基づいた授業における教師の学び

千葉大学教育学部附属中学校　桐島俊

　教職25年が経過する中、よい授業と、よくない授業の違いを考えることがある。すぐに頭に浮かぶことは、生徒が生き生きと活動する授業はよい授業で、下を向く生徒がいるときはよくない授業といったものである。しかし、それだけでは、不十分である。自身の実践を交えながら考えていきたい。よい授業とは何なのか、私自身の「問い」でもある。

　私の担当教科は、技術・家庭科（技術分野）である。当初は、生徒に正しい技能を教授し、よい作品を完成させることに指導の重点を置いていた。両刃のこぎりの使い方を教師が模範を示しながら、コツなどを口頭で説明し、生徒に作業させるといった指導を行っていた。そこに生徒の「問い」はほとんど無かった。生徒は、ただ、教師に言われたとおり材料を切断することに集中した。集中するとはいっても、一人1個の製作品であり生徒に与えられた資材は限られていた。1度失敗すると修正は困難であった。失敗した生徒は、自分が不器用であることに気付きがっかりしていた。当時の私は、必要な技能を生徒に無理やり教え込もうとしていた。学習者が実習を通して何を考えどのように学ぶのかまでは考えていなかった。成功体験を生徒に味わわせることだけを考えていたのである。

　附属中学校に着任後、「ペットボトル水稲栽培」の実践を行った。社会に開かれた授業を意識した実践である。この実践は、土の配合や肥料の量を生徒自身が検討することからはじまる。そして、調べた内容をいかして、個々のペットボトルで稲を栽培する。私は、ほとんどの生徒の稲が順調に生育すると考えていた。しかし、稲の生育状況は、生徒によって大きく違い、上手く生育しない生徒も存在した。多少の失敗を予測していた私は、生徒に対して、「失敗しても、わかったことをまとめればそれを評価する。」と声をかけていた。その結果、生徒は失敗と向き合い「どのように土を配合しどのタイミングで肥料を与えると稲は成長するのであろうか」と問うようになっていた。また、この実践では、稲が順調に育っていた生徒も悩んでいた。自分の

稲がなぜ上手く成長したのかが理解できなかったからである。さらに本実践では、上手くいった生徒と、そうではない生徒の対話が自然派生していた。自分の結果と違った生徒の状況と比較することで何かがわかると考えたからであろう。自身の持つ理論では解決できないことに気付いたことが、生徒の問い続ける姿勢に繋がったと言える。生徒が最後にまとめたレポートの中には、「栽培は上手くいかなかったけれども多くのことがわかった。」と書かれているものがあった。私は、本実践を通して、生徒に成功体験を味わわせるだけが本教科の学習ではないことに気付き、失敗体験を生かせる授業にしなければならないと考えるようになった。学習者の「問い」は、自身の持つ理論では解決できない課題と出会うことから始まると考えるようになったのである。

　次に検討した実践が、「ちばふ工場の改善計画」である。教室（金工・木工教室）に分業で製品を製作する工場を再現した実践となっている。この実践は、生徒に生産性と品質の向上を求めている。生徒は、与えられた作業に繰り返し取り組むことで、担当工程の技能を高めていた。しかし、この実践は、技能の習熟がゴールではない。その後に生産性と品質の向上を求められているのである。稲の実践と同様に生徒は自身の持つ理論では解決できない課題に直面した。生産性と品質の向上を両立させることの難しさに直面したのである。また、協働での製作であることもあり担当工程を考えるだけで解決することは困難であることにも気付いていた。生徒は、治具（補助工具）等を製作しこれらを解決した。作業工程を減らすことにも繋げたのである。「責任感を持つことや協働の大切さについて身をもって理解することができた。」と本実践をまとめる生徒が多数存在していた。

　私は、これらの実践を通して、「対話が自然派生するような教材づくりや授業環境を構築することが、生徒の問い続ける姿勢に繋がる」といった仮説が見えてきている。私のよい授業への「問い」はまだまだ続く。

「ちばふ工場」で学んだことを自身の体験を踏まえて文章にまとめなさい。

　私は「ちばふ工場」を通して学んだことは 4 つあります。
　「圧縮着火装置」をつくるために、まず、図面について学びました。図面には、長さだけ
でなく、面取り、厚さなど様々な記号がありました。そしてすべて記号と数字で
表すことができるので図面は世界共通であると分かりました。また、プロジェクトX
の動画からも、設計をするうえで、とても細かく正確に図面をかいていくというこ
との大切さを感じました。
　次に作業の工程についても学びました。自分の担当する工程を決める前に全
工程を確認しました。私は初め自分の担当工程を決めるために全てを確認するの
だと思っていました。しかし今は違います。今は、自分の担当だけではなく全体で誰が
どのような工程を担当し、どのように作業するのかを把握しておくことが工場で
連れ作業をするために大切だと思っています。
　3つ目は「ちばふ工場」の作業について学びました。現在工場で行われる生産活動
のほとんどが作業員の分業による大量生産だということを知りました。そして「ちば
ふ工場」の製作に取り組むときのキーワードの「高品質」と「高生産性」の関係性に
ついても考えることができました。私は初め、みんなが1つ1つ自分の作業をこなし
ていけば結果的に大量生産され、品質も良い製品が完成していくのかなと思っ
ていました。しかし、実際に「ちばふ工場」を体験して、1つ1つの工程の連携が
大切だと感じました。私は、木材加工の切削を担当していましたが、この工程では
はがきをする班とも話し合ってはがきの繰り間隔を改善しました。また、プロジェ
クトXの動画を見て印象に残った言葉の1つに「専門だけでなく飛行機全体を
知れ!」という言葉がありました。これは東郷さんの言葉でしたが、これは私たちの
「ちばふ工場」でも同じことが言えるなと思いました。工場で高品質を生産していく
ためには専門だけでなく全工程を知ることが大切だと分かりました。そして高
品質のものを大量生産していく2つのバランスも大切だと思いました。
　最後に、工場ではたらくうえで責任を持つことが必要だと分かりました。プロ
ジェクトXの動画を見て、東郷さんは、しかることはなく、若者たちに火をつける役割
をしていたのではと感じました。だから工場はトップの人のわけだけではなく、生産する全
ての人が仕事への責任を持つことで高品質、ができていくのではないかと思いました。

資料として生徒が書いたものをそのまま掲載している。誤字脱字等の修正は行っていない。

第4部

教師の「発問」について

第11章

「学習者のつまずき」をもとに設計する国語授業

—— 「深い学び」を促す教師の発問

植阪友理

1.「深い理解」を促す教師の発問の必要性

　2016年12月に中央教育審議会からの答申が出され、次期学習指導要領が公示され、「主体的・対話的で深い学び」を保証することが、義務となった。新教育課程がめざすものについては、上記の言葉に限らず、いくつもの大事なポイントがあるが、最終的には「深い学び」を保証するということではないだろうか。では「深い学び」とは、一体何を指すのだろうか。今回の学習指導要領改訂には、多くの心理学者がかかわっている。心理学では処理水準に関する研究に代表されるように、「深い」と「浅い」という用語は一般的である。しかし、学校現場では、「浅い」—「深い」という軸で学習を捉えることは、あまり一般的ではなかった。このため、「深い学び」ということについては、なかなかイメージが持ちにくく、協同研究を行う学校現場の先生から質問されることも少なくない。

　「深い学び」の例として、中央教育審議会の答申において第1に挙げられているのは、「深い理解」である。単に問題が解けただけでは、表面的で断片的な知識を獲得するにとどまっている可能性もある。その一方で、学習者本人が原理、原則、意味に当たる部分（一般的用語でいえば「なぜ」や「そもそも」）といったことを自ら説明するができれば、断片的にとどまらない、つながりのある豊かな知識が構成できていることが確かめられる。また、こうしたことを促す発問を行うことで、最終的には目指す学習に到達する可

能性も高まるだろう。では、そうした「深い学び(以降では、深い理解として話をすすめる)」を促す発問とは具体的にどのようなものなのだろうか。筆者は、これまで10年以上にわたり、個別学習相談において心理学をふまえた自立支援をおこなうとともに、小学校／中学校／高校の教員と協同しながら、具体的な授業作りにかかわってきた。本節では、小学校国語における授業例を素材にしながら、深い理解を促す具体的な発問のあり方について考えてみる。筆者の専門は必ずしも、国語教育ではない。特定の教科を専門としないという弱みがあるものの教科横断的な視点を持つ心理学の強みをいかし、算数・数学を中心に、国語、英語、社会、理科、体育、英語などにかかわっている。国語は一般的にみて、深い理解のイメージが持ちにくい素材であるが、後述する本章の中心テーマである「児童生徒の学習上のつまずきに焦点をあてた授業設計」ということを用いることで、深い理解を促す発問が考えやすくなるということが分かりやすい教科と考えている。小学校の国語を素材とするが、本章が議論したいと考えている射程は、小学校国語にとどまるものではない。

2. 学習者のつまずきから考える授業設計(困難度査定)を生かした発問

　本章において主張したい最も大切な点は、発問や授業設計を考える際に、「学習者の持つつまずきを予測し、それをふまえて発問や授業設計を考える」ということの有効性である。市川(2014)は、学習者のつまずきを事前に予測することを「困難度査定」と名付けており、それを踏まえて授業を設計すること、すなわち課題等を考えることの重要性を指摘している。当該内容を学ぶ上で、子ども達にはどのようなつまずきが生じるのか(既習の積み残しではなく、当該内容を学ぶ上での誤解やつまずき)を予測する力は、重要な教師力の一部であるとの議論も行っている(例、市川・植阪 2016)。
　また、教師の教科知識と教授知識の総体として教師の教授法に関する知識を捉えて研究対象としているPCK研究(pedagogical content knowledge)にお

いても、学習者のつまずきを予測される課題が実施されるようになってきており、正しく予測できることが教師の指導力の重要な一側面と捉えられるようになってきている。例えば、$4 \div \frac{1}{4}$ について児童が示す誤りとその原因を答えよという課題が与えられ、これを正しく予測する力が、教師の専門性の重要な一部であることを論じられている（例、Tirosh 2000）。PCK研究は、つまずきをふまえて授業設計や発問を行うということについてまで議論されているわけではないが、教師が学習者のつまずきの予測することの重要性を示した研究としては、見過ごせないだろう。

　一方、日本では心理学者がかかわった実践的研究として、困難度査定を踏まえた具体的な授業実践も学校現場において行われるようになってきている（例、市川2015；市川・植阪2016）。具体的には、心理学の発想を生かして、提案されている「教えて考えさせる授業」（市川2008, 2013, 2015；市川・植阪2016）において、具体的にそのような試みがおこなわれている。本章で紹介する小学校国語は、こうした「教えて考えさせる授業」の実践例である。

　「教えて考えさせる授業」についての詳細な説明は、関連文献を当たっていただければと考えているが、基本的な設計について簡潔に説明すると以下のようになる。まず授業の目標としているのは、「深い学び」である。これを実現するために、「教師の説明」「理解確認」「理解深化」「自己評価」の4つのステップを踏む。第1の段階は「教師の説明」である。単に問題を解く方法だけでなく、原理、原則、コツ、といった点に児童生徒が納得感をもって身につけられるように教師は様々な指導上の工夫を用いて教える。この部分は、対話的ではあるものの基本的には受容学習である。それをふまえて次の理解確認の段階に進む。「教えて考えさせる授業」では児童生徒に「なるほど」と思ってもらうことが重視されているが、教師のそうした説明を聞いたとしても、子どもの「分かった、分かった」という言葉はあてにならない。教えられた内容の意味まで十分に理解されているかはあやしいものである。そこで、理解確認では、教師が伝えたかったことの意味が、十分に通じているのかを確かめるために子ども自身に表現させることを促す。ここでの確認とは、教師が意味理解をしているかを確認するという意味もあるが、学習者

本人にも自覚してもらうということを含んでいる。ここでは説明できなければ分かったとは言えないことを伝え、いわゆるメタ認知を促す。その後、そこで獲得した知識を使ってより高度で実践的な課題を実施したり、一通り学んでもなかなか気づかないことを問いかけ、考えさせる。最後に、自分の分かったこと、まだ良くわからないことなどを記述させ、再度メタ認知を促す。

　なお、教師からの説明は受容学習であるが、理解確認および理解深化は、協同学習で行われる。特に理解深化課題は、発見学習の要素が大きい。よってこの指導法は、受容学習（教師からの説明）と発見学習（理解深化）を、メタ認知を促す段階（理解確認／自己評価）を挟んだ上で統合している方法と言える。なお、教師の説明の前に、必須ではないものの、5分程度の予習をすることが奨励されており、学校によっては、分からないところをふまえて自分なりのめあてをもって授業に臨む姿が見られる。例えば、倉敷市立柏島小学校では、6年生「円の面積」の公式を学習する場面において、冒頭で子ども自身が「予習をして、公式は分かったけど、なんでこの公式になるのか分かりませんでした」「どうしてこの公式になるのかを説明できるようになりたい」などの発話が見られている。

　では、こうした授業において、「つまずきを予測し、それを授業設計に生かす」とはどのような意味だろうか。詳細は後述することにして、簡潔に述べる。まず、授業の目標とする意味理解の状態を想定するとともに、そこに行き着けない場合には、どのようなつまずきが生じるのかを考える。次に、つまずきを解消する手だてを考え、教師の説明、理解確認、理解深化等で対応する。

　例えば、筆者もかかわって授業設計を行った3年生「たから島のぼうけん」を例にしよう。この授業は大阪府貝塚市東山小学校の毛綿谷卓司教諭らが行った授業などをふまえ、一部修正を加えたものである。この単元は、宝島の地図（中央に宝箱があり、そこに通じる道には、ワニ、倒木、ゴリラ、といた障害物がいることがかかれた地図）が教科書にのせられており、その地図を素材に物語を書いてみることになっている。教科書などからも事前にメモを作ることが大事であるとされており、本時は、「はじめ—なか—おわ

り」のうちの「なか」の部分の構想メモを作る場面である。想定されるつまずきは、「なかなか面白くかくことができない」というものである。夏休みの日記を思い出すとわかるように、子どもには楽しいことがあったにもかかわらず、それをうまい展開で伝えることができない実態がある。また、作成したメモについて、グループ共有させても、「ここに誤字脱字があるよ」などのように、表面的な指摘に終わり、「どうやって面白い構想メモをつくるか」という本質にせまる議論ができないことが多い。

　そこで、手だてとして、面白い展開のためのコツを伝えることとした。具体的には教科書の例であるワニの口を植物の蔓でしばって逃げたという挿絵を例に挙げながら、「ピンチを作って、意外な方法で解決する」と面白くなるというコツを伝えた。その上で、理解確認では、先生が作った面白くない例を提示し、以下のように問いかけてグループで修正させるという課題に取り組ませた。「先生はね、「ゴリラがきたので迂回して逃げました」って言う例をつくったんだけど、おもしろくないねん。コツを使って、もっと面白くしてほしいんだけどできるかな。」と問いかけた。大阪の子ども達ということもあり、先ほど学んだコツを使ってどうやれば面白くなるか、グループで一生懸命に取り組んでいた。その後、グループで先生の例を訂正する案を発表で共有した後、理解深化として、予習で書いてきた自分の構想メモを改善させた。具体的には「今日学んだコツを使ってみると、自分たちが予習で考えてきたストーリーはもっと面白くなるんじゃないかな。どんなふうに修正したらよいだろう。個人で考えた後、グループでも考えてみよう」と語りかけた。最後に、分かったこと、分からなかったことなどを記述させて終了した。このように、「面白くならない」というつまずきを想定し、それを解消するような手だてを、教師の説明、理解確認、理解深化のどこかもしくは複数の段階に入れて設計するような方法を取っている。このように困難度査定に基づいて小学校国語授業や発問を設計する、すなわち「つまずきをふまえながら授業の流れや発問を考える」ということについて、いくつかの発問パターンにまとめながら、その具体について考えていく。

3. コツを知り、体験し、自分の特徴を知るための発問

　国語において獲得させたい知識・技能は、前述したように一種の実技習得のような要素がある。例えば、うまく読むコツを知っていても、実際に読めなければ意味がないし、書くコツを知っていても書けなければ意味がない。その一方で、コツを知らず、ただなんとなくできるだけでは、より高度な内容になったときに利用できなくなってしまうだろう。このため、国語において「深く理解した」といえる状態の一つに、「読み方や書き方などのコツを知り、体験した上で、自分はどこまでできているのか、できていないのかを自覚している状態」ということ挙げられる。こうした状態を経ていくことの価値は、英語学習になぞらえてみると分かりやすい。まず、発音、読み方、書き方、話し方のコツなどを知っていることは重要であろう。また、それをうまく使えている状態が理想であるが、場合によっては自分ではコツを知っていてもうまくできないことがあるかもしれない（英語で言えばrとlの発音の違いは知っていても、自分ではうまくできない状態。国語でいえば、例えば、プレゼンテーションのコツを知っていても、実際にうまくプレゼンテーションできていない状態）。それでも、自分では何ができていないのかを自覚していることによって、次はその点を意識して取り組むので、コツも知らず、できない状態よりも次につながると考えられる。

　前述した3年生「たから島のぼうけん」の指導の流れは、まさにそうした例の一つである。まず、教師から説明されている「ピンチを作り、意外な方法で解決する」がコツにあたる。さらに、実際に先生のおもしろくない例（ゴリラが来たので迂回して逃げた）をグループで修正する活動や、自分が予習で作ってきた案を見直す活動を通じてコツを実際に使ってみる体験をし、最終的には自分ができることとできないことをはっきりさせていくという流れとなっている。ここでの教師の理解を深める発問とは、おもしろくない例を示し、「どうすれば、より面白い例になるのかをコツを意識しながらグループで直してみよう」であったり、「予習で作ってきた自分の例について、コツを踏まえてよりおもしろいものになるように修正してみよう」といった問

いかけになる。発問の前に、その後の活動の質をたかめるための「コツの教示」がなされていることもポイントして挙げられるだろう。

４年生「「四年 A 組のはらうた詩集」をつくろう」の授業を例に

この他の授業例についても紹介しよう。例えば、岡山県倉敷市立柏島小学校の逸見学伸教諭が行った４年生「「四年 A 組のはらうた詩集」をつくろう」が挙げられる。この単元の後半では、自分たちでも「のはらうた詩集」を作ることになる。そのために、自分でも詩を作ってみることを試みはじめた最初の授業である。この授業では、多くの子どもが持っているであろう「詩をかいてみたい。でも難しそうだ。どうやったらうまく書けるのか分からない」という状態をつまずきと捉え、そこにアプローチしている。この授業では「のはらの住人になりきって詩を書くことを楽しもう」がめあてとして設定されている。さらに、どうやったらそれが可能になるのかの方法として、「詩を書こう書こうと思わなくて良い。自分がなりたいものになりきって、つぶやいてみると、それが詩になっていく」ということをコツとして教えている。また、このコツをただ文字通りに言葉で伝えるだけでは、子ども達の実感にはつながらないだろう。そこで、教師の説明では、蜜をすっているクワガタ虫に、別のクワガタ虫が近づいているような写真を提示し、それを素材にコツについて具体的な例を伴わせながら指導している。写真を見せ、それを児童とやり取りをしながら詩にして行く過程を体験させている。以下はそのやり取りである。

教師：先生は手前のクワガタになりきって、つぶやいてみようと思います。先生は、「おっ、向こうからなにか近づいてくるぞ」って考えました。さ、この続き考えてみて。（少し間をおいて、児童 A を指名）
児童 A：私だったらてまえのクワガタだったら戦うのがいやだなって。
教師：なるほど。なりきってつぶやいてほしいんだ。A さんが言ったことをつぶやきにしたらどんなふうになる？
児童 B：僕が手前のクワガタだったら、「わ〜やばい、逃げろ！！」（他の児

童が笑う）

教師：いいね〜（黒板の短冊に、教師が板書として書き込む）続きは？

児童 C：私が手前のクワガタだったら、「ちょっとお遊びに戦ってやろう」
（他の児童も、なるほど〜と反応）

児童 D：敵か、味方か？

教師：なるほど（黒板の短冊にかく）。みんな、ちょっとみて、これだけも詩
のようになっているでしょ。（中略）こんなふうに、詩を書こう、書こうと思
わなくていいんだよ。つぶやいたら、それがそのまま詩になるんだよ（黒板
に「大切」としてまとめる。児童とのやりとりで完成したのが図 1 である）。

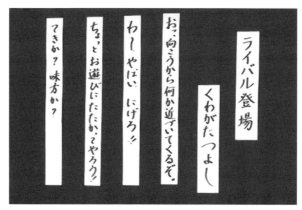

図 1　生徒とのやりとりによって完成した詩（板書より）

　このように、教師からの説明では対話的にコツを伝えている。その後、理
解確認として別の写真を示していた。この 2 枚目の写真は、くぬぎの木の上
でカブトムシが蜜をすっているところにオオムラサキがやってくる、という
ものであった。教師は「今度はこの写真を使って、先ほどと同じようにでき
るかな」と問いかけている。その後、やり方を再度確認し、自分たちでも付
箋につぶやきを書き込んでみようと促した。異なる写真ではあるものの、先
ほどの写真の例で具体的なやり方が理解できているため、児童は自信をもっ
てこの課題に取り組んでいた。児童はまずは自分たちで行った後に、ペアで

自分のアイデアを発表し、相手の児童からどんなところが良いと思ったかの
コメントをもらった。以下は、発表で共有された、あるペアの児童のやりと
りである。

児童 E：おっ、おいしいそうじゃな。木の蜜あるのかな。やっとついたぞ。
だれか来たぞ。仲間か？無視して飲もうっと。おっ、これは最高傑作だ！（教
師から、ペアの児童 F にどんなところが面白かった？と問いかける）
児童 F：「最高傑作」という、表現がすごくおもしろいと思いました。
教師：なるほどね〜　単に「美味しいな〜」じゃなくて、「最高傑作」って
いう表現がおもしろかったのね。

　こうしたやり取りの後、理解深化へと進んだ。進む前に子ども達に教師が
「できそう？」と問いかけると児童から力強く「うん！」という返事が返っ
てきていた。コツが具体的な例とともに示され、教師の求める高度な活動に
も対応できると感じられていたのだろう。理解深化として最後に教師が出し
た課題は、写真ではなくこれから語るお話（野原村は何日も雨が続いていた
が、太陽が出て一斉に外に出て行くというストーリー）を聞いた上で、その
場面の虫、太陽、雲など、何になっても良いので何かになりきって、詩を書
いてみようというというものであった。教師からは、「今度は写真ではなく
てお話です。これから読むお話を良く聞いて、皆さんはどれかになりきって
つぶやいてください。そして詩を書いてみてください。」と語りかけた。子
ども達は、理解確認と同様に、付箋につぶやきをおもいつくままにどんどん
と書込み、最後にいらない付箋をはずしたり、並べ替えて完成させるという
活動を行っていた。
　理解深化課題の途中で、ある子どものペアの例を教師が取り上げている。

教師：G さんと H さん、伝え合っていること教えて。
児童 G：私は太陽になりきって、「みんな元気か。あめばっかりじゃな。で
も今日はみな、たくさん遊ぶが良い。やっぱりわしはとても輝いておる。み

んなも喜んでおる」って書きました。

児童H：私は、ふつうの「わし」とか、「のう」とか、おじいさんがつかう
ような言葉を使っているので、なりきっていて良いと思いました。

　その後、多くの子どもが自分なりの詩を完成させていた。この授業の様子
は、倉敷ケーブルテレビでも放映させ、子どもの生き生きとした様子も含め
て反響を呼んでいた。

4. コツを知り、体験し、自分を知る発問は、文学作品でも有効か？

　ここまで、「物語を書く」「詩を書く」ということを素材にしながら、学習
者のつまずきを意識し、それを克服するようなコツを教え、体験させ、自分
がどの程度つかいこなせているのかということを理解させるような授業の実
際を紹介してきた。このように紹介していくと、「書くということならば良
くわかる、では他ではどうなのか。特に国語においてよく取り上げられる文
学作品では？」と言われてしまうだろう。

4年生「ごんぎつね」の授業実践を例に

　そこで、文学作品にもこうした視点からの授業設計が可能であることを、
いくつかの実際の授業を例にしながら示そう。1つ目の例は、「ごんぎつね」
の冒頭である。この指導案は、静岡県袋井市高南小学校の榛葉佑佳教諭が
行ったものである。この学校では、2年間にわたり、国語科の「教えて考え
させる授業」に取り組んだ学校であり、筆者もかかわらせていただいた。成
果は、植阪・大石（2016）と植阪・高南職員（2017）の2冊にまとめられてお
り、東京大学の機関レポジトリからも無償でダウンロードできる。

　扱っているのは、兵十がおっかあのためにうなぎをとっており、それをご
んがにがしてしまうという冒頭の場面の読解である。この授業で想定されて
いるつまずきは、「非常に情景描写が豊かであり、情景を読み取ることで書

かれていない兵十の気持ちまでもが透けて見えてくる。その一方で、情景描写から兵十の気持ちまで捉えられる子どもは少ないだろう。読み取れた子どもであっても、情景描写から読み取ったと意識できている子どもは少ない」ということである。こうしたつまずきが存在する一方で、こうしたことが理解でき、意識して読めるとすると、より深くその文学作品を読み込むことにつながる。そこで、このつまずきを解消するような手立てに対して、授業設計を行った（なお、ここで紹介する指導の流れは実際の授業の様子を踏まえて、若干修正したものである）。

　予習として、まず、兵十の気持ちが読み取れる部分について線を引いてくるという課題が課されている。ここで情景に線を引ける子どもは少ないだろう。授業では、「教師の説明」として、はじめに「黄色く濁った水の中でうなぎをとる兵十」という箇所を例にして、情景から登場人物の心情がよみとれることを対話的に児童に伝えている。具体的には、濁った水でよく見えないにもかかわらず、うなぎをとる兵十の様子に、兵十の必死な思いが読みとれる。それを踏まえて理解確認では、「兵十の気持ちが他に読み取れる情景はないですか？」と問いかけ、冒頭の場面からみつけ、線をひくという課題にグループ単位で取り組ませている。例えば、兵十の頬に萩の葉が１枚、ついているという場面がある。萩の葉がついていても気にせずウナギを取り続ける様子からも、兵十がいかに必死で、せっぱつまっていたがか分かるということなどがクラスで共有された。この他にも、「横倒しになって、もまれています」という表現などからも、川の流れが早くて危険なのにもかかわらず、何としてでも今日うなぎがほしい兵十の気持ちが読み取れてくるといったこともクラスで共有された。最後に、理解深化として、教師から「うなぎをとられてしまったあとの、兵十の「うわぁ、ぬすっとぎつねめ！」の後に言葉を続けるとすると、どんなことが言いたかったのでしょう。兵十の気持ちを考えながら、グループで考えてみましょう。」という問いが与えられている。ここでは、例えば、「おらがせっかくおっかあのために、必死でとったうなぎを逃がすなんて絶対にゆるせない！」などといった兵十の心の声を考えてみるということが期待されている。最後に、分かったこと、まだ分か

らないこと、感想などを記述する時間が設けられた。子どもからは、「色に
注目すると気持ちが読み取れるのが分かった」などの感想が得られている。
　この授業では、「色に注目すると気持ちが読み取れる」という読み方のコ
ツを伝え、そのコツを使って他の部分についても読ませる体験をさせ、どの
ように読みが深まるかを実感させることを目指している。「コツを知る」と
いう実践が、文学作品を扱う国語授業でも有効であることを示す一例であ
る。一方で、この指導案の流れには、子どもの読み方を狭めてしまうのでは
ないかという批判が寄せられるかもしれない。しかし、予習で自分では気づ
けなかった視点に加えて、他でも利用可能な新たな視点が授業の中で与えら
れている。そうした見方を受けいれるかどうかは、子ども自身の選択にゆだ
ねるとしても、一つの新たなものの見方をレパートリーとして知り、それに
そって鑑賞することで作品世界がより深まることを体験することは、他の作
品を読むときのヒントにもつながっていくと考えられる。

6年生「やまなし」の授業実践を例に

　もう一つだけ、例を出そう。6年生「やまなし」である。この授業も、高
南小学校において実施されたものである。2年間にわたって実践し、ここで
紹介する指導は、前年度に寺田育代教諭が行った授業をふまえて、太田幸恵
教諭が行ったものである（詳細は植阪・高南小学校職員（2017）参照）。
　「やまなし」は、5月と12月という2つの場面から構成されている。この
2つのシーンを深く理解する上で、宮沢賢治の理想とした世界や、それとは
異なる明治時代の現実の世界を理解することが有効であろう。例えば、「12
月の幻灯（キーワードはやまなし）」は賢治が理想とした、土からのめぐみを
享受し、ささやかでも安心と喜びに満ちた世界という世界観を表していると
いうことも考えられる。一方で「5月の幻灯（キーワードはかわせみ）」はき
らきらと一見美しく見えるものの、そこに生きるカニ達はかわせみのように
上から突然やってくるものに搾取され、怯えて暮らしている。これは、明
治の富国強兵時代の国家と民衆の関係を表現しているとも考えることもでき
る。これらは1つの解釈に過ぎないが、本単元において「やまなし」ともに

収録されている「イーハトーブの夢」はこうした賢治の世界観を理解するために用意されているものと考えられる。

　従来の単元構成では、「イーハトーブの夢」を読みながら、子どもたちが自発的にこうした世界観にまで深く思いを馳せながら作品を読むことが期待されていることが多いのではないかと考える。しかし、現実にはこうしたことはなかなか難しく、多くの子どもは「クラムボンはかぷかぷわらったよ。」といった表現に過度にひきつけられたり、きらきらした光が入る 5 月の様子を表面的な理解だけで素敵な世界と捉えてしまうことが多く発生していたと思われる。さらにいえば、宮沢賢治の他の作品の並行読みも多くの学校で行われているが、せっかく並行読みをしても、世界観にまで踏み込んで十分には捉えられていないので、共通する世界観を感じ取ることは難しかったのではないかと思われる。

　こうした問題意識を解決するための指導上の工夫として、今回の単元構成では、賢治の世界観（つまり、作品のモチーフ）をかなり明示的に学び、それを使いながら読み取ることとしている。また、社会などの授業とも連携し、そのあたりを関連付けて考えられるようにしている。さらに、並行読みした作品の中にも、賢治の世界観が読み取れるものはないかを考えてもらい、モチーフを知ることで作品が深く読めるという感覚を持ってもらうことを目指す。これが単元全体を通じた工夫である。

　植阪・高南小職員（2017）でも紹介されている実際の授業では、教師の説明として、冒頭でこれまでに学習してきたこととも整理し、5 月と 12 月が賢治の理想／現実の世界観と対応しているという読み方を共有していた。理解確認では、5 月と 12 月の世界の対比を、子ども達自身に説明してみることを求めた。そして、改めて「なぜやまなしというタイトルにしたのかを考える」という課題を理解深化課題として設けた。授業の最後に共有した子ども達の発表の中には、図 2 のようなグループも見られた。

　このグループは、12 月が賢治にとっての理想の世界を表現していることを捉えるのみならず、カニにとってやまなしは農作物であり、大地のめぐみであることまでを理解し、だからこそタイトルにやまなしが選ばれたのだと

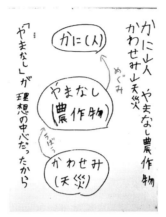

図2　なぜタイトルは「やまなし」なのか？に答えた子どもの図
（実際に作成されたものから転記）

いう考え方を発表してくれた。これは深い理解と言えるだろう。なお、この授業の単元の冒頭の初読の感想では、5月をむしろ素敵な世界として表現した子どもが半分程度見られた。つまり、児童だけでこれだけの世界観を読み取れたわけではなく、授業の中で深まっていったのだと考えらえる。児童がこうした深い理解に至った前提として、授業の中の工夫として賢治の世界観やモチーフを十分に共有していたことが挙げられるのではないかと考えられる。

　さらに、ここでモチーフについても学ぶという授業を行った効果は、単元の後半にも見られた。並行読みしていた他の宮沢賢治の作品についての紹介文に、その効果が良く現れている。例えば、ある子どもは、「オツベルと象」について、以下のような感想を寄せている。

　　オツベルに働かされている象が明治時代の弱いものの感じで、オツベルが強いものの感じだけど、最後は弱いものが集まって強いものへ戦いを挑むことを賢治が考えていたのかと思いました。（中略）賢治は読者に、弱いものが強いものに支配されていても、弱いものが集まれば強いものを倒せるというメッセージが込められているように思いました。

また、「チェねずみ」については以下のような感想が見られた。

　　チェねずみが、やまなしと同じで、なにか天災などを表していて、イ
　タチ、ちりとり、バケツは農作物や農民を表していると僕は思った。ね
　ずみとりは神様で天災をとめるということだと思いました。農民や農作
　物が天災にやられないように、思いを込めてこの本を書いたと思う。

　この他に、数多くの子どもが宮沢賢治の世界観をふまえた感想を寄せてい
た。モチーフを教えてしまうということについては、高南小学校でも初年度
において葛藤があったと聞いている。すなわち「今までは考えさせ、発見さ
せていたことを教えてしまってよいのだろうか」という葛藤である。しか
し、発見にゆだねていては、必ずしも十分に深めきれない子どもも多く存在
する。一握りの子どもがそこにたどり着くというのではなく、すべての子ど
もがそうした視点に立って、作品世界を理解してみることで、他の作品の見
え方が深まるという経験をするということは、深い理解を志向した授業の一
つの案としてあっても良いだろう。また、こうした方法を実際に取るかどう
かは別として、教師が、こうしたつまずきを意識した授業設計ができる力を
持つことは、指導上のレパートリーを豊かにするうえでも重要ではないだろ
うか。

5. 自分の考え方や生活と結びつけることを促す発問

　3 節では、文学作品の理解を深めるための発問にも、学習者のつまずきを
予測することが有効であることを示してきた。さらに、読み方のコツという
かたちで指導する授業を紹介してきた。
　ただし、文学作品では、読み方のコツを指導するだけではない、理解の深
め方ももちろん数多く存在する。その際にも、学習者のつまずきを予測し、
それに対する手だてを考えるという方策が有効である。本節では、こうした
方法の 1 つである「自分の考え方や生活と結びつけて考えることを促す発

問」によって深い理解を達成することを目指した国語授業の例を紹介しよう。

5年生「わらぐつの中の神様」の授業を例に

　自分の体験と結びつけて考えることそのものが、子どものつまずきと対応している。例えば、ここで紹介する5年生の教材「わらぐつの中の神様」は、「わらぐつなんてみったぐない」「（わらぐつに神様がいるなんて）そんなの迷信でしょ」と言っていたマサエが、相手を思って真心を込めることを大切にする大工やおみつさんの生き方に触れ、考え方を変えていくという心温まる物語である。多くの子ども達がこのストーリーに共感し、「心のこもったものを大切にする」という発想を否定するような子どもはほとんどいない。それにもかかわらず、ふと日常を振り返ってみると、小さくなった鉛筆をポイポイと捨て、つぎつぎと新しい服や物に飛びつき、古いものは顧みないという生活をしているのが現実ではないだろうか。文学作品は自らの価値観や世界に対する向き合い方を見直すよい経験になるという特徴がある。その一方で、そうしたことは教師からそれを意識した発問がなければ容易にはおこらない。そのことをふまえると、多くの子どもに「文学作品から自らの発想について見直し、触発される」という経験を保証するための発問というのも考えられるであろう。

　なお、以下で紹介する指導案はもともと大阪府東山小学校との実践的な研究の中で筆者が提案したものである。複数の理解深化を提案し、その一つを使って東山小学校で実践が行われた（この実践については、市川・植阪(2016)に収録されている）。その後、筆者自身も、そこでは取り上げられなかった、自分の価値観や世界との向き合い方を見直すことを促す課題を理解深化課題として、東京都品川区立第二延山小学校で授業を行わせていただいた。ここで紹介するのは、その授業の様子である。

　本授業でつかませたいのは、本作品の一つの軸となっている「人物像」である。文学作品には、人物像にその作品のメッセージが込められることが少なくない。不格好だが履く人の身になって丹精込めて編んだわらぐつを価値

　あるものとしてとらえる大工さんの真摯な生き方・考え方が、見かけのかっこよさを重視するマサエの考え方を揺さぶり、変化をもたらしていく。児童も、こうした作品を共感的に読むことで、自らの生き方を考えさせることにもつながる。しかし、こうした人物像を十分にとらえ、自分の生き方を深く考えることにつなげるのは必ずしも容易なことではない。人物像とは何かは、大人でも説明が難しいものであり、子ども達にとっても、作品で重視されている登場人物の人物像をつかむことは大変難しい。

　こうした「子ども達のつまずき」を解消する手だてとして、人物像を「価値観」によってつかむということに着目した。価値観とは、発言や行動の背景にあって、その人が重視している考え方のことである。大人になってからも、議論する相手の価値観を読み取ることは、非常に有効である。そこで、「価値観」とは何か、価値観とはどのようにすればつかめるのかを教えた。その上で、登場人物（この場合には、話をきいたあとのマサエ）の価値観にたって自分の生活を見直してみると、新たに気づくことはないかという発問を準備した。

　具体的に授業の流れを見ていこう。予習として、①大工さんが大事にしている考え方とはどのようなものか？、②そのように考えた理由（本文中の発言や行動など）をメモしてくるという活動を設定している。価値観という言葉は知らなくても、多くの子ども達が、大工さんの価値観を正しく捉えるような記述を予習段階からしていた。

　そこで、授業の冒頭では、教師からの説明として、「価値観」とは、「その人が大切にしている考え方」のことであり、様々な場面の発言や行動に影響を与えることを伝えた。さらに、図3を使いながら、大工さんの価値観は、具体的な行動や発言を書き出し、そこに共通する考え方を価値観として取り出すとよいことをやり取りしながら教えた。また、価値観を考える際には、会話や行動をそのまま抜き出すのではなく、様々な場面に通用する表現にすること、1、2行程度の短い言い方で表すと良いことを伝えている。さらに、価値観を読み取ることで、物語の中で大切にされている登場人物の「価値観」に着目すると、作者のメッセージが見えてくる作品もあることを伝えた。

図3　本時で利用した価値観を掴むための図（大工さんの価値観）

　その後、理解確認課題として「話を聞く前」と「話を聞いた後」のマサエの価値観について、同じように図に使いながら説明しようという発問を行い、グループで考えさせた。これは、大工さんを例として学んだ価値観のつかみ方が本当に身についているのか、別の言葉で言えば、マサエという別の登場人物に、学んだ力を転移させることができるのかを確かめる発問である。

　行動や発言の背景にある価値観をつかむということに慣れていないため、うまくできない子ども達も少なからず見られたが、教師と児童とでやりとりをしながら図を一緒に作成し、理解を深めた。最終的には当初は「わらぐつなんていやだ。みったぐない」と考えていたマサエが、おばあちゃんの話を聞いて最終的には「わらぐつのみならず、ゆきげたにも神様がやどっている」と考えるほどまでに価値観が変容していくことをクラス全体で共有した。また、児童の考えを共有する際には、改めて、マサエにとって「神様がやどっているもの」ってどういうものだったんだろう？と問いかけ、①真心をこめて、作ったもの、②真心がこもったもの（たとえ作っていなくても）であったことを意識化させた。その上で、最後に理解深化課題として、具体的には、身の回りに「神様がやどっている」ものやエピソードはないか？今から考えると神様がやどっていたのに粗末にしてしまったことやエピソード

はなにかと問いかけた。その上で、ボードにキーワードかタイトルをかき、それを見せながら発表してもらう形式をとり、まずは班で発表、その後全体で共有した。これは、「自分の考え方や生活と結びつけることを促す発問」といえる。前述したように、子ども達には文学作品を読んでも必ずしも自分の体験へと結びつける子ども達ばかりではないというつまずきが見られる。この発問によって、改めて作品と自分の考え方や生活と結びつける機会が与えられることとなる。なお、この発問に先立ち、うまくできない子どもへの支援として、全体に対して教師がまず最初にモデルを見せた。「神様が宿っていると思ったものを紹介します。おばあちゃんが作ってくれたスカートです。金具がさびるまで使いました。神様がこもっていると思います」、「本当は神様が宿ってきたのに粗末にしてしまった出来事を紹介します。お母さんがつくってくれたお弁当です。お母さんがつくってくれたお弁当があったのに、みんながマクドナルドで食べるというので、お弁当があると言えなくて、コッソリ捨ててしまいました。本当は神様がやどっていたのに！と思っています」の2つを紹介した。子どもからは、ランドセルや自分の勉強部屋に神様が宿っている、お風呂場でながしてしまった友達からもらったおもちゃに神様が宿っていたなどの意見が見られた。

参考：ニュージーランドの「オセロ」を取り上げた高校の授業

　こうした自分の経験に結びつけて考えさせる問いかけは、どのような学校種でも、「教えて考えさせる授業」ではなくても、実現可能である。筆者が授業観察を行っていたニュージーランドの高校での授業も同様の発想で構想されていた。参考に、少しだけ紹介しよう。この授業でとりあげていたのは、シェイクスピアの「オセロ」である。この作品には、主人公のオセロに加え、二面性を持つイアーゴという登場人物が出てくる。授業の前半では、ある場面を一緒に読み上げたり、映像を見せたりしながら内容理解をつませていた。後半では、この人間の二面性（duplicity）を中心テーマに置いている。本文中に出てくるヤーヌス神についてより詳細に解説した後、二面性が感じられる登場人物や出来事などは身の周りにないだろうかという発問を行

い、グループで考えさせていた。この授業を行った教師によると、「もちろん文学作品の内容を理解することも大切です。ただ、国語の授業では、それを通じて、人間理解にもつなげたいと考えています」とのことだった。

6. 自分自身の言葉で内容を分かりやすく説明することを促す発問

　ここまで、学習者の苦手に焦点をあて、コツをつかむという辺りを中心に、設計した授業を紹介した。国語の授業は、「今日はなにやった？」「ごんぎつね！」と、とかく学んだ内容として教材名がかえってきやすい傾向がある。これは、具体的に何を学んだのかつかみにくいということを反映していると考えられる。一方で、他の教材でも利用できるコツのようなものを、作品に即しながら学ぶような国語授業をつくることができれば、こうした問題も解決されるだろう。

　もちろん、「深く理解する」ことを目指した国語授業はそれだけではない。最後に、ここまであまり取り上げてこなかった説明文を素材にした授業を簡単に紹介したい。なお、筆者が専門とする心理学領域では、これまで述べてきたような物語や詩を書く力、文学作品を読む力などよりも、説明文を扱った研究例が圧倒的に多い（とはいえ、具体的な国語授業の提案は必ずしも多く行われていないようにも思えるが）。よって本章では、これまで書いてきたような文学作品の読み取りや書くということに焦点をあてて紹介してきた。ただ、説明文読解についても、同じく「学習者のつまずきをふまえて授業設計する」ということが有効である。説明文読解については、高学年と低学年、2つの指導案をごく簡単に紹介し、この発想が利用可能であることを示す。

5年生「天気を予測する」の授業実践を例に

　これらの授業を紹介するまえに、説明読解における「深い理解」のイメージを共有したいと思う。「深い理解」とはどういう状態なのであろうか。一

つのキーワードは、内容が断片的ではなく、「つながり」をもって学習者本人の中にとらえられているということである。例えば、池上彰さんというジャーナリストがいる。彼自身は研究者ではなく、何か知識を生産しているわけではない。しかし、社会における現象や、難しい用語を、うまく例などもあげながら、場合によってはそれを提案したよりも分かりやすく説明している。これは、全体的なつながりを捉えられているからこそ可能になっていることであり、深く理解している姿であると言える。このように、児童生徒自身が、教科書を閉じていても、その内容を分かりやすく説明することができる状態にあるのか、またはその状態になるように促すように問いかける、ということが一つのアイデアとして考えられる。その一方で、子ども達が自ら、自分で説明できる状態にまでにするということは難しい。すなわち、「自分の言葉で分かりやすく説明できなければ、理解したいことにはならない」と思えている子どもは少ないというつまずきが存在する。それならば、教師からの発問によって、理解するとはこういうことなのだと認識してもらうことが有効であろう。

　以上の発想をふまえた授業設計が、紹介する授業である。この授業は、筆者もかかわっている東京都品川区立第二延山小学校で行われた。教材は、5年生「天気を予想する」である。近年ゲリラ豪雨等が増えているのかという事実や、どのようにそれを予測していくのかということを説明する教材である。また特徴として、グラフや図などを多く用いられているということも挙げられる。この授業では、まず、理解していると言えるためには、自分の言葉で分かりやすく伝えることが大切であるということが伝えられる。また、図やグラフなどを指し示しながら説明することも大事であるということがつたえられ、今日は図やグラフを指し示しながら説明してみるということをやってみようという目標が共有された。その後、本文中のあるグラフを例に取り、グラフを指し示しながら何を伝えようとしているのかを説明するとはどのような状態であるのかを、教師がモデルとして示している。理解確認では、児童は教師が用いたグラフを使いながら、自分たちでも同じように説明できるだろうかと問われている。さきほど見たばかりの説明であるが、自分

でやってみようとするとなかなか難しい。実際に説明してみる中で、図表を使いながら説明するというイメージをさらに実感を持って認識することになる。さらに、この授業の理解深化課題では、教師から「その他のグラフや図についても同じように説明することができるだろうか」と問われ、グループのメンバーで分担しながら説明するように促されている。その際、グラフや図を大きめの厚紙にはったもの（フリップ）が各班に配られ、それをみんなに見せながら説明するように促された。フリップを見せながら堂々とグループの他のメンバーに説明する姿は、まるでアナウンサーのようであった。この授業の様子を見ていた当時の品川区教育長は、こうした姿こそ、多くの学校において今後実践させていくべきだと非常に感心してくださっていた。

1年生「じどう車くらべ」の授業実践を例に

　こうした実践は高学年でやりやすいと考えられる。しかし、必ずしも高学年だけのものではないだろう。先ほど紹介した袋井市の高南小学校では、1年生の実践においても、自分自身の言葉で説明してみるという活動が埋め込まれていた。ただし、1年生でやらせるための工夫が盛り込まれていた。ここで紹介する授業は、1年生の「じどう車くらべ」の授業実践である。具体的には、児童自身が、車になったつもりで、自分の「しごと」や「つくり」について、自慢してみるという活動として設定していた。

　本単元では、バス、乗用車、トラックなど、様々な自動車の果たす役割（「しごと」）に応じて、異なる形状（「つくり」）をしていることを理解し、最終的には、教科書では紹介されていない車について、子ども自身が同じようなスタイルで説明する（図鑑を作る）ことが目標とされている。本時は、「しごと」と「つくり」を捉えて理解することを目指した2時間目である。前時では、「しごと」と「つくり」に分けて線を引く活動や表にまとめる活動などを行っており、両者を区別して捉えることはある程度できるようになっている。しかし、すべての子どもが、自分が説明できるほど理解できているのかは明らかではない。また、繰り返し読んでいる文章ではなく、初出の文章についても同様の作業を行い、自分で表にまとめることができるだけの力が身につい

ているかについても明らかではない。

　本時ではまず、予習として音読を課している。授業の冒頭では、教師が教科書でとりあげられているクレーン車を例に、「しごと」に赤線、「つくり」に青線をひいたうえで、表に整理した（これは前時からの継続）。その上で、クレーン車になって自分の「しごと」や「つくり」を自慢するということのモデルを示した。次いで理解確認では、子ども達自身もクレーン車になりきって、ペアで自慢してみることができないかと問われている。さらに、理解深化課題では、教科書にない「はしご車」を教師が文章化したものが提示され、同じように赤線や青線をひき、表にまとめた上で、最後にはお互いに、はしご車になったつもりで自慢することはできるかという問いが設定されていた。

　1 年生であっても、教師が十分にモデルを示すなど、工夫を行えば、ここまで深い理解を達成できることを示しており、興味深い。また、指導書では、子どもたちが図鑑にする素材例としてはしご車が紹介されている。初出の文章であっても、自ら必要な要素に切り分け、自分で説明してみるということを図鑑を作る前に体験をさせておくことで、図鑑づくりにもスムーズにつながると考えられる。

7. 結びにかえて

　ここまで、「深い理解を目指す」、「深い理解に至らない、学習のつまずきを同定し、それをふまえて発問や授業設計する」ということについて、いくつかのパターンを想定し、具体例を挙げながら紹介してきた。

　また、「コツを知り、体験し、自分の特徴を知るための発問」「自分の考え方や生活と結びつけることを促す発問」「自分自身の言葉で内容を分かりやすく説明することを促す発問」と、いくつかの視点でまとめてきた。しかし、これらはどれか一つなのではなく、複数組み合わせることも十分に可能である。例えば、「わらぐつの中の神様」の実践は、「自分の考え方や生活と結びつけることを促す」という例として紹介したが、人物像を読み取るため

のコツとして価値観や、価値観を読み取るための図についても教えており、読み取り方のコツを指導している授業とも考えられる。これは、学習者のつまずきが単一ではなく、複数同時に発生しうるということを背景としている。学習者のつまずきを意識することで、複数の手だてを同時に取り入れることも十分可能なのである。

　また、「学習者のつまずき」を意識するということから構想できるいくつかの発問のパターンを取り上げてきたが、「学習者のつまずき」を意識するということをふまえた授業設計はこれに限らない。様々な指導の設計が考えところが、「学習者のつまずき」を意識した発問や授業設計の魅力である。また、本章では、「教えて考えさせる授業」を素材としたが、「教えて考えさせる授業」ではなくても活用できる発想である。ただし、現在の学校現場の中で、必ずしも十分に行われているわけではない。冒頭でも述べたPCK研究においても、教師がどのくらいつまずきを予測できているのかを分析することに留まっている。心理学的研究および実践的研究の両面においてこうした側面がより検討されるようになってきても良いのではないかと考えている。

引用文献

市川伸一(2008)『「教えて考えさせる授業」を創る―基礎基本の定着・深化・活用を促す「習得型」授業設計』図書文化社

市川伸一(編著)(2013)『「教えて考えさせる授業」の挑戦―学ぶ意欲と深い理解を育む授業デザイン』明治図書

市川伸一(編著)(2014)『学力と学習の心理学』放送大学出版会

市川伸一(2015)『教えて考えさせる算数・数学―深い理解と学びあいを促す新・問題解決学習26事例』図書文化社

市川伸一・植阪友理(編著)(2016)『教えて考えさせる授業―深い学びとメタ認知を促す授業プラン　小学校』図書文化社

Tirosh, D. (2000). "Enhancing Prospective Teachers' Knowledge of Children's Conceptions: The Case of Division of Fractions." *Journal for Research in Mathematics Education*, 14:

pp.5-25.

植阪友理・大石和正（編著）（2016）『国語科における「教えて考えさせる授業」の実践
　—平成 27 年度袋井市立高南小学校の挑戦』東京大学大学院教育学研究科　植阪
　友理

植阪友理・高南小職員（編著）（2017）『国語科における「教えて考えさせる授業」—読
　み方のコツを重視した平成 28 年度袋井市立高南小学校の実践』東京大学大学院
　教育学研究科　植阪友理

第12章

わからないことがわかるための問い
──授業補助者から授業者へ

たなかよしこ

　本書においても授業研究においても、「問う」という学習活動を実施する前提は、「教えたことが学習者に内在しているか」ということを確認するということが多い。一方、「ゆさぶり発問」は、学習者自身の思考に揺さぶりをかけ、より確かな深く広い見方で考えることを目的としている。本章で提案する「問うてみた」は、教科の枠組みを越えたダイナミックな「ゆさぶり」と、多角的視点からの思考へといざなうことを目的とした「問い」である。

　この質問が有効な対象者は、大学生であり、若手教員である。テストで得点が取れる。自分はある分野についてはそれなりに知っているという人に最も有効である。「そんなこと考えたことなかった」という視点からの切込み、対話を重ねることで視野を広げ、学ぶということの意義、学びの対象を遍在しているものと捉えることができる端緒となる。

　そのような「問うてみた」ということを様々な事例を示しながら、説明を加えていく。章末の、この「問うてみた」を問われ、問い、次第に新たな視点を持って行った授業補助者たちの言葉も参考にしていただきたい。

1.「わかる」と答える大学生の気持ち

　本章では、大学の授業において授業者が学習者に、どのような「問い」を、何のためにしようとしていくかを、具体的な例を示しながら、考えてみたい。

　研究者である大学教員にとって、リサーチクエスチョン（「問い」）をたてる

ことは、しごく当然のことである。「なぜ、そうなのか」と考えることで、問題を明らかにしていく。「問い」をたてることがあたり前の研究者が、授業者になったときに、どのようなことを、何のために学習者に、そして授業者自身に問うのかをすこし考えてみる。

　具体的には、まず 1 つ目は「授業で説明した内容を理解しているか確認するため」という回答がよく聞かれる。さらに、「学生がわからないところを把握するため」という授業をしている側の視点もある。たとえば、外国語の授業でひとしきり文法事項を説明したあと、ある語を示してその品詞が何かを尋ねたり、三角関数を導入したあと、sin π /2 は？　と尋ねたりするものである。これらは、「尋ねる」ことである。つまり、明確な答えを知っている人が存在する前提である。何かを確認するために尋ねているのであり、本章ではこれを、「問い」とはしないことにする。

　2 つ目の「わからないところを把握するため」も、尋ねる場面によっては上述の質問と同じ役割であることがある。授業内容を理解できたかどうかの確認をする手続きとして尋ねられる「わからないことがありますか」というような問いかけがある。ある、なしで問うならば、わからないことがあることがわかっていれば、ある程度わかっていることである。もし、わからないことがない、と答えたのであれば、それは本当にないのではなく、むしろある範囲の中で、わかったと答えたのであるから、その範囲の外にあることはわからないということを意味する。これは本章で取り扱う授業例では非常に大きな問題をもたらす。

　「解けなかった数学はない」「テストでわからなかったことはない」と発言する学生というのは、相当数いる。これは、彼らが経験してきた範囲ではそうであったということであろう。このような発言は少なくとも 2005 年ごろ大学に入ってきたあたりから、耳にするようになった。うがった見方かもしれないが、このような発言を聞くと「わからない」ということが、否定的に捉えられているという印象をもつ。同様の経験は、教える側からもある。そのため、学校文化の 1 つの特徴となっているのかもしれない。

2.「わからないこと」「できないこと」をどう捉えるか

　はじめてその分野に関することを学ぶ初学者に、加えて生活体験や人生経験が十分に積まれていない段階の学習者には、教える側は情報を整理して渡すこと、渡さないことを判断する。教える側が知っていることをすべて伝えようとしても、伝わらないという経験からも、より整理され、受け手である学習者が理解できる範囲を想定してその中で説明しようとすることは、学校教育では一般的である。学習指導要領に示されたそれぞれの段階での単元はその顕著な例である。たとえば、大学教育では、自然数に 0 を含むか含まないかを再定義して論を展開するが、初等中等教育では、「ここでは、自然数に 0 を含まない」という程度の慎重な表現で示されている。これらは、適切なことである。教える側が知っていることをすべて与えようとしても不能なことがあるからだ。むしろ批判の対象となるのは幼児教育などで、今なら覚えさせられるからと、「表裏一体」「慇懃無礼」など対立するものの真理を示すような語の意味を理解せず幼児に四字熟語などを「入力」することにある。概念を知識構造としてとらえ「表」と「裏」の対立する概念のそれぞれを理解し、同時に、「表玄関」と「玄関の前」との違いなどを理解して、その次の段階として全体像を捉え、表と裏は相反するものでありながら、実は両者につながりがあるからこそ、表であり裏であるということができるという意味が理解できる。読み方を覚えることが「わかる」ことではなく、「できる」ことでもない。概念の体系を無視した「入力」は、教育と呼べるのだろうか。疑問である。先の数学の例の場合、自然数を含まないという前提で、分母にくる「0」の条件を理解していく初等中等教育で、最初から 0 を自然数に入れてしまうことは学習者である児童生徒に理解を促進するとはいえない。整数、自然数から無理数、複素数の概念を理解していった上での話となることは、体系だった公教育として当然であろう。

　一方、社会全体のあり方として、今日のような情報基盤社会(ここでは「知識」とはまだ言えず、あくまで情報が氾濫している状態を指し示す)では、あらゆる情報に対して、非常に狭い範囲での質問に対しての回答が検索結果

によって得られる。調べた者の学習段階を考慮した答えではなく、調べる人間にとって「正解」と思えるものが示される。しかし、これは、あくまで「回答」でしかなく、その真偽や関連性は明示化されない。つまり、ピンポイントの問いに対して、ピンポイントの答えのようなものが、提供される。これは、いつでも何にでも答えがあるかのように見える。しかも検索エンジンは、今までの調べている事がらから調べる者にとって馴染みのある答えを提供する。PCからの検索ではなくスマホ端末からの検索になり、Siri、Cortanaなどの人工知能（AI）が提供する回答は、調べる者が理解できるものだけをより提供するようになっている。たとえば「命題」を調べるとその調べる者（スマホユーザー）によっては、「「〜は〜である」の文」や「題をつけること」などの「回答」（言い換えれば、調べる者にとっての「正解」にあたりそうだと予測されたもの）だけ示されることになる。「真偽が言語的に表明された判断」というような真偽についての記述がないものを、そのユーザーは「正解」だと思ってしまうことがある。つまり、調べたユーザーにとって理解できると予測された範囲のものだけが提示されるということが、より加速している。

　その結果、そのような検索（調べ方）をしてきた者には一見、「わからないものはない」状況が生み出される。自分が聞きたいと思った質問の周辺情報やその質問がそもそもどういう位置づけになるかを考える手がかりはない。発達の段階で、体系化された知識を前に理解できない自分に呆然とするきっかけがない（かのように）見える状況である。このような社会的変化によって、「わからない」ということが否定的に捉えられているかのような学校文化の中で、「わからない」という状況が生み出されるのを、無意識的にかもしれないが回避している。

　しかし、そもそも「わからない」とは、「分けられない」であり、あれがこっちで、これが上で、それが下でと分類できないことである。この分類こそは、体系でありtaxonomyつまりclassificationである。ものを調べるという方法が書籍であったり、知恵者に問うことであったりすれば、そこから得られた「答え」は、調べる側にとって理解できないことも含んでいる。辞書

を引けば、「命題」には論理学や西周のことが書かれてあり、調べる者が知らなければ知らないことを自覚できる。「「わかる」とは「わからないところがわかる」ことである。」(佐伯 1985: 61)、「無知の知」とは知らないことがあることを知ることであり、それが真の知に至る最初の段階であるとするソクラテスの考え方である。つまり何かをわかろうとするためには避けては通れないと言える。

　わからないことがあることを認めなければわかることに至れないということは自明である。

　ここで、まず学ぶことは、覚えることではなく知識を獲得するとすれば、(それだけだと示したいが)、知識、宣言的知識、意味論的記憶は、意味ネットワークの形になっている。知識のネットワークは、概念をつなぐネットワークの節点・ノードと、リンクによって構成されている。つまり、それぞれの概念がリンクで結ばれていることが知識の体制化(organization)であり、さらに 1 つの概念からのリンクが複数あればそれは知識の精緻化(elaboration)である。すでに理解していることに関連づけて新たな知識を獲得することで理解できる。その関連づけが、ときに「目からうろこ」感をもたらす。

　言い換えれば、新たな知識を獲得するとは、自分がすでにもっている知識構造の中に新たな知識を位置づけることである。何らかの情報(まだ知識とは呼べない)に対応する情報をセットにして記憶することではない。「大政奉還」が「江戸時代末期の慶応 3 年 10 月 14 日(1867 年 11 月 9 日)」であることをセットとして記憶することではないことは、みなさんも納得されるであろう。むしろ、このセット情報は、先ほどのピンポイント回答であり、今やクラウド上にデータが存在する(正しいかどうかは、今の時点では記憶する側にとっては検証されていないという意味でも)。

　以上をふまえて、新たな情報を知識とするためには、「今はまだわからないところがある」ということの認知が必要である。この「ところ」は、部分ではない。アナロジーとしては、次のような例はどうであろうか。何ができあがるかわからない部品を組み立てる作業が、好奇心を養い、知の喜びとなる(ブロック玩具のレゴ的なイメージ)。知っていることしかないと思った瞬

間、世界は魅力的ではなくなるのが人間ではないだろうか。人類の歴史は、常に知らないことを探求して文化を形成していったのである。つまり知らないことがあるということが、知りたいということにつながり、知的好奇心の発現となる。

3. 誰に何を何のために問うのか

　本章で扱うのは、表1に示したとおり、大学において授業者が問う場面である。

表1　問うのは誰か

	初等、中等教育機関	高等教育機関
授業者が問う	（第11,13章など）	本章
学び手自身が問う	（第2,3,4,6,8章など）	（第5,7,9,10章など）

　初等、中等教育では「教諭」が学習指導要領に基づいて教え、児童、生徒が知識体系を築きあげていく。そのプロセスを支える「問い」は構造化されたものであり、児童、生徒自身が立てる「問い」は、自らの文脈に引き付けたものから始まる。

　一方で、高等教育機関で学ぶ大学生は、初等、中等教育を通してある程度の知識をもっており、考え方や枠組み、さらには学び方もそれぞれの文化、経験に基づいて身につけている。そのような大学生に対する問いは、知識体系を大きく広げ、枠組みを超えて思考することを学ぶための「問い」であり、必然的に自由度の高いものとなる。「答えるための問い」ではなく、「考えるための問い」なのである。

　このような自明のことをあえて記したのは、授業をしようとその準備をしている人が、学習者に質問されることに対して、何かしらの恐怖と呼べるような感覚をもっていると見受けられた経験による。

　英語の授業準備をしていて「「sometimes」と「often」の違い」を聞かれたらどうしよう、日本語でなら「「親切」と「優しい」の違い」を聞かれた

らどうしようと、授業で学習者から質問されないように腐心して教案を作る、という光景である。最初に出会ったこれらの授業者は、第二言語教育教員の養成機関で学ぶ大学生であったり、すでに社会人であったりしたが、後年、大学での初年次教育に関わると今度は、「なぜ～をするのか学生に聞かれたら合理的な理由がない」というような例までも含めて学習者から何かを聞かれることをとても怯えている、不安に思っているような発言が見られた。これには筆者は違和感を持っている。

　何かを人に聞かれること、それはことほど左様に、日本人にとっては違和感のあることなのだろうか。そのことを、むしろ問うてみたいと思った。そこで、大学での TA・授業補助者や、教員養成機関の学生に聞いてみたところ、彼らの回答は、「学生から質問されてサクっと解答できなかったら困る」というようなものだった。「サクっと」とはどういうことなのか、重ねて聞いていくと、的確に一発で明快な答えが、スマッシュヒットのように返せないことには、授業は成り立たないのではないか、という話になっていった。それはまるで google echo や Alexa 、Siri や Cortana などの人工知能（AI）が返してくれる、尋ねた人にとって最適の解答を示すことのように捉えているのではないのかと思われた。

　授業の進度に大きく問題がない場合は、学生が問うてきたことを学生と一緒に考えてはどうか、ということを彼らに託してみた。しかし、それでは授業の準備ができないという返事だった。授業の準備とは、想定される質問をすべて予想し、それらの解答を端的に、的確に、返すことであり、授業の導入部においては、何も質問が出てこないような、十全に準備された授業をしたい、というような話だった。学校文化の文化人による、学校文化の啓蒙としてのふるまいか、または学校文化における「わからない」回避の癖かはわからない。

　論理力をつける、考える力をつけるというような内容の授業であっても、授業者が的確に正誤を判定していくこと好む。当人によれば、これは学生評価場面であれば、それを直接的に評価できないと困る気持ちからではないかという。評価とは、学習者が学んだものを表出し、あるパラメーターで評価

しているに過ぎない。授業者の期待どおりの答えを書けたからとって、それを得点対象とすることが学習者の理解への正当な評価とはいえない。そのことを考えれば、その「困る」感は生まれない。そのことがわからないのはなぜなのか、筆者には長年の謎である。

4.「問い」にまつわる日本語の難しさ

　ここで一度、「質問」と「問い」にまつわる日本語の意味を考えたい。

　まず、「質問」を辞書で引いてみる。辞書は、歴史的な視点から編まれている『広辞苑』と現代語の視点からの『大辞林』とする。

　『大辞林』第3版、「質問」の項
　疑問点やわからない点を問いただすこと。「先生に－する」「－を受ける」「－状」
　『広辞苑』第6版、「質問」の項
　疑問または理由を問いただすこと。「－に応ずる」

とある。どちらの解説にも「問いただす」と書かれている。そこで、次に「問いただす」を見てみよう。

　『広辞苑』第6版、「問いただす」の項
　① 不明な点をたずねてはっきりさせる。
　② 真実のことを言わせようときびしく追及する。なじり問う。
　『大辞林』第3版、「問いただす」の項
　① はっきりわからない点を尋ねて明らかにする。
　② 真実を答えさせようと、きびしく追及する。

とある。これらの解説から「質問」「問い」には、何かしら強く「質(ただ)す」という語感が含まれていることがわかる。そして、不明であったり、わから

ない点を明らかにしたり、はっせりさせるためにすることである、というのもわかる。

　一方、質問は「する」、問いは「立てる」というコロケーションがあるが、先生が学生に、生徒が先生に（わからないところを）「きく」いう動詞を使う。日本語では、この「きく」というのが、なかなかやっかいである。みなさんは違和感がなく日常使われているとは思うが、「きく」には、「人の話に耳を傾ける」と「人に何かを問う」というまったく異なる方向に思える意味がある。和語である「きく」は、未分化の時代にはこれらを区別しないでいられる状況にあった。

　「きく」は、人の話を聞き、その話の内容を理解することで「言うことをきく」ことができる。この「きく」は、「効く」「利く」に通じ、『広辞苑』の「聞く」の語義の中の「人の言葉を受け入れて意義を認識する」「聞き入れる。従う。」と重なる。人に名を「きく」とは、尋ねるであり、「たずねる」は誰かのところに赴くことである。誰かの理解するところに自らの身を寄せることは、「訪ねる」ことであり、「尋ねる」ことである。これらの意味を併せ持った、すべてが根底に共通する概念があるのが日本語の「聞く」である。つまり、日本語表現において「質問する」という意味での「聞く」と、「人の話を理解して受け入れる」という意味での「聞く」は、同義であったのである。近年、漢語が入ってくることによって意味の分化はしていても、この「きく」という言葉に対する語感が、教える側も教わる側も「質問をされる」ということに対する、不思議な感覚を持たせているのではないかと思う。

　このように意味を考えていくと、授業準備をしている人がする、$\sin \pi/2$は？　という種類の質問は、「答えがわかっているものに対しての質問」であると言える。「答えがわかっているものに対しての質問」以外に質問というのが当然存在しているとする哲学を背景に持つ文化の「問い」とは異なる。「答えがわかっているものの質問」においても本来は、尋ねる（訪ねる）ことによって、「所在が明らかでないものをさがし求める」「手かがりをたどりつつ物事の淵源・道理をさぐり求める」（『広辞苑』第 6 版、「尋ねる」の項）というように、道筋をたどらせるという意図がそもそもはあったと思う。し

かし、答えにたどり着くための道筋をたどるための質問が、いつのまにかスマッシュヒットのように、端的にサクっと返すもののようになっていったのであろう。その背景に何があってそうなったのかは、わからないが、インターネット上で何かを聞けば誰かが答えてくれるようなサイトに見られる問答が、それを助長したのではないかとも思う。たとえば、Web サイト上で、以下のようなやりとりが見られる。

　　「A4 のレポート用紙に書くことと言われた場合 A4 コピー用紙に書くのは良いのでしょうか？」
　　「ルーズリーフはレポート用紙の類ですか？」
　　「白紙レポート用紙に書いて〜」と指示があったのですが、それってつまりただの白紙ですか？それとも線の入ったただのレポート用紙ですか？」

というように、「用紙」だけのカテゴリーで相当数の質問がある。これは、スマッシュヒットのような答えを求めている結果とも言えるのではないだろうか。

　前述したインターネット上での回答を得るということが常態化している今日、学校教育などでの学習の強化以上に、「すぐに、ピンポイントに、知りたいことだけを答えてもらう」という「問いに対する答えがほしい」感が生活の中で強化されている。かつて携帯電話が普及したときに電話番号が覚えられなくなったと言われたが、今やどこかの電話番号をアドレス帳などに登録するということさえなく、いつでも何度でも検索して見つければいいという感覚になっている。このような「生活習慣病」は、学習の場でも発現している。大学の授業で学生の反応を得るためにコメントペーパーや振り返りを授業の最後に書かせるようになって久しい。ある大学生のオリンピック選手が大学の授業についていけるかをインタビュアーに問われて、授業の最後に毎回提出する紙を出していますから勉強は大丈夫ですというような発言をしているのを耳にした。彼のような大学生だけではなく、ネット上でも、「毎

回コメントペーパーを出したから単位は大丈夫」というようなつぶやきが散見される。学生が講義で聞いたことをもとに、考えを構築しコメントするためのペーパーが、「先生が話したことを書く」に変化していく。ある大学の教授がブログで、そのことを、「ためになった病」と書かれていた（ウェブサイト『立教大学経営学部中原淳研究室』）。

　どこの大学の学生も、中等教育までの教育の成果か、「いいね」の成果か、そのほかの文化的背景なのかわからないが、講義を聞いて「〜は勉強になった」「〜のことを知れてよかった」「〜の話はためになった」「〜は社会人になったら役に立つと思う」というようなテンプレートが存在するかのように、どこでもいつでもどんなときでも見かける。学生は、そう書くことが「学ぶ」ことであり、「学びの結果」で、なおかつそう書いたことで、自分が身につけた何かがあるかのようである。大学教育が、実学的な要素を求められ、社会人基礎力という社会的要求に応えようとすればするほど、「身につける何か」や「なんとか力」というスキル化されたものが、教育現場に持ち込まれる。しかし、あえてここで問いたい。大学がユニバーサル化したとはいえ、職業訓練の場でもなく、生涯発達理論の視点から見て、中等教育を終えて、さまざまな発達課題をもつ青年期を過ごす場所であり、そこにおける教育と教養の場であることは、人が人である限り変わらない。人生100年時代と言われるようになり、より発達の期間は長くなり、課題もさまざまに変化することになる。加えて、急速なコンピュータ技術の進歩によって2045年にはシンギュラリティ（技術的特異点）という転換点が来るとRay Kurzweil博士が彼の著書『ポスト・ヒューマン誕生—コンピュータが人類の知性を超えるとき』で述べている。シンギュラリティがくれば、人工知能が人類の知能より超え、それによって人間の社会が大きく変化する。それが真実にならなくても少なくとも、かつての産業時代に変化した職業、職種の淘汰は100年かけて行われたが、電話交換手などの仕事が少なくなっていくような、デジタル機器の発達以降の変化は数十年であった。今や、一度得たスキルが生涯通用するかといえば、それが可能ではなさそうなことは予見されている。だからこそ、何か学び、理解するための思考、自ら問い続けるこ

とができることこそが、自我同一性を確立した青年期の大学で教育を受ける
時期に必要ではないかと考える。

　答えではなく、ものごとの関連性を見出した問いがあれば、解決策も考え
られよう。

5. 大学での「問い方」への提案

　このような現状があることもご理解いただいた上で、ここでは、初年次教
育や第二言語教育のように、ある事がらに対して初学者ではない学生への授
業での「問い」について考えていきたい。つまり、12年間の国内外の教育
を受けて、何かを知っているか学んだことがある人に、改めて今まで学んだ
事がらを、その科目の範疇を超えてもいいので、「考える」ということを目
的にした「問い」である。

　以下に具体的な課題例を挙げていくが、その方法は、授業のスタート地点
での問いかけをすこし変えてみることである。ある事がらの大前提となるこ
と、研究者である授業者にとってはあまりにも自明であることを、前提とし
て確認（もしくは改めて教授）することを保留し、学生に「問うてみる」こと
を提案する。

　「問うてみる」とは、「あれ、何か問われたのかな？」というような問い方
である。「答え」への道筋や枠組みを感じさせない、ぼわっとした印象を与
えるような問い方は、自ら考える力、課題発見能力育成のきっかけとなるこ
とが期待できる。

　これ以降、いくつかの事例を挙げる。各課題に対しての問いの例には、【正
統派：文部科学省による「発問の要件」（ウェブサイト「4　発問」『文部科
学省』）に合致したもの（後述の「発問の要件」参照）、一般にわかりやすい問
いと言われているもの】と【問うてみた：本章で提案する問い、何段階かに
分割したぼわっとした問い方】を示している。

　【問うてみた】には、答えの例は書いてはいないが、それぞれ次の段階で

考えてみることになるやもしれないことを、すこし書いた。考える道筋を作るための、双方向のやりとりの例として参照していただきたい。

【今日的ともいえる正統派】
Q.　斜線部の面積を求めよ。

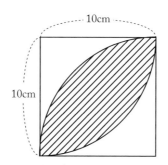

図 1 「正統派」で示す図（弧で囲まれた部分の面積を求める）

　この正統派の問いに対しては、たとえば次のような解説（ウェブサイト『学びの場.com』）がなされている。ここではまず、おうぎ形から直角三角形の面積を引いて、それを 2 倍にすることで、57cm² を導き出す説明がある。

57cm² という結果は、正方形の面積 100cm² の 57% にあたります（正方形の面積の 0.57 倍）。
つまり、葉っぱ型の図形の面積は
　（1 辺の長さ）×（1 辺の長さ）× 0.57
でもとめることができるのです。この公式を覚えておくと、問題を効率よく解くことができます。
ただし、円周率が 3.14 とした場合のみにあてはまる公式です。
（ちなみに、円周率が 3.1 のときの葉っぱの面積は正方形の 55%、円周率が 3 のときは 50% になります）。
面積の問題では考え方が大切です。この公式を使う場合は、必ず解説の解き方を理解した上で使いましょう。なお、ここではこの公式を「葉っ

ぱ公式」と呼ぶことにします。

　このように「葉っぱ公式」として生徒たちは解くための「公式」という手順を身につける。このようなアプローチは、「みはじ」「はじき」と覚えて、速度と距離の計算をさせようというものと同様「解く」こと、つまり答えだけを出すことに注力した説明である。学ぶ側に教える側が教えようとしていることは何かということを改めて問いたい。このようなアプローチは効率的であり、成果が見える「できた結果」が手に入る。この「手に入る」が教える側にか、学ぶ側にかは、問わずに、成功体験となるであろう。そのような成功体験をもつことのよさを否定はしないが、そこには「円に関わる面積とは」という、円という人類が見出したあらゆる可能性を含んだ図形の価値の理解をしていくであろうこととは何ら関わりがない。

　もちろん成功体験を得て、数学を好きになり先に進んでいくことで上述のような円に対する理解ができる人が増えるという効果はあろう。しかし、公教育においてすべての学習者が研究者や教育者になるのではない。市井の民となってその生活の中で真理を知ることの可能性も含めて教育に関わる必要があろう。数学ができなくても数学という言葉で世界を説明されていることは理解できるのが豊かさであり、文化である。だからこそ、ある年齢になってさまざまな経験を得た時点では今まで学んだこと（机の上だけを指さない）を踏まえて、知識を関連付け、概念をリンクさせていくことが必要である。【問うてみた】とはそういうリンクへのトリガーである。

【問うてみた】

　まず、課題としての図についての説明をする。

　このような斜線で示された図を見ると小中学生の中には、設問も読まずに「面積を求める」という作業を始めてしまう児童・生徒がいる。それはそのような生徒が早とちりしているだけではなく、あまりにも単純化された訓練の成果である。実際には、大人に同様の図を示すと同じ現象が生まれることがある。より訓練が強化された大人には、そのような思い込みも左右するで

あろう。

　では、どう問うかというと、まず以下のような図(図2)にして提示する。

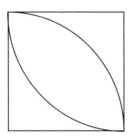

図2　「問うてみた」で示す図(弧で囲まれた部分の面積を求める)

　図の正方形の1辺が10cmと示されていない。それゆえ、「弧で囲まれた」という文章を理解する必要が生まれる。弧で囲まれたとは、弧と弧であり、弧と辺で囲まれたではない。教える、いや説明する側の頭にあるのは先ほどの図であるから、間違えるはずがないと思っているが、この違いを正確に文章だけで表現し、人に伝えるのはなかなか難しい。

　図の説明ではないが、たとえば「シフトキーを押してリターン」という表現は、そのことを知らない側にとってシフトキーを押してからリターンキーを押すのか、シフトキーを押したまま、リターンキーを押すのか、はたまたシフトキーとやらをなんとかリターンするのか、わからない。ものごとを説明し伝えるのは説明者の理解度の多寡だけではなく、説明される聞き手がどのようなレディネス(よく知っている分野か、とても知りたいと思っていることであるかなど)によって伝わり方が異なる。誰にでも伝わるという説明は聞き手が大人であればあるほど生易しいことではない。マニュアルの作成や公的な指示文や警告注意などの文章の困難さはそのような点にあることは、それらの作成者はよく経験する。

　このように言語で表現すること、つまり思考の道具としての言語の役割を仲立ちとして、「面積」だけではなくその周辺にある情報との関連を理解していく。図の表し方によっては円ではなく、弧であることや全円の1/4の

弧が2つあることなども含めて理解をしていくことができる。

　Q.　弧で囲まれた面積はどのようにして算出するか。

　辺の長さが示されていない時に、どのようにして算出する式を立てるかを考える必要がある。初等教育の段階で、このように問うと、児童はものさしを使って辺の長さを測る。これはこれで一般化できていないことを、のちに学ぶための経験となる。中学生以上ならπを使って計算してもらってもいい。その時に、何を変数に置くであろうか。ここでは半径の長さと辺の長さが同じであることに気づかなくても、なんとか算出できるかもしれない。その時は、この図が4つ、正方形に配置されたパターンの図を示すといいかも知れない。すると半径と辺の長さは一致しない。これらは、社会における問題を分析するときに、何が変数であるかというような思考訓練をすることの下地になるのではないだろうか。これらを計算することが目的ではなく、図の部分と全体を把握し、問題を解体し、何が必要で何が必要でないのかを考えるというプロセスが必要である。

　この問題はとても一般的によく知られているが、この問題を「面積を求める」という課題を既定しないで教育の場で活用することで、さまざまな分野とのつながりを意識することができるようになる。

　Q.　これが4つ配置されていたら面積は？
　図を示さず理解できるかどうか。
　4つ配置されているという時に、どのような配置であるかをどう伝えどう理解するかのプロセスが生まれる。

　Q.　それでは、円が隙間なく正方形の中に9つ配置されていたら、弧で囲まれた面積の総和は？
　平面で考えるときに円はどのような機能をもっているか、円で構成することの重要性を再考する。
　この先に、円の最密充填問題についてもできる。同じ大きさの円を2次元

平面に最も密に詰めたものは最密充填と言われる。これが 3 次元になれば、同じ大きさの球を空間に最も密に詰めたものとして最密充填単体金属の構造や繊維の構造の理解へとつながっていく。

　【問うてみた】は、このような、回りくどいがいろいろな事柄につなげていくことができるアプローチであり、（何か教員の側の期待する）答えを求めることを目的とはしていない。今ある目の前の事がらが何と関わりがあるか、そのネットワーク構造を確認したり作ったりリンクづけしたりすることの活動が目的である。学生が考えたことの中には教員の側が予想できないものもある。しかしそれを解明することではなく、中にはわからないことも含まれていたりすることを相互に確認することで、何がわかっていて何がわかっていないかを知ることができる。わからないことがわかるというプロセスを内包できる。

　かつて、200 人超の授業でのアクティビティとして、「各自自分の好きな果物の名前を書く。そして、同じ果物を書いた人同士をいかにしてグループ化するか、その方法を考える」という課題を実施した。その時、最適化問題だと気づきその方法を説明した学生がいた。最適化とは、与えられた条件の中で、いろいろな選択肢の中からいちばん良いものを選ぶ問題の総称である。データアナリストなどが取り組む分野である。

　後年、違う場で同じアクティビティを実施した時に、問題解決の提案者である学生は「（全員にむかって）同じ果物を好きだと書く」ようにと指示した。効率的で即座に解決する提案である。しかし本質ではない。前者の学生と後者の学生は、ある点つまり出身高校偏差値で比べてみれば、後者がかなり高い。

　それから、年を経るにしたがって、学生はより効率的な解決を好むようになっていく。デジタルネイティブといわれる世代では、その効率性は最優先課題であるようだ。

　次に、社会科学分野での活用事例を示す。

【正統派】

Q.　17世紀から18世紀におけるイギリスによる三角貿易とは何か。
（学生に期待される答え）
　17世紀から18世紀に展開されたイギリスによる大西洋での貿易である。イギリスは、アフリカから黒人奴隷をアメリカ新大陸・西インド諸島に運び、そこからヨーロッパにタバコや綿花、砂糖などを運んだ。アフリカ・アメリカ・ヨーロッパの三か所を拠点に貿易を行った。また、その結果イギリスは三角貿易で得た富を資本として、産業革命を推進する財源とした。
　というようなざっくりとした説明が想定される。三角貿易のどの時代、地域に着目するかによってかなり正答の範囲が変わる。西インド諸島、アフリカ西海岸、西インド南部植民地といういわゆる奴隷貿易か、英国から工業製品を運び、新大陸から木材、穀物などをヨーロッパに運び、ワイン・果実を英国に運ぶ貿易かが説明される。

【問うてみた】
Q.　過去に展開されたイギリスによる貿易について。
　17世紀から18世紀の例でも、19世紀の例でもよい。
　三角貿易と答えたとしたら、何が三角なのかを問う。
　ここでは、三角形の定義を示してもいい。同じ平面上の異なる3点であり、それぞれを結んだものは辺である。では、その辺は、ここでは何を表しているのか。
　貿易であると答えれば、貿易とは何かを問う。

Q.　まずそれを図に表してみよう。国とその他の情報を図式化する。
→アフリカから黒人を新大陸に運んだ。
→新大陸から綿花をヨーロッパに運んだ。
→英国からアフリカに何を運んだのだろうか。
→三角の各辺に書かれた矢印の向きはどうなっているか。
各地域の間の辺の部分に、双方向の⇔を書く学生と、一方向の➡を書く学生がいるだろう。

Q. そしてその図に「貿易」と定義できるものを書き足すと？

辞書的定義でもいいので、調べてみるようにすすめる。

『広辞苑』(第 6 版、「貿易」の項) では「各地の品物を交換すること」「国際間の財物の交換。商品を輸出入する取引」と書かれている。

Q. ここで行われていたのは、貿易なのか。

互いに物品の交換や売買をすることは交易であり、外国と商品の売買をすることを貿易という、ということを問うてもいいし、話してもいい。

Q.「品物」とは？「財物」とは？

商品、品物というのは、どこから商品になり、何によって商品になるのか。

自然界にあるキノコをとって来て、自由に食べていい時代はあった。狩猟と採集で人類は生きてきたのである。しかし、社会が発展するにしたがって社会の規定する財産や権利が生まれてくることを考えるきっかけになるであろう。

Q. 今日の三国間貿易と当時の三角貿易の違いについて述べよ。

当時の三角貿易という言葉は、イギリスの側から見たシステムであり、そのシステムがもたらしたのは何か、それがどう影響していったかも考えられる。

今日では、三国間貿易というのは、国家間の貿易を意味するのであれば、地球上に存在する国の概念とはどのように捉えられているかということを考える前提となる。国家であるとは、何をもって国家であると言えるのか、北キプロスのように日本が国家として認めていない国とはどういうことなのかも考えられよう。18 世紀のイギリスの三角貿易の名は、新大陸がイギリスの植民地であったことを考えると、何を意味するかも考えられよう。

21 世紀における貿易とは何か。グローバル化と言われるとき、18 世紀のグローバル化が何をしてきたかを振り返ることもできる。さらに、貿易が商品という三次元的存在を品物として扱ってきたが、今日は、情報が国家を超

えてやりとりされるようになっている。それはどのような価値の変革を生み出すかも考えることができる。

【正統派】
　Q. 産業革命はなぜイギリスで最初に起こったのか。
　（学生に期待される答え）
　当時のイギリスには、以下の4点があったから。
　広大な植民地
　毛織物や綿工業の発達
　余剰労働力の存在
　プロテスタントの信仰・科学革命

【問うてみた】
　Q. 産業革命とはどんなことが起こったか思いつく限りたくさんの例を出せ。
　Q. 革命以前の食生活は？　何時に起きた？
　Q. それはどこで起こった？
　Q. 日本ではなぜ起こらなかったのか？
　Q. 日本では起こらなかったとするならそれはなぜか？
　江戸の家内制手工業の話でも、明治の富国強兵による近代工業化でも…
　何を考えたらいいのかわからない時はわからないことに向き合う。その後の展開の例としては、
　そもそも革命とは何なのか。
　なぜ歴史上に革命という概念が生まれるのか。
　その同時代性の中で革命は意識されているか。
　人類の歴史全体を見ていくことで、農業革命からIT革命への意味を考えることができる。そのように振り返ることで、昨今耳にするIndustry4.0、Society5.0という呼び方をハヤリ言葉としてだけでなく、真の意味を捉えられることになる。

　または、産業革命による大量生産は、手袋は 5 本指だからに可能になった。それは何を意味するか。大量に同一の商品を生み出すことが可能な背景は、何か。それが、何を阻害しているかを考えることができる。ユニバーサルデザインという概念が生まれた背景が理解される手がかりとなろう。

　このように、社会分野はいちばん広がりをもつことが可能である。社会科という科目が、世界史、日本史などのように分断されたかのような教科として学習せざるを得ない中等教育までであるが、社会は、経済でもあり倫理でもあり歴史でもある。『サピエンス全史』(ハラリ・ユヴァル・ノア 2016)『銃・病原菌・鉄』(ダイアモンド・ジャレド 2012) などの人類史ばやりであることも社会を捉えなおすタイミングであるのかもしれない。未来を担う学生にとっては、どのような社会を作るかを考えるとっかかりになるのではないかと思う。

　次は、小学校の道徳教育で活用されている『ないた あかおに』(浜田 1965)を大学生として捉えなおすということを試みる問いである。

【正統派】
　児童文学の『ないたあかおに』(浜田廣介著)を読んで。
　Q. 赤鬼の気持ちはどんな気持ちですか。
　Q. 青鬼の気持ちはどんな気持ちですか。

【問うてみた】
　Q. 鬼は、どうして赤い鬼と青い鬼だったのか。
　赤と青とはどんな色であるか。色の三原色は、赤、青、黄であり、光はRGB であることから何が考えられるか。

　Q. なぜ、赤と青なんだろう。
　人の肌の色を認識するときに、黒・白・黄色、時にはピンクやブラウンという表現もある。しかしここで使われているのは赤と青である。そして、挿絵も肌の色が赤い鬼、青い鬼を描かれていることがある。「人」の前にその

人の肌の色をつけるということは、何を意味しているのだろうか。肌の色の違いをカテゴリー化に使い、人種と名付けるのは何か。人種主義という概念についても言及したい。

　さらに、人種とは何であるのか。何が違うことを差異として人種というカテゴリーを作っているのか、生物学的に決定的に違うという根拠があるのかなど再考する必要がある。

　色についてなら、白と黒、善と悪の対比とは何か。なぜ白は善を表象し、黒は悪を表象しているのか。スタンダールの『赤と黒』の理解も進むであろう。

　Q.　鬼と村人の関係とはどんなものか。
　鬼とは何か、人と鬼の違いは何か。
　コミュニケーションがない前提では、異なる外見が異なる文化を生み出すと考える。それでは、異文化間コミュニケーションとはどうあるのか。異なる文化である根拠は何だと言えるか。鬼が村人たちのような集まり方や楽しみ方をしたから受け入れられたのか、それともほかにどんな要因があるか。
　異なるものの間の仲がいいとは何か。めずらしいから大切にすることと、異なることを知り、仲がいいとはどう違うのか。
　青年期である大学生であるからこそ、社会と自分の関わりから、どういうふるまいが違いを超えたコミュニケーションであるかを考えることに意味があろう。幼い子どもに、違いを違いと認識して仲良くするということは、本人自身の自我も確立していない時期には、説明のしようはない。もちろんできる子どももいるだろうが、知らないから平和であるということも含まれている。成人としては、不条理さと不合理さを知りつつ、どう融和するかという課題について考えることは必要不可欠である。このような多様な視点から結論がでないにしても考えるという経験を持つことは、労働者としての移民政策を取る日本においても重要であろう。

【正統派】

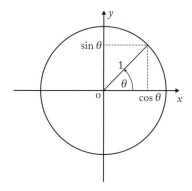

図3　「正統派」で示す図（三角比）

単位円と、sin θ と cos θ の定義を示す。

それでは、「sin60°は？」というように具体的算術結果を求める。

【問うてみた】

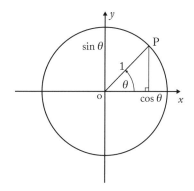

図4　「問うてみた」で示す図（三角比）

Q. この図は何を示している？

単位円と回答しても、その意味を説明する必要がある。

Q. 半径は？

この円の半径が1cmであるというような解答をした場合は、単位円とい

う概念をもう一度学ぶ必要がある。

　Q. なぜその半径なのか?

　そもそも単位円だから、というのは説明とは言えない。

　Q. なぜこんな考え方をしたのだろう?

　「単位」という概念を理解することの必要性を理解できるきっかけとなろ
う。「単位」の具体例をあげる。それは何のために必要か、というような問
いかけを重ねていくことで、思考を深めることができる。

　次は、文章の書き方を指導する一環としての課題(表2)である。

表2　課題の例(文章の書き方の指導)

にゅうとんのうんどうのほうそくにゅうとんがはじめてかくりつしたうんどうのさ
んほうそくうんどうのほうそくはしぜんかいにおけるちからとうんどうのかんけい
をめいじしきんだいかがくのかくりつをうながしたほうそくであるほうそくはだい
いちからだいさんまであるだいいちほうそくかんせいのほうそくせいしまたはいち
ようなちょくせんうんどうをするぶったいにがいぶからちからがさようしないかぎ
りせいししているぶったいはいつまでもせいししつづけうんどうしているぶったい
はいつまでもとうそくちょくせんうんどうをつづけるだいにほうそくにゅうとんの
うんどうほうていしきぶったいにがいぶからちからをさようさせるとちからのおお
きさにひれいししつりょうにはんぴれいするかそくどがぶったいにしょうじるだい
さんほうそくzようはんさようのほうそくしぜんかいのちからはたんどくではそ
んざいしないぶったいええがぶったいびいにちからをおよぼすとぶったいええはか
ならずぶったいびいからおおきさがひとしくむきがぎゃくのはんさようをうける

【正統派】

　Q. この文章を漢字かな交じり文にしなさい。

【問うてみた】

　Q. この課題は何かすると思うか。

　するとすれば、具体的に何をするか。

　Q. 文章の表現を直すのではなく、何ができるか。

　Q. この文章がMicrosoft Wordで作られていたら、どういうふうにするか。

　Wordができること、あなたがしなければいけないこと、を考えてから始
めてください。

　辞書編集などの編集者、新聞記者などが当課題を実際にやってみて、「人間はいろんなことを考えながら書いている」という言葉を口にしていた。Microsoft Word ができる機能と、人間が考えなければいけないことがあるということが改めて認識できる。

　一方、漢字かな交じり文にという指示は、指示通りできるかということになり、なおかつ、元の文がひらがなであるために、漢字にするという作業になってしまう。この「作業化」というのは、今日の授業では大きな問題だと考える。

表 3 【書いてみた例】（文章の書き方の指導、の課題）

ニュートンの運動の法則
ニュートンが初めて確立した「運動の 3 法則」。運動の法則は、自然界における力と運動の関係を明示し、近代科学の確立を促した法則である。法則は第 1 から第 3 まである。
第 1 法則
慣性の法則。静止または一様な直線運動をする物体に外部から力が作用しない限り、静止している物体はいつまでも静止し続け、運動している物体はいつまでも等速直線運動を続ける。
第 2 法則
ニュートンの運動方程式。物体に外部から力を作用させると、力の大きさに比例し、質量に反比例する加速度が物体に生じる。
第 3 法則
作用反作用の法則。自然界の力は、単独では存在しない。物体 A が物体 B に力を及ぼすと、物体 A は必ず物体 B から、大きさが等しく向きが逆の反作用を受ける。

そのほかの【問うてみた】例を簡単に示す。

　Q．今まで、cm、kg などいろいろな単位を勉強しました。単位があることで世の中が便利だったり、わかりやすくなったりしていることは何ですか。できるだけたくさんの説明を書いてみてください。3 つ目から得点対象になりますから頑張ってたくさん書きましょう。

　　（ある小学生の答え）

　　「あなたはどのくらいのおもさ？」と聞かれたときに石（小石）100 個分

　　だと答えましたが、小石には重さもいろいろあるので、わかりにくいか

ら(単位は必要)。

Q. わたしたちは地球が丸いということを知っていますが、古代の人々は主に大地は平らであると考えていました。そのまわりは山で囲まれていると考える人々もいれば、海で囲まれていると考えている人々もいました。大地は支えられているという考えもあり、支えているものも、ゾウであったり、カメであったり様々な想像がなされていました。

インターネット、テレビ等々でみなさんは色々な情報に触れる機会があります。昨年は、ニュース番組、ニュースサイトで「フェイクニュース」という言葉も多くみられました。

現在、地球が丸いと言われていますがそれは本当だと思いますか。それとも違うと思いますか。理由を3つ以上の視点から考えて、結論を書きなさい。

　(ある小学生の答え)

・地球が丸くなかったら反対側まで行くのが難しい。丸くなかったら太陽が一年中見えるわけではなくなる(かげができて)。こんな形(平らな)だと、いちばんマントルに近いところがあつくなってしまう。結論、だから地球は丸い。

・とても細かく見ると陸などでデコボコしているため完璧な丸とは言えない。人工衛星から見ると丸。僕からの視点だとまっ平らで丸いとは考えられない。結論、地球は丸いと言えるが丸くないとも言える。そのためとても複雑だ。

・大地が平らだったら宇宙まで続くので、宇宙がないはずだから。

Q. 国の定義はなんですか。

領土、民、政府だとすれば、日本に住んでいた人々は、いつから、何をもって「日本だ」と思ったのでしょう。

Q. 日本語の音は、いくつありますか。

学生が、五十音図を書いたとすれば、そこに書かれている音の種類はいくつですか。

（一般成人日本語母語話者の答え）

50（名称から）。文字の数を数えて、48。

日本語には、濁音、拗音、促音があり、文字と音は必ずしも一致していない。五十音図という名から、音が50だと考えてしまう人もいる。

Q. $f(x)=ax^2+bx+c$ について知るところをすべて書け。

多くの文系の大学生は、方程式と捉えてしまい、解の公式などを書き始める。関数、さらに定数の条件、場合分け、グラフなどを示すなどの余地がある。小学校の時の「伴って変わる数量」から関数までの間に何が学ばれていたかを振り返るきっかけにもなる。関数と何か、その連続性が理解されれば、y=|x| が微分できないことにも考えが及ぶであろう。覚えるのではなく、そこに至る筋道が見えるようになるのではないかと思う。

Q. 平均寿命を、20cm として、今の自分の年齢をプロットしなさい。そして、その先のライフイベントをプロットしてみてください。そして…

学生が、今ここにいる意味、時間を可視化することで、自己を捉えなおすこともできる。人間の認識では、一年という時間は、年齢によって感じ方が違う。「ジャネーの法則」は年を取ると１年を短く感じる心的時間を、生涯のある時期における時間の心理的長さは年齢の逆数に比例すると示した。書かれた数直線の18歳までの長さの１年と、50歳までの長さの１年の違いも考えるきっかけになろう。

具体例をご覧いただけただろうか。ここで改めて、正統派の発問を振り返ってみる。

【正統派】発問について、文部科学省のウェブサイトには以下のように書かれている。（文部科学省HPより引用）

4-1　発問の要件

1. 何を問うているのかがはっきりしていること。

2. 簡潔に問うこと。

3. 平易な言葉で問うこと。

4. 主要な発問は、準備段階で「決定稿」にしておくこと。

4-2　"ゆさぶる発問"

1. 広義には、子ども達の学習に変化をもたらし緊張を誘う発問のこと。

2. 狭義には、子ども達の思考や認識に疑念を呈したり混乱を引き起こすことによってより確かな見方へと導く発問のこと。

　　例「桃太郎は、血も涙もない人間で、欲張りな人ですね。」

　　　→子ども達は、あらためて桃太郎の人間像を考える。

　　例「この段落の要旨は、…ですね。」（選択肢の中の誤答にあたるものを提示する。）

　　　→子ども達は、その段落の内容を思い出して要旨を確認する。また、以降の段落を注意深く読むようになる。（以下、略）

　このような問い方は、発達段階で初学者である児童生徒には、確かに有益である。それは、分野、範囲が限られている時には、とても有益である。しかし、今日さまざまな視点から必要とされる、人工知能にはできないという「考える」、「思考する」ということに着目すると、今まで学んできたこと、知っていることすべてを総動員して、問いを考えていくことは、ある段階から有益ではないだろうか。本章で提案している、「問うてみた」というのは、答えのない問いが遍在する人生を生きていくための、ある教養ある姿勢と言えると筆者は考えている。

6. 授業での評価決定と授業補助者からの視点の変化

　最後になるが、そんなことをしてもどう評価していいかわからない、という発言が教員からよくなされる。しかし、評価できることだけを教えるだけでいいのだろうか。しかもここでいう評価は点数化した正誤だけであったりする。おそらく初等教育で道徳が教科として扱われるようになれば、この問題はいちばん大きな問題になるであろう。大学などは情報リテラシーや技術

者倫理なども同様である。「人を殺してはいけないか」という問いに「はい」と答えるような評価は容易であろう。しかし、どう問うてもこのようなものは評価しづらい。それでは、どうするのか、それこそ青年期の大学生には可能である、自己の認識を客体化し、自分は何をわかっていて、何をわかっていないかを自己評価することである。実際に、学生は自己評価ができるようになる。その評価は授業者が見ても違和感かないものになっていることもお伝えしておく。

　筆者が担当していた初年次教育科目での実践では、授業は教員と授業補助者および新任講師という体制で運営していた。授業補助者は、大学院博士後期課程在学中の院生であり、彼らは何らかの専門分野をもつ。同一の専門分野でもないので、相互のやりとりがより授業を活性化させる。

　ここで「論理トレーニング」という授業での課題についての授業補助者であった伊藤雅一氏が考えた文を以下に示す。「論理トレーニング」は、基本的には野矢茂樹による『論理トレーニング 101 題』(野矢 2001) に基づいて、論理力をつける授業である。授業を終えて、課題として桃太郎を取り上げてみることにした。この課題を学生に課して伊藤が問いについて考えた文である。

　「桃太郎を読み、登場人物それぞれの視点から話を再構成して下さい」
　　桃太郎はご存知でしょうか。こうわざわざお尋ねするのは、皆さんが覚えている桃太郎が共通のストーリーとは限らないからです。桃太郎は、室町時代頃から語り継がれてきた昔話のようですが、作者は不明な上に、地域によってストーリーが異なるようです。出版物として発行されて以降も、筆者や版によって様々なバージョンがあります。桃太郎を取り上げた記事や研究は少なくありません(先日、CiNii でタイトル検索をしたところ、367 件のヒットがありました)。
　　幼少期を日本で過ごした人であれば、大半の人が知っていそうな「常識」の桃太郎、話の中でどのくらいの登場人物がいたでしょうか(今回は人間に限定しません)。山へ芝刈りに行ったおじいさん、川へ洗濯に行ったおばあさん、桃から生まれた桃太郎は、大半のバージョンで共通

です。加えて、桃太郎の家来となる犬、猿、雉に、鬼が島の鬼も同様です。では、鬼が島の鬼は一人なのでしょうか。これはバージョンによって描写が異なります。中には桃太郎と鬼の頭（かしら）が交渉するバージョンもあります。更には、人間に限らず、意思のあるものを登場人物と考えた場合、桃を登場人物の候補に含む必要があります。話のバージョンによっては、おばあさんの呼びかけに桃の応答する描写がされています。議論するには、出典を明確にする必要があります。

　このように、桃太郎の登場人物は少なくありません。では、登場人物それぞれの視点から、この桃太郎という昔話はどう考えられるのでしょうか。おばあさんとおじいさんの視点は「同じ」なのでしょうか。また、桃太郎の家来となる犬、猿、雉は三者とも「同じ」考えなのでしょうか。議論の結果、同じだという1つの結論に達することはありえるでしょう。ただ、それが正解と呼ぶものではないことは、議論を経れば、自明なはずです。登場人物それぞれの視点を考えるということは、それぞれを個別に認識するということであり、個別に認識をすることで、はじめて同じとも、異なるとも説明することができるようになります。(872字)

このような考えを持つに至ったようだが、実際にその課題についての評価を行う経験を伊藤は経て、本稿に新たに次のような文章を記した。

　　秋深き　隣は何を　する人ぞ
　これは何ですか。俳句ですね。誰がつくった俳句ですか。はい、松尾芭蕉ですね。松尾芭蕉はいつ頃の人でしょうか。そうですね、江戸時代の人です。何を詠んだ俳句でしょうか。秋に隣の人のすることが気になるということがわかりますね。では、松尾芭蕉の俳句がわかったことを覚えておきましょう。

　以上、ある学校の授業におけるワン・シーンを仮定してみました。この仮定のやりとりを違和感なく読めたでしょうか。あるいは、多少のモヤモヤがありつつ読んだのでしょうか。いや、大いに違和感があり、異

議申し立てをせんとする心境でしょうか。（そもそも、こうして読み方を尋ねることで、気分を害されていたらすみません。）

　上記の仮定のやりとりから、問いを取り出していきます。まず、「これは何ですか。」と尋ねています。やりとりでは、「俳句」の一択しか答えがないようですが、「日本語です。」や「言語に見えます。」などの答え方もできなくはないです。また、「松尾芭蕉による晩年の句、病床での心境を詠んだものです。」と答えても問題はなさそうです。（上記の仮定では、問いを提示する側が立腹しそうな答え方ですが。）

　次に、「誰がつくった俳句ですか。」と尋ねています。「俳句」であるという前提は最初の問いによって共有されたとみなしている問いの表現です。その「俳句」がどのようなものかの説明は、ここでは省略されています。続く問い「松尾芭蕉はいつ頃の人でしょうか。」に対する「江戸時代の人」についても、特に説明はありません。これらの説明は必要のない受講者から成り立っていることが想定されますが、そうなのでしょうか。

　そして、問いは俳句の表現について尋ねています。「何を詠んだ俳句でしょうか。」に続くやりとりは、文字からわかる情報のみを確認しています。俳句の意味があったのでしょうか。

　先の違和感やモヤモヤを少し具体的に挙げてみましたが、いかがでしょうか。違和感やモヤモヤの元は、まず、「松尾芭蕉がわかった」とはどんなことを表しているのか、にあると考えられます。松尾芭蕉の一句を取り上げただけで、「松尾芭蕉がわかった」などということは粗雑な表現や思考であり、松尾芭蕉の研究者に失礼でもあります。松尾芭蕉の一句からどのようなことがわかったのか（あるいはわからなかったのか）、もっと特定した言い方が適しているといえます。

　更に、「ある学校」とは何を指すのかも違和感やモヤモヤを左右しています。あまり違和感のなかった人は、小学校や中学校での授業を想定して、松尾芭蕉や江戸時代や俳句について熟知の段階ではないという前提に立っていたのかもしれません。こうした習熟度の段階を想定するこ

と自体は、意見のあり方としてあっていいものです。大学の授業であれ
ば、最初の問いのみ提示し、半期が終わっても問題ないでしょう。(問
いに向き合い続けられれば。)

　「○○がわかった」と容易に表現できることが少ないように、問いに
も容易な答え(正解)があることは少ないはずです。ある特定の部分が
「わかった」ことの確認や、わからない領域の把握のための問いへと向
かっていくことが思考ではないだろうか。(1302字)

　優秀な学生が【問うてみた】派の教室活動の中で、考えていく過程を理解
していただけるであろうか。彼ら若手は、例題主義であり(伊藤による)、今
あるものをなぞりながら同型のフレームにはめ込んでいく。そのことが教育
を効率化させていることは否定しない。しかし、ここで立ち止まってみるの
はどうであろうか。彼ら若手の教育観の範囲を広げるためにも、筆者は取り
組んでいる。

補足

　前述のような論理的思考を育てる科目で、なぜ桃太郎を取り上げたかの理
由は、容易で身近なものを多様な視点から分析することで思考を組み立てや
すくなるからである。そこで、文部科学省の桃太郎の課題に対する発問を踏
まえた、授業補助者の栗山靖弘の記述も示す。この問いが、伊藤にインスパ
イアを与えたと言える。

　「桃太郎」で考えていたのは以下のようなことである。
　全体として、「正解」のある「問題」ではなく、多様な解の存在する「問
　い」として想定していた。

「問題」の例
　Q.「桃太郎」を読んで、物語に登場する動物(ヒトを除く)を全て答えな
さい。

これは物語の中に正解が存在するため、「問題」である。

「問い」の例
　Q.　「桃太郎」に登場する動物は、なぜイヌ、サル、キジなのか？
　こちらを「問い」として想定していた。こうした問いかけであれば、「正解」が存在しないことと、「他の動物でもよいはずなのに、なぜイヌ、サル、キジなのか？」を考察する必要が出てくる。すなわち、「桃太郎」内部ではなく、コンテクストを超えた思考が必要になる。
　「桃太郎」はあくまで「教材」であって、物語としての「桃太郎」を超えたコミュニケーションができる。例えば、ゼミで「きみには問いがない」という場合も、客観的な解の存在ではなく、実証・解釈・分析結果としての知見や結論を導く行為としての「問い」が要求されている。（422 文字）

7. おわりに

　今まで述べてきた具体例は、学ぶ側がその段階に応じてさまざまなことを考えることを重視したものである。中には本質ではないことが含まれていてもそれを取り上げないと教える側が判断することを良しとはしない。今、自分が教えている時代における自分の認識としてはそれは本質ではないかもしれないが、教えている自分がいない未来の社会においては、本質である可能性は否定できない。教えるということを職業にしている側は、概ね教わることをしている側より年上であり、過去には詳しいであろう。しかし、未来の社会でその社会で何が本質で何か必要かを考えつづけるのは、今目の前にいる学ぶ側である。子どもは未来を創るというように、彼らは彼らの社会を作るのである。Society5.0 ということが巷間に囁かれる今日、彼らが未来を創るには、今までの価値観に基づいた考えだけでは成り立たなくなることもある。今すでにある知識のつながりだけではなく、より広がりをもち、異なった次元にまで広げることで未来の価値を生み出せる。だからこそ、ぼやっと問いかけ、思考を促すことを授業に取り入れることを提案する。

　後半には、本章で提案する「問うてみた」を自身が考えながら教える側に立った授業補助者が、答えのある good learner から答えに広がりを持つ授業者になる過程をも参考にしていただければ幸いである。

　最後に、考えるということの試みとして、2017 年の授業で実施したチャレンジ問題をここに示す。もちろん当該分野の先生には何を聞いているんだろうかと思われるだろう。しかし、知らないものとして文章を示されているものを読むというのは、大人にも、学生にも、子どもには、読み解こうという姿勢が顕著に出てしまうのである。その結果、とんでもないことを考えてしまうということがよくわかる。

　さて、それでは次の文章を読んで答えてください。

ロンドンの夏は長く、夜の9時でもまだ明るく照明がいらないくらいです。ロンドンよりさらに緯度が高いオスロでは、白夜があります。白夜とは、夏至を中心として夏の間、日没から日の出まで太陽の反射を受けて一日中、空が明るく夜がないことです。ずっと明るく、眠るタイミングがわからなくなり、うつ病になる人もいます。白夜は、太陽の最大俯角が -18 度より大きいときに起こり、緯度 50 度以上の地域に現れます。

さて、オスロは、北緯 60.12、東京（日本）は北緯 35.41 です。地球は、北緯 0 度つまり赤道では、時速 1700km で回転しています。赤道一周は 40000km です。

次の図を見てください。

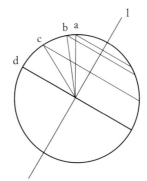

a：Oslo
b：London
c：東京
d：the equator
l：axis of rotaion

円周 = 直径 × 3.14　またはπ
時間 = 距離 ÷ 速さ
赤道の長さ　40000km
オスロは 60 度、日本は鹿児島の 31.35 を基準にして 30 度として計算可能。

$$\tan \theta = \sin \theta / \cos \theta$$

$$\sin \theta = \frac{\pi}{3} = \frac{\sqrt{3}}{2}$$

地軸は、23.4 度傾いています。
オスロで一周するのはどのくらいかかるか算出してください。（途中式など根拠の
説明を忘れずに）

参考文献

佐伯胖（1985）『学びの構造』東洋館出版社
Stendhal（1830）『Le Rouge et le Noir（邦題：赤と黒）』A. Levavasseur
ダイアモンド・ジャレド、倉骨彰訳（2012）『銃・病原菌・鉄〈上〉――一万三〇〇〇年
　にわたる人類史の謎』草思社
ダイアモンド・ジャレド、倉骨彰訳（2012）『銃・病原菌・鉄〈下〉――一万三〇〇〇年
　にわたる人類史の謎』草思社
新村出編『広辞苑』第 6 版、岩波書店
野矢茂樹（2001）『論理トレーニング 101 題』産業図書
浜田廣介（1965）『ないた あかおに』偕成社
ハラリ・ユヴァル・ノア、柴田裕之訳（2016）『サピエンス全史〈上〉――文明の構造と
　人類の幸福』河出書房新社
ハラリ・ユヴァル・ノア、柴田裕之訳（2016）『サピエンス全史〈下〉――文明の構造と
　人類の幸福』河出書房新社
松村明編『大辞林』第 3 版、三省堂
レイ・カーツワイル、井上健監訳、小野木明恵・野中香方子・福田実共訳（2007）『ポ
　スト・ヒューマン誕生―コンピュータが人類の知性を超えるとき』NHK 出版

参考ウェブサイト

内田洋行教育総合研究所「面積の求め方（第 3 回）〜葉っぱ型図形の面積」『学びの
　場 .com』<https://www.manabinoba.com/math/6520.html> 2019.2.1
中原淳「ふりかえりとは「先生の言ったことを丸写しすること」ではない!? :「ために
　なった病」と「刺激的症候群」にご注意を！」『立教大学経営学部中原淳研究室』
　<http://www.nakahara-lab.net/blog/archive/9459> 2019.2.1
文部科学省「4　発問」（トップ＞教育＞国際教育＞ CLARINET へようこそ＞海外子女
　教育情報＞施策の概要＞補習授業校教師のためのワンポイントアドバイス集＞ 4　発

問）『文部科学省』<http://www.mext.go.jp/a_menu/shotou/clarinet/002/003/002/004.htm> 2019.2.1

第13章

考えることが楽しくなる発問

鏑木良夫

1. はじめに

　「アルミニウムを溶かしてしまった塩酸に、もう一枚アルミニウムを入れるとどうなるでしょうか」。これは、小学校理科6年「水溶液の性質」の「塩酸は金属を溶かす」授業における知識活用問題の発問である。

　この発問は、「塩酸はアルミニウムを溶かす」対象に接して生じる「もっとアルミを入れたらどうなるのか」という子供の問いそのものである。

　このような発問は、主体的、対話的で教科書を超えた深い学びへと子供を誘う。

2. 子供の問いは教師の発問

　本章では、知的好奇心の働きとしての「子供の問い」は、教師の「発問」に置き換えられるという前提に立って論を進めることとする。

　私たちは良い授業、即ち深い学びを味わわせる授業を構想するとき、学習対象に接して生じる子供の知的好奇心を想定し、それに合った発問を作り上げることが求められる。なお、この作り上げる行為は子供の問いを発問に置き換える行為である。これは、実践力の具体である“授業感覚”を鋭くすることに役立つ。

　ところで、知的好奇心は、

①未知のものに接したとき
②既知のものだが曖昧な理解だと意識したとき
③既知のものだが矛盾を感じたとき

等のとき、それぞれ「何だろう」、「きちんと考え直してみよう」、「おかしいなあ」等のように発動される。授業展開を構想するとき、このことを強く意識したい。

　また、確かになった知識のさらなる精緻化を求めて、同じ文脈だがより複雑な場面を設定して知識を使わせる、あるいは文脈が異なる場面で知識を使わせる等に対応した発問を用意することも忘れてはいけない。

　ところが、往々にして想定が外れる場合がある。

　想定が外れたときは新たに発問を作り直さなければならない。この作り直す行為とは、①子供は置かれた状況に対応して知的好奇心を発動すると捉え、②それを瞬時に感度鋭くキャッチし、③発問に置き換えるという一連の行為を指す。作り直しができることを、瞬時に発問を作り直す力量向上のチャンスと前向きに捉えたい。

3. 発問の3つの形

　国語教育の優れた実践家である大村はまは、その著『教室をいきいきとⅠ（ちくま学芸文庫）』で、マンネリでない発問の工夫の項で、

・空しい問いかけをなくす
・はっとさせる問いかけを
・問いによって子供の脳を活性化させる
・同じ形の問いかけをしない

等と記している。（同書 p.110–122）

　これは、平易な言い方だが極めて重要な視点である。本項では、これらも

念頭に置きながら発問をいくつかの形に類別してみた。

3.1　子供の問いを教師の発言という形で代弁した発問[1]

　この発問は、前項2「子供の問いは教師の発問」で記した発問と軌を一にする発問であり、「同じ形の問いかけをしない」に合致する発問でもある。大別すると以下の2つになる。

① 学習中に、前段階で、子供の意識がその方向に向いており、教師のほんの少しの援助でこれが明確に意識されるもの。あるいは教師が子供の意向を忖度するだけというようなもの。
② 子供の意識が、前段階において、完全にその内容に達しており、子供の側から主体的に、その内容が出てくるというようなもの。

　ここで①、②の関係は、①が主発問なら②が補助発問という関係となっていることを見逃してはならない。
　これらの発問は、子供の意識の方向を常に的確に把握していないと作り出すことができない発問で、授業中の直感的判断力すなわち授業感覚の鋭さがあってこその発問である。

3.2　知識活用に関する発問

　3.1で記した発問とは別に、知識活用を通して、知識そのものの理解が曖昧か否かをメタ認知させる発問がある。

$$a \quad \begin{array}{r} 358 \\ \times\ 592 \end{array}$$

　例えば、3位数×3位数の計算を学ぶ場面で、通常は位を合わせて書く（a）が位取りを合わせないで筆算の式を書いて

$$b \quad \begin{array}{r} 358 \\ \times\ 592 \end{array}$$

（b）「この書き方でも正しい答は出せます。しかし、教科書には載っていません。どうしてだろうか」と発問するのである。
　この発問を、教師にとっては教えたつもり子供にとってはわかったつもりのときに発すると、本当にわかったレベルの知識獲得だったかどうかを子供は見直すことができる効果がある

　一方、上記の a と b を同時に提示した後、「比べてみて、何か気がつくことはないだろうか」というような発問を設定する場合がある。これは、問題解決的学習過程における発問、すなわち気付くことができる、練り上げに参加することができる等を前提とした発問なので、気付けず、かつ練り上げに参加できない低学力層の子供にとっては「どんな知識を使えばいいのか」等の壁に突き当たり、授業参加を非常に厳しいものとする発問となってしまう。公教育の名の下で教育していく小・中学校では、基本的に避けないといけない発問[2] である。

　知識活用の発問は、これまでの見方・考え方とは別な視点に立って、獲得した知識を捉え直すことになるリフレーミング（reframing）効果を持つ。このような発問を積み重ねれば創造的かつ柔軟な発想の構えが養われていく。

3.3　認知的な矛盾や見逃し等を顕在化させる発問

　「半分知っていて半分知らない」事象や事実に関する問題、「何か変だなあ」というような矛盾を感じさせる問題、「知っているつもりだったけれど、あれ、どうして？」と感じさせる問題、「こんな点からは考えもしなかったなあ」と思わせる問題等に接すると、子供は知的バランスを取り戻そうとして自ら解決活動を開始する。このような状況を作り出す発問を、認知的な矛盾や見逃し等を顕在化させる発問と言う。

　この発問は、「はっとさせる問いかけを」に関わる発問である。これは、認知的な矛盾を的確に把握した上で、意図的に設定しないと実践の俎上にのぼらない。

　これまで 3.1、3.2、3.3 で記した発問は、それぞれ独立した存在であるというほど明確な違いはなく、相互に関連したり、一部は包含関係的であったりすることが普通である。（図 1 参照）

　なぜかと言えば、同じ文言で発問しても、学級や教師が異なり、かつ状況も一致するとは限らないので、発問の受け止めも異なり、ましてや単元構成や指導法が異なれば全く違う受け止めをする場合もあって、確たる位置付け

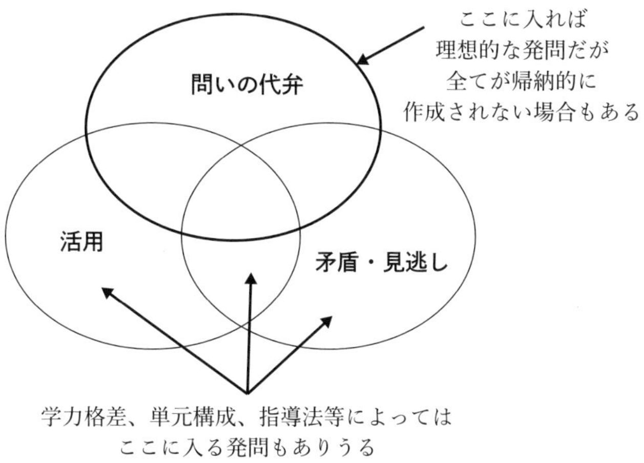

ここに入れば
理想的な発問だが
全てが帰納的に
作成されない場合もある

問いの代弁

活用

矛盾・見逃し

学力格差、単元構成、指導法等によっては
ここに入る発問もありうる

図 1　発問の相互関係

にならない。

　したがって、「この発問は 3.2 に当てはまる」と、その位置を決めつけることは難しく、極めて便宜的な分類と言えることを付記しておきたい。

　さて、これまで述べた 3 つの形の発問は、認知的な視点から見るとリヴォイシング（revoicing）効果、つまり、発問には思考を確認、共通化、焦点化、強調、再考、深化[3]させる効果があることを強調したい。そして、「授業中だけれども、この発問で、これらの効果のうち、今はこれに該当しているぞ」といった、授業進行中における鋭い授業感覚こそ、発問研究が与える成果ではないだろうか。

4. 発問で育つ資質・能力

　これまで述べてきた 3.1、3.2、3.3 で記した発問は、①協働しようという気持ちになったり、②他の意見を取り入れようとする等の謙虚な姿勢となったり、③解決のための新たな知識を入手しようと図書に当たったり、抜けている知識はなかったかと記憶を再探索させたりする行為を促す。そこで、こ

のような行為を促す発問を「深い思考を促す発問」と呼ぶこととする。

　では、ここで深い思考を促す発問は、どんな資質・能力を育てるのかを考えてみたい。例えば、思考力に関わる資質・能力だけ見ても、

①比較における条件制御を意識する。

　6年理科「振り子」の学習において、振り子の周期を変える条件は何かという問いから始まる思考は、振り子の3要素である「長さ」、「振れ幅」、「錘の重さ」のうち1つを変化の要因とする実験をすれば、その要因が周期を決める要因かどうかがわかるという考えに至る。そのとき、他の2つの要因は一定にしないと実験結果が得られないと考える「条件制御」を意識する。「比較における条件制御を意識する」とは、このような場面で培われる資質・能力のことを指す。

②共通点を捉え、類として一般化する。
③定性的な見方から定量的な見方へと発展を意識する。

　4年理科「金属の温まり方」の学習において、銅板の一端を加熱し、しばらく経つと他の端にまで熱が伝わる結果から、「熱の伝わり方と距離は関係している」という定性的な理解に到達する。このとき、距離が2倍になると時間も2倍になるかもしれないという見方が芽生える。これを、定性的な見方から定量的な見方へと認識が発展する場面と捉え、子供サイドから言えば「発展を意識する」となる。

④全体と部分の関係で見る。
⑤直感的把握について反省・吟味を行う。
⑥因果関係的な過程を何段階にも分析して追究する。
⑦感覚的認識を理性的認識によって統御する。

　いわゆる五感(視覚、聴覚、触覚、味覚、嗅覚)で対象を把握することを感覚的認識という。一方、感覚器官を媒介としないで、抽象的・総括的に筋道を立てて物事を考え判断して対象を把握しようとすることを理性的認

識という。その前提に立って、子供の望ましい認識を「まず抽象的・総括的な視点に立ち、次に感覚を総動員して対象を把握しようとする」と捉える立場である。言わばトップダウン的思考と言って良いだろう。

　枯れているホウセンカを見ると子供は、葉はしおれてしまい色も鮮やかな緑とは言い難く、かつ下に垂れてしまっていると把握する。このとき、水やりをすれば水は根から茎を通って葉にある気孔にまで達し、そのときの湿度が低ければ蒸散も盛んに行われ、結果として植物全体に水が行き渡り、しおれた葉もピンとして生き返ったホウセンカとなっていくだろうと思考を働かせる。このように理性的な見方で感覚的見方をコントロールすることを指す。

等が挙げられる。

　これらの資質・能力は、「注意深く、せっせと頭を使い、うわべは魅力的に見える答に満足せず、直感にはより懐疑的[4]な構え」、すなわち、キーコンピテンシーで言う「思慮深さ[5]」につながる資質・能力である。

　また、このことは「結論が正しいと、それを導くに至った論理も正しいと思い込み、たとえ、実際には成り立たない論理であっても[6]」に陥ることのない構えにも通じる。

　この構えは、育成されるべき究極の資質・能力で、今の学校教育では直接的に言及されることは少ない。しかし、このことを念頭において発問研究を続けないと、「学校教育門を出ず」のレベルで終わってしまう。十分に留意したい。

　ちなみに、このような構えを具体的に言うならば、例えば、

　　バットとボールは合わせて1ドル10セントです。
　　バットはボールより1ドル高いです。
　　ではボールはいくらでしょう。

の問題[7]に接したとき、直感的にすぐに反応しボールは10セントだと答え

てしまうのではなく、思慮深く慎重に考えて正しい答の5セントと導き出す姿勢を指す。

5. 発問作成の視点

　では、深い思考を促す発問は、どんな視点で作成すればいいのだろうか。
　まず、既有知識との関係から見た主な視点として以下に示すものがある。

①詳細に見る。②逆から見る。③適用範囲を拡張する。④曖昧さを廃する。⑤誤答を分析する。⑥極大・極小を考える。⑦資料を選択する。⑧作問する。⑨操作する。⑩分析的に見る。⑪比較する。

　もちろん、この前提として、教材に精通しその矛盾点等を把握していること、学習者の実態を的確に把握していること、深い思考を支える多彩な授業スキルを持っていることの3つを抜かす訳にはいかない。
　次の視点は発問の難易度だ。これは可能な限り高度——算数の文章題で言えば、問題文の中に条件としてあらかじめ与えられた数を、記載された順に使えば答が出るというレベルではなく、与えられた数を元に新たに数を作り出さないと答が求められないような2段階、3段階の操作を求めるレベル——な問題に取り組むように仕向ける発問を作ることである。このことは、教科書を超える発問作りと言ってもよいだろう。
　3つ目の視点は、協働せざるを得ない場面を必然的に作り出すという点だ。
　ここで言う協働せざるを得ない場面とは、一人で解けそうもないが友達と一緒に解けば解けそうだと思える発問場面を指すが、具体例を小学校国語5年の物語文「大造じいさんとガン」で示そう。
　この物語文の「4」の場面では、好敵手であるガンの頭領「残雪」に向かって「おうい、ガンの英雄よ、おまえみたいなえらぶつを、おれは、ひきょうなやり方でやっつけたかあないぞ。なあ、おい。今年の冬も、仲間を連れてぬま地にやって来いよ。そうして、おれたちは、また、堂々と戦おうじゃな

いか」と主人公の大造じいさんは、一目散に去りゆく残雪に向かって呼びかける。しかし、この呼びかけは残雪には聞こえないことから、子供には大造じいさんの気持ちは残雪に伝わったとは思えないと読み取る。

このような場面で、「この二人は、来年は戦うだろうか」、あるいは「本気になって戦うか」と発問するのだ。この発問を受けた子供は、来年は戦うのかそれとも戦わないか深く考えざるを得ない。このようなときに「友達と相談してもいいよ」と指示する。

協働せざるを得ない場面は、発問の難易度とも関連するが、違いを認める、謙虚に耳を傾ける、相互理解を深める等々の価値に触れることが多い。

学級集団の質的高まりにつながる場面でもある。

ここで、配慮事項である①学力格差があること、②未習事項でも知っている子供──知らない振りを演じている──が少なからずいること、③教科の特性による違いの 3 つを忘れてはいけない。

6. 発問の具体と分類

ここで、各教科の発問を「3 つの形」で分類してみたい。

本項の細目タイトルに「主として」という言葉を冠した。これは、発問の文言は同じでも、授業の条件・状況が異なれば発問の質も変わり、結果として分類区分も異なってくると言う点を考慮したからである。

6.1　主として「子供の問いを教師の発言という形で代弁した」発問
6.1.1　小学校国語科 5 年「まんがの方法」
【発問】①、②、③、④、⑤、⑨、⑫、⑮、⑯段落は要らない段落か。
【視点】分析的に見る

教材文は、まんがの方法を記述した説明文で、全部で 16 の段落がある。そのうち、まんがの方法が直接記されている段落は⑥、⑦、⑧、⑩、⑪、⑬、⑭の 7 つとなっている。子供は、該当する段落が 7 つもあると、筆者の伝えたい内容はどの段落なのか、言いたいことを書いてあるのはどこかなと思っ

て読み解こうとする。しかし、この段落だとは決めるまでの読みはしない。

　ところが、この発問を受けると、まず発問の通りかどうかの確認をして、次に、段落の冒頭に置かれている接続詞等に意識を向けて段落相互の関係を見ていこうとする。この結果、本文の構成を意識した深い読みができるようになる。

　このような効果をもたらす発問は、熟慮する構えを志向する発問の典型と言えよう。

6.1.2　小学校社会科5年「工業生産を支える人々―自動車産業」

【発問】自動車産業が基幹産業であることを表している典型的な事実はどれでしょうか。次の中から選びなさい。①土地が非常に広い、②一度に5500台も運べる大型運搬船、③工場がある市の名前の変更、④環境に優しい車の開発、⑤使われる部品の数が2〜3万ある、⑥多くの働く人

【視点】資料を選択する

　これまでに習得した事実の中から目的に合った事実を選択させる発問であり、基幹産業の意味理解を深めさせるねらいがある。

　この発問に接した子供は、「そうだよ、このうちのどれなんだと思っていたところなんだ」と意を強くする。このとき、「一般の人々にも影響がある出来事は、と考えてみよう」等の補助発問を追加すれば、事実の相互関係性という見方・考え方が確かになっていき、自分なりの確かな理由を持って選択していく。

　そして、このような発問を積み重ねていけば、「こんな調べ学習ができるかもしれない」等という次の活動への見通しが持てるようになる。

6.1.3　中学校国語科1年「ダイコンは大きな根？」

【発問】筆者の主張を伝えるのに必要不可欠な段落は、どれでしょうか。

【視点】資料を選択する

　教材文は説明文であり、①野菜は根や葉、茎、花、実などでできている。②ダイコンはどの器官を食べているか。③ダイコンの下の部分は主根、上の

部分は胚軸を食べている。④器官も違うことで味も違うのはなぜか…と続き、計9段落で構成されている。

　発問は、必要不可欠な段落を複数指摘することを求めているので、段落相互の関係を的確に把握する必要性を感じさせる。そして、各段落内の文の冒頭あるいは文末に置かれた接続詞等に目を向けさせる。

　このような読み取りは、教材文に接したときの子供の読み取り欲求と同じなので、この発問が追い風となって協働的な構えを保持しつつ詳細かつ分析的な読解を進めて行くことができ、必要不可欠な段落を絞り出していく。

6.2　主として「知識活用に関する」発問
6.2.1　中学校国語科3年「俳句の可能性」
【発問】別なタイトルにしてみよう。
【視点】逆から見る

　俳句が他の散文や報道記事などと違うところは、省略されている部分を、読む人の自由な解釈で補って鑑賞できるというところにある。それを「俳句の可能性」というタイトルで表した文が教材文となっている。

　教材文は、飯田蛇笏の「芋の露連山影を正しうす」、種田山頭火の「分け入っても分け入っても青い山」、正岡子規の「いくたびも雪の深さを尋ねけり」等の俳句を例にとって、省略されている部分を自由に想像させる内容となっている。

　俳句に接した子供は、俳句の奥深さである「省略された部分を自由に想像できること」を知り、だから「タイトルが俳句の可能性」なのかと納得する。その理解の上に立っての別なタイトルを求めさせる発問となっている。

　ところで、この発問は心理学で言うリヴォイシング（revoicing）に近い。リヴォイシングとは、発問が契機となって現れる子供の発言の内、他の子供には難しくて理解できない発言や、しどろもどろして言いたいことを思うように言えない場合等に教師が言い換えること等を指すが、「別なタイトルにしてみよう」という発問は、まさしくこれに該当すると捉えている。

6.2.2　小学校社会科 6 年「国際社会の中の日本―新しい日本への歩み」

【発問】国際社会の中の日本だとはっきりわかる一番の出来事は何でしょうか。①〜⑩の中から選び、その理由も言えるようにしましょう。

【視点】資料を選択する　詳細に見る

　選択する事実は、① 1964 東京オリンピック、② 1965 韓国との国交正常化、③ 1970 日本万国博覧会、④ 1972 沖縄復帰、⑤ 1972 札幌冬季オリンピック、⑥ 1978 日中国平和友好条約締結、⑦ 1997 地球温暖化防止会議開催、⑧ 2002 サッカーワールドカップ日韓共同開催、⑨国際経済援助の実行、⑩日本人のノーベル賞受賞の 10 項目である。

　この 10 項目は、発問する前段で「復興した日本が交際社会の中で重要な役割を果たしている事実です」と教示した内容そのものであり、教科書にもその具体が記されている。答を出して行く過程で 10 の知識を詳細に読み込むと同時に比較検討していけば自ずと答は出るようになっている。

6.2.3　中学校社会科 2 年「 第一次世界大戦とロシア革命」

【発問】第一次世界大戦の影響と思われる出来事を選びなさい。

　・ロシア革命　・国際連盟　・女性の参政権　・自動車の普及　・植民地の独立運動　・日本の工業国としての基礎　・社会運動の高まり　・日本とアメリカの発言力の高まり

【視点】資料を選択する

　学習を確かにするには、未習知識が既習知識の中に合理的に組み込まれることがポイントだが、それには既習知識に関わる学際的知識とも言える知識も確かな理解になっていることを求められる。

　このことを、第一次世界大戦を示す文章を例にとって記してみたい。

　第一次世界大戦は「世界中を巻き込んで 4 年余り続き、特に総力戦となったヨーロッパ各国は、国民と経済、科学技術、その他の資源を総動員して、国力を使い果たした戦争」と説明されるので、それを教示した後、「世界中」とは、「巻き込んで」とは、「総力戦」とは、「ヨーロッパ各国」とは等々、調べさせるのである。

このような学習の場を発問直後、解決活動以前に設定しておけば、第一次世界大戦に関する知識の質と量が拡充し、項目選択の確からしさが高まる。

6.2.4　小学校算数科 4 年「展開図」

【発問】直方体とその展開図を較べると、辺の数が 7 本違います。その訳を説明しましょう。

【視点】分析的に見る

　直方体には面が 6 つ、辺が 12 本あると習得してから展開図の学習に入る。

　まず、「箱の辺を切り開いて、1 枚の紙になる図を展開図と言います」と言って展開図の定義を教示した後、直方体の 12 本ある辺のうち 7 本を、1 枚の紙になるように切り開かせ展開図を作成させる。そして 12 本あった辺が 19 本になることを確認した後に発問する。

　この発問は、実際にはさみで切り離した辺の数に関する発問となっている。

　しかし、子供自身「切る」という操作をしているにもかかわらず、意外にも切る回数が 7 回だという事実に意識が向かない。そこで、「7 回切ったね。辺はいくつ増えたのかな」等の操作を見直す補助発問を用意するとよい。

6.2.5　小学校算数科 5 年「平均」

【発問】靴屋の A さんは、5 年生向けの靴の売り上げを伸ばそうと思い、5 年生の靴の大きさの平均を調べたら 20cm だったので、20cm の靴を大量に仕入れました。この判断についてのあなたの考えを述べなさい。

【視点】逆から見る

　「ならしたものが平均です」と伝え、その式は「全体÷個数＝平均です」と教示する。しかし、算出した平均値から「全体」や「個数」を見ようとするとき、元になった全体及び個数を表す数にならない場合も起こる。

　平成 29 年に示された新学習指導要領では、ある集団を代表する値として平均値だけではなく中央値、最頻値も扱うようになった。本発問は、平均値の理解を中央値、最頻値と関連させた理解に至らせるねらいがあるので、まさしく新学習指導要領対応となる発問となる。なお、「平均値の 20cm から全体

と個数を導き出しましょう」という補助発問を用意することも忘れてはならない。

6.2.6　小学校算数科6年「反比例」

【発問】次の①〜⑥のうち、y が x に反比例するものを選びなさい。

① 1本60円の鉛筆 x 本買ったとき、代金は y 円である。

② 長さ10m のロープから x m のロープを4本切り取ったとき、残りのロープの長さは y m である。

③ 周の長さが8cm の長方形の縦の長さを x cm、横の長さを y m とする。

④ 1冊100g のノート x 冊の重さ y g。

⑤ 周の長さが x cm の正方形の長さ y cm²。

⑥ 1本が60円の鉛筆を x 本買い、1000円出したときのおつりを y 円とする。

【視点】逆から見る

　正解がない発問である。この発問は、反比例するという枠組みで①から順に見ていくという行為を生じさせる。しかし、⑥までやってみると反比例のものはないことを知る。

　だが、ここで「ない」と断定していいかという不安が生じて再確認しようという気持になる。そこで改めて①から⑥まで順に確認していく。つまり、「反比例はどれか」そして「ないのは本当か」という二段階の操作を誘発する発問となっている。そこには「熟慮する」、「柔軟に考える」等の資質・能力の育成につながる要素がある。

　時には正解のない発問を用意することも必要だと考えている。

6.2.7　中学校数学科3年「平方根」

【発問】$13^2=169$ です。次の数のうち、これを使って値を求められるのはどれでしょうか。また、その値を求めましょう。

　　①$\sqrt{16.9}$　②$\sqrt{16900}$　③$\sqrt{0.169}$　④$\sqrt{0.0169}$　⑤$\sqrt{1690}$　⑥$\sqrt{0.000169}$

【視点】分析的に見る

　発問自体に「これを使って」と記し、知識活用の形とした。$13^2=169$ が使

う知識なので、この知識をどう使うかがポイントとなる。小数点の位置が
「169」と偶数けた異なる場合は求めることができる。平方の意味理解を再
確認させる発問である。

6.2.8　小学校理科 3 年「磁石」
【発問】水の上に、磁石を 1 本、発泡スチロールから落ちないように止めた
ものを 4 つ同時に、N を東、S を西に向けて浮かします。手を離すと、こ
の 4 つの磁石はどうなるでしょうか。

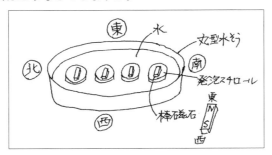

図 2　磁石自由化実験図

【視点】極大・極小を考える

　磁石は、自由に動かせるように置くと南北に向いて静止する。この知識を
活用させる発問で、答は 1 本の棒磁石のようにまっすぐにつながる、である。

　1 本になってしまう事実を見ると「えー、本当だあ」、「南と北に向かって
いる！」等々大きな声を上げる。そして、「先生、5 つとか 6 つとか増やし
たい」と口々に言い出す。

　小学 3 年生の発達に合った典型的な発問である。

6.2.9　小学校理科 4 年「水の三態変化」
【発問】ガラス管を長くするとどんなことが起きるでしょうか。

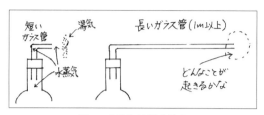

図3 水蒸気確認実験図

【視点】極大・極小を考える

　子供達は、図中の左側に記された実験で、①熱せられた水は短いガラス管通って出てくる、②出た直後は水蒸気になっているので見えない。しかし、③すぐに冷やされて湯気となり空気中に出ていく、を習得している。

　この知識を使って、図の右側に示した長いガラス管（1m以上が望ましい）を使った課題に取り組ませ、知識活用の良さを感じさせるのが発問のねらいだ。長いガラス管を使うと、ガラス管の先から水となってポタポタと落ちる。

　しかし、ガラス管の左から中央にかけては水を見ることは全く出来ない。この事実から、改めて「水は温度によって状態が変化する」という知識を深めていく。

6.2.10　小学校理科6年「てこのつり合い」

【発問】水平につるしたニンジンを支点で切ったときの右側と左側の重さはどうなるだろうか。

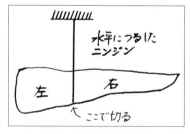

図4　ニンジン実験図

【視点】逆から見る

　子供達は、てこが水平に釣り合っているとき、次の式が成り立つことを、

実験用てこを使って習得している。

　（支点の左側）おもりの重さ×支点からの距離＝

　　　　　　おもりの重さ×支点からの距離（支点の右側）

　発問には、支点からの距離とおもりの重さの関係が反比例の関係になっていることに気付かせようという意図がある。そこに気付けば、以下のような深い思考が働く。

① 水平だ。だから下向きに働く力は左右等しい。

② 太い左は支点からの距離が細い右より短い。と言うことは、太い左が、細い右より軽いと釣り合わない。

③ だから、太い左が重くて細い右より軽い。

　その後、支点で切り離し実際に重さを量り、左＞右であると確認していく。

　ここで、答えが出た後でも理由がわからない友達に対して、説明することを求める発問をするとよい。以下は、その説明例である。

　——左が 120g で右が 89g であれば、その比の逆が支点からの距離の比となる。これは「水平に釣り合っている」という事実があるからで、水平とは左右の下向きに働く力が等しいことだから 120 ×左の太い方の長さ＝ 89 ×右の細い方の長さとなる。だから、左の長さ＜右の長さとなる——。

6.2.11　中学校理科 2 年「雲のでき方」

　雲の発生実験に関する発問である。

【発問】雲ができる実験の時、ピストンを"すばやく"引いた。では"ゆっくり"と引いたらどうなるか。

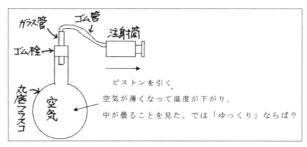

図5　雲の発生実験図

【視点】逆から見る

　すばやく引くことで、中の空気の圧力が低下し急激に温度が下がり、気体になっていた水が液体になる。この断熱膨張の知識を使って、問題解決に立ち向かわせる。

　このとき、「どういう意味か？」と思考停止状態になっている生徒は、「どうなるか」という文言の理解で止まっているので、主発問に結論を付け足した補助発問「ゆっくり引くと曇りません。なぜでしょうか」を用意しておくとよい。その後、実際にゆっくりと引かせる。もちろん雲はできない。この事実に接した生徒は、断熱膨張そのものへの問いが生じ、その解決活動を深めていくことだろう。

　この発問は、単なる事象の記憶にとどまらない理科を志向させる。

6.2.12　中学校理科3年「還元」

【発問】酸化銅の実験では炭素を加えて還元させた。では、炭素が含まれている砂糖に酸化銅を入れるとどうなるだろうか。

【視点】適用範囲を拡張する

　還元の発展的実験に関する発問である。一般に還元の実験は、酸化銅と炭素を混ぜて加熱し、酸化銅の酸素分子が炭素と結びつき銅が残る（$2CuO + C \rightarrow 2Cu + CO_2$）実験を行うことが多い。

　この事実を確認した後に、この発問を発する。しかし、砂糖はあまりにも身近な物質で、炭素即ち例えば鉛筆の芯と同じだと、生徒は見なせるのだろ

うか。

　生徒は理論、つまり、砂糖（グラニュー糖）は化学式で $C_{12}H_{22}O_{11}$ と示されるので炭素が含まれているなと頭では理解しても、炭素は黒色で砂糖は白色、炭素は甘くないのに砂糖は甘い等の違いに惑わされて、自信を持って還元すると言い切れない。このとき、「砂糖には炭素が含まれている。このことをどう思うか」という補助発問を発するとよいだろう。その結果、子供は「炭素だけの実験と違うけれど、炭素が含まれているのだから」と論を進めていく。あるいは、主発問の「どうなるだろうか」の部分を「還元できるだろうか」という言い方に変更した発問も考えられる。

　見た目で惑わされない姿勢を学ぶ機会として適切な発問である。

6.2.13　中学校英語科 2 年　未来形

【発問】「Will you marry me?」と「Are you going to marry me?」のどちらの言い方で結婚を申し込めば、相手から OK をもらえるでしょうか。

【視点】比較する

　Will ～は予測できない未来を語るときに使うが、Are you going ～は予定通りの未来を語るときに使うことを教示した後に発問する。

　日本語ではどちらも結婚して下さいという意味だが、英語だとそう簡単にはいかない。明らかにニュアンスが異なる。Will ～の場合は「結婚してくれると言ってくれるかなあ？　ドキドキする」だが、Are you going ～の場合は「結婚してやるよ、OK しろ」と言った高飛車な態度である。

　どちらが好ましいかは一目瞭然だ。仮に映画の一場面で Are you going ～と言わせとしたら、ほとんどの映画監督は、その次の場面で殴られるシナリオを書くだろう。

6.3　主として「認知的な矛盾や見逃し等を顕在化させる」発問

6.3.1　小学校国語科 1 年「どうぶつの赤ちゃん」

【発問】ライオンの赤ちゃんについて、第二段落には「けれども、赤ちゃんは、よわよわしくて、おかさんにあまりにていません」と書いてあります

が、本当に、似ていないのでしょうか。

【視点】曖昧さを廃する

　教材文は、ライオンとしまうまの赤ちゃんの様子を比較した説明文である。比較して読むことで対象の把握が確かになる。認識の基本である比較能力を高める文章と言えよう。

　1年生は、意識させない限り「あまり」という文言に着目して読むことは少ない。しかし、この発問で、「えー、先生考えたことない。「あまり」がないとどうなるんだっけ」等と反応する。このような反応が出れば、理解するための焦点化及び共通化していく場に変わっていく。そうなれば「あまり」という言葉の意味に関する意見交換も1年生なりに活発になる。

　もちろん、言語感覚が鋭くなっていくことは言うまでもない。

6.3.2　小学校国語科6年「海の命」

【発問】太一の、クエへの当初の殺意はどのくらいだったのだろうか。

【視点】詳細に見る

　教材文は、太一という若い漁師の成長物語だ。父を殺したクエとやっと出会えた主人公の太一。出会った当初は殺そうと思ったが、クエを見ているうちに父を見ているような気持ちなり、最後には許してしまう…。

　殺意の程度を読み取らせる発問は、微妙な心の変化を見せる主人公太一の気持ちを、叙述に即して読み取ることを求めている。しかし、子供は「えー、もともと殺そうとしたんじゃないの。だって、もりで突き刺そうとしたからねえ…」等と反応し、改めて太一の殺意の程度を読み取ろうとする。

　発問を受けた子供は、微妙な表記も見逃さずに読み取っていくが、その後、「この文を読んでいない友達にわかるように、読み取った内容を伝えよう」等と補助発問を発すれば、子供の言語感覚は更に培われていくことだろう。

6.3.3　中学校国語科1年「少年の日の思い出」

【発問】エーミールのどんな態度・言動が、主人公の自尊心を傷つけ、劣等感を感じさせ、生涯消えない傷を残すきっかけとなったのか、当てはまる文

言を探し出そう。

【視点】詳細に見る　逆から見る

　教材文はヘルマン・ヘッセ作の物語で、主人公が、友人エーミールが所有する珍しい蝶の展翅を盗もうとして壊してしまい、その事実を伝え謝罪すると、エーミールは「わかった。お前はそういうやつなのか」とだけ言われ、その後自分のコレクションの蝶を全て壊すという話である。

　この発問には、該当する文言を探し出し、それを確認することで理解の曖昧さを排除していく意図がある。併せて、「自分のコレクションを壊す」行為が、エーミールの「冷淡から冷然へと変化した気持ち」に対応した行為であることを読み取らせる意図もある。

　この読解まで至れば深い思考は実現したと言ってよい。

6.3.4　小学校社会科 6 年「戦国の世から江戸の世へ―参勤交代」

【発問】江戸に近い藩は一日で参勤交代ができます。また、参勤交代をしなくてもよい藩もありました。これは参勤交代のねらいに合っていません。これをどう考えますか。

【視点】適用範囲の拡張

　参勤交代制度は大名統制がねらいだが、江戸に近い大名の多くは親藩や譜代がほとんどで、大名統制の適用範囲外と捉えていい。しかし、参勤交代と言えば「全ての大名に対するもの」というイメージが一般的だ。したがって、この発問は、参勤交代のステレオタイプ的な見方を払拭する効果、つまり、自分の捉えは認知的に単純すぎると実感させる発問となっている。

　江戸から遠い大名として加賀藩、近い大名として川越藩を例に挙げると、その意図は明確に理解すると思われるが、それでも反応が今一なら、「お金がどのくらいかかるでしょうか」等の補助発問を発して、藩と財政との関係で見ていく視点を与えよう。

6.3.5　中学校社会科 2 年「日本の近代化―開国」

【発問】日米和親条約は平等な条約か。それとも不平等な条約か。

【視点】曖昧さを廃する

　この発問までに、黒船の来航により、①日本はアメリカと条約を結んで開国したことと、その結果、②物価が上がるなど国内の経済は混乱したことを習得している。

　ところで、知識先取りの生徒でも、日米修好通商条約は不平等条約だから日米和親条約も不平等だという表面的な見方に陥っている可能性がある。したがって、反応が今一のときには、「日米修好通商条約について教科書には不平等と書かれている。しかし、日米和親条約には不平等とは書かれていない」と補足説明し、「日米和親条約は平等なのか。それとも、同じように不平等な条約なのか。判断出来る証拠を日米和親条約文から探してみよう」等と補助発問するとよい。

6.3.6　小学校　特別な教科道徳高学年「荀子の性悪説」

　「ハッとする」、「そうか、考えなかったなあ」、「確かにそうだね」等々、自己を見つめることにつながる発問こそ、求められる発問で、これを「熟慮の発問」と呼びたい。読み物資料を使って展開する場合の登場人物の気持ちを問う発問は「空しい発問」になるので止めた方がよい。

【発問】あなたは本当に性善説に立てますか。

【視点】逆から見る

　孟子の性善説、荀子の性悪説を説明した後に発問する。問われた子供は、じっくりと考えた末に「そう・・・・」と言い、時間を置いて「うーん、立てます」と答えたりするが、その様子は自信あふれた態度とはほど遠い。そこで、「これまでを振り返ってみて、例えば、「自分一人くらいサボっても平気だなんていう気持ちを持ったことは全くなかったですか」という補助発問を発してより深く自己を見つめさせていく。

　このときの補助発問には以下のものも考えられる。

・いじめ、意地悪など、そんな気持ちになったことは全くありませんか。
・お金は盗まないけれど、鉛筆1本ならいいかと思うときはなかったですか。

　ひとしきり意見交換した後に、「人は、もともと弱い心を持っています。

この弱さをまず認めましょう。その上でその弱さに負けないことを考えてみましょう」等と説話していくとよい。

　この指導の流れの基底には、「人間は思ったよりも理論的には行動しない[8]」がある。そして、このことが共有できるならば、人の弱いところを認めつつ克服しようとする前向きの学級風土が形成される素地となる。

7. おわりに

　執筆中に、予定の場面で予定していた発問を板書したら、「先生やるじゃん、僕たちの気持ちわかっている！」と子供が言ったことを思い出した。

　子供の問いを読み切り、それを発問の形で顕在化させる行為は、子供達から見た「先生」の存在が「教員から教師へ」と変わることである。

　こう考えると、発問をじっくりと時間をかけて作り上げる地道な努力は、教職の専門職性を向上させる有効な手段と言ってもよいだろう。しかし現実は、じっくりと時間をかけることが出来ないくらいブラックな現状があり、より良い発問つくりの機会も激減している。

　本章を読んで発問つくりの意義を確認していただき、記載している発問の追試をしてほしいと願っている。発問によって子供の生き生きとした姿を見ることができる楽しさを味わっていただけるはずだ。

　それにしても、同じ発問でも学級が違えば反応も異なり、その理論は学級の数だけあるのではないかと思う程だ。したがって、発問の実践研究は、教育学を初めとした教育に関する知見の集大成と言ってもよいくらいの幅の広さ深さをもつ。単純に教材研究と認知心理学だけで成り立つとは思えない。誠に、深い思考を促す発問の理論化は奥深い課題と言えよう。

　ところで、よい発問を作ったにもかかわらず、タイミングを逸して授業の雰囲気を変化させてしまった体験をもつのは私だけではないだろう。このタイミングこそ失敗の授業を通してしか学べないものだ。授業を失敗してもめげる必要はない。失敗の授業をたくさんやろう。

　合理的に思考を進めても合理的ではない判断をするのが人間の常だ。発問

つくりもその例にもれない。この教材のこの場面でとこだわるばかりに発問
を作り上げてしまい、状況に応じた柔軟性を発揮できなくなる。
　こだわりを捨てよう。作り上げた発問を一度捨ててみよう。

注
1　ここで記した 3 つの形は、赤松弥男編著 (1982)「理科単元別授業の構成と能力の評価
　　6 学年」(初教出版：絶版) の p.12–13 に「教師の発言と子供の意識との関連と、その
　　表し方」と題して掲載されている。これに初めて接したとき、「こんなに詳しいのか、
　　すごい」と驚いた記憶がある。また、子供のわかり方研究は一生かけてもいい課題だ
　　と感じて、その意識が鮮明になり、自分の生き方の方向が決まったきっかけとなった。
2　大村はま書『新編教室をいきいきと 1』の p.113 以降にある。答えられるようにする
　　のが教師の役目ということだ。若い頃は困らせ迷わせていた自分がいた。恥ずかし
　　い。今、授業していて一番注意する点だ。
3　鈴木・塩川・藤田 (2015)「児童の協働的な学びと深い理解を育む授業の分析 4」(教心
　　第 57 回総会 PF033) にある。これはリヴォイシングの効果や、教師の何気ない言動
　　を顕在化する視点である。この重要さを多くの教師に知ってもらいたい。
4　ダニエル・カーネマンの『ファスト＆スロー上』(p.88 ハヤカワ文庫) の言だが、発問
　　してすぐに挙手する子供は、答を知っているか直観的に答を出したかのどちらかであ
　　ることを見抜く力量を持たないといけない。
5　例えば安彦忠彦著『「コンピテンシー・ベース」を超える授業づくり』(pp.36–39) にあ
　　る。つい自分も直感的直情的に行動してしまうときがある。気をつけたい。
6　ダニエル・カーネマンの『ファスト＆スロー上』(p.86 ハヤカワ文庫) にある。これも
　　思慮深さと同じ意味だ。教師は、発問に対して反応の早い外向的な子供を好む傾向が
　　あるので、戒めの言葉としたい。内向的な子供でも深く考えていることを忘れてはい
　　けない。
7　この問題は私も引っかかった。直感で「1 ドル 10 セント－ 1 ドル＝ 10 セント」とし
　　てしまったのだ。正しくは 5 セントである。しかし、深く考えないで、ただ順に読み、
　　直感的に判断すると間違う。慎重に、熟慮してという判断の意味の大切さを感じさせ
　　る不思議な文だ。(同上 p.85)
8　この考えは行動経済学における人の見方である。確かに合理的に判断しない場合を体
　　験――小学 4 年理科授業の予想とその理由を発表させたとき――して強く感じたこと
　　があったので、思わず「そうだ」とうなずいてしまった。ダン・アリエリーの『予想
　　どおりに不合理』(ハヤカワノンフィクション文庫) に詳しい。

引用・参考文献

安彦忠彦 (2014)『「コンピテンシー・ベース」を超える授業づくり』図書文化社

赤松弥男編著 (1980)『自然認識における能力の分類』初教出版

赤松弥男編著 (1982)『理科単元別授業の構成と能力の評価』初教出版

アリエリー・ダン、熊谷淳子訳 (2013)『予想どおりに不合理』ハヤカワノンフィクション文庫 (Ariely, Dan. (2009) *Predictably Irrational:the Hidden Forces That Shape Decisions*)

一柳智紀 (2009)「教師のリヴォイシングの相違が児童の聴くという行為と学習に与える影響」『教育心理学研究』(57): pp.373–384.

鏑木良夫 (2009)「先行学習における理解と思考を深める教師の働きかけ」『平成 20 年度日本学術振興会奨励研究部門報告書課題番号 209060005』

鏑木良夫 (2012)『わかる授業の指導案 55』芸術新聞社

鏑木良夫編著 (2013)『わかる授業の指導案 80』芸術新聞社

鏑木良夫 (2015)『もっとわかる授業を！』高陵社

カーネマン・ダニエル、村井章子訳 (2014)『ファスト＆スロー上』ハヤカワ文庫 (Kahneman,Daniel. (2011) Thinking, Fast and Slow)

大村はま (1994)『新編教室をいきいきと 1』ちくま学芸文庫

鈴木暁子・堀川佳穂・藤田豊 (2015)「児童の協働的な学びと深い理解を育む授業の分析 4―教師のリヴォイシングの分類と機能の分析」『日本教育心理学会第 57 回総会』F033

竹田青嗣 (2010)『完全解読カント『純粋理性批判』』講談社

湯澤正通 (2014)『ワーキングメモリと教育』北大路書房

第 14 章

児童の気づきを自らの問いに変える英語の授業デザイン

中山晃

1. はじめに

　2017（平成 29）年 3 月 31 日に改訂された小学校学習指導要領の実施に伴い、2020 年度から、小学校の中学年（3、4 年生）から「外国語活動」が年間に各学年において 35（単位）時間、小学校の高学年（5、6 年生）から「外国語（英語）科」が年間に各学年において 70（単位）時間、実施されている。この改訂は、これまで中学校から教科として学んでいた英語が、正式に小学校から教科として学ぶという、わが国における外国語教育の大きな転換を意味する。

　日本社会の少子高齢化に伴い、主として産業界における人材確保のグローバル化が政府主導の下、後押しされうる現状がある。一方で、法律で公用語としては規定されていないが、一般的に日本語を用いているわが国の社会生活において、英語が他のアジア諸国の言語以上に、一定の役割を果たすようになるかどうかという点については様々な議論がある。しかしながら、インターネットの普及によって広がりを見せているソーシャル・ネットワーク・サービス（SNS）等での交流を含め、多様な価値観と言語・文化背景を持った人々の交流は、オンラインやオフラインを問わず、格段に増えるであろうという予測には疑いの余地はない。

　ところで、「グローバル化に対応した英語教育改革実施計画」を 2013（平成 25）年に発表した文部科学省は、グローバル・ビジネスを展開する経済界

からの要請に応えるべく、「グローバル人材育成」を念頭にした校種間(小・中・高等学校)の接続に、一貫性ある英語によるコミュニケーション能力の涵養を謳っている。すなわち、わが国の外国語教育は、他の言語ではなく、英語力そのものの底上げないしは向上、さらには「日本人の英語ユーザー(Japanese users of English)」という人的資源の拡張に主眼を置いていることは想像に難くない。

このようなわが国の英語教育を取り巻く環境において、教育・研究者が貢献できることは、今後の日本社会の環境や社会的構造を考慮し、そうした世界で生き抜く児童・生徒の将来像をイメージしながら、カリキュラムや様々な教育プログラム、ひいては、一つひとつの授業を念入りにデザインすることであると言える。すなわち、教育・研究者は、多様な人々との関わりの中で、言語・非言語を問わず意思疎通できるような、自律的で主体的な児童・生徒を社会に送り出すには、英語そのものの運用能力よりも、英語は扱うが、その意思疎通を可能にする土台、つまり思考力・判断力・表現力を養うための、主体的・対話的で深い学びの場を提供する必要がある。

そこで本章においては、英語でのコミュニケーション能力の向上に直接的に結びつける指導ではなく、児童の言葉に対する「気づき」に寄り添い、そこから生み出される「自らの問い」を基に、「思考力・判断力・表現力」を涵養するための実践例を紹介し、自律的に考えることのできる人材育成のための授業デザインを提案する。

2. 活動と教科

では、英語への慣れ親しみを通してコミュニケーションの素地を養う「外国語活動」と、英語の4技能の言語活動を通して、コミュニケーションを図る基礎的資質と能力を養う「外国語科」においては、児童が自ら問いを立て、自律的に学習を進められるように導く知識活用型教育をめざすには、どのような指導が必要であろうか。本節では、それぞれの授業の目標及び指導に際しての留意点に触れながら、その方針についてまとめることにする。

外国語活動

　小学校外国語活動では、次の３つが目標として掲げられている。

> (1) 外国語を通して、言語や文化について<u>体験的に理解を深め</u>、日本語と外国語との音声の違い等に気付くとともに、外国語の音声や基本的な表現に慣れ親しむようにする。
> (2) 身近で簡単な事柄について、外国語で聞いたり話したりして<u>自分の考えや気持ちなどを伝え合う力</u>の素地を養う。
> (3) 外国語を通して、言語やその背景にある文化に対する理解を深め、<u>相手に配慮しながら</u>、主体的に外国語を用いてコミュニケーションを図ろうとする態度を養う。
> （下線は筆者による。）

　なお、これら３つの目標に関して、児童の評価がどのようになされるのかといえば、いわゆる総合所見として、数値による段階的な評価はなされずに、児童の外国語活動中の様子が記述される。例えば、「好きなものについて語ろうという単元では、自分の好きな昆虫の名前の英単語を用いて、積極的に級友に英語で話しかけるなど、外国語に慣れ親しむ様子が見られた。」等のような記述的な総合評価がなされる。

　では、これらの目標と評価をつなぐ指導は、どのようになされる必要があるのだろうか。実は大変細かく設定されており、「聞くこと」と「話すこと［やり取り］」、「話すこと［発表］」の３つの領域ごとに「〜するようにする」という述語で資質と能力の育成が期待されている。例えば、「聞くこと」の領域であれば、「ア　ゆっくりと話された際に、自分のことや身の回りの物を表す簡単な語句を聞き取るようにする。」、「話すこと［やり取り］」であれば、「ア　基本的な表現を用いて挨拶、感謝、簡単な指示をしたり、それらに応じたりするようにする。」、また「話すこと［発表］」では、「ア　身の回りの物について、人前で実物などを見せながら、簡単な語句や基本的な表現を用いて話すようにする。」である。さらに、外国語活動で扱う知識・技能についても、別途、３つの事項が設定されており、「(1) 英語の特徴等に関する事項」と「(2)情報を整理しながら考えなどを形成し、英語で表現したり、伝え合ったりすることに関する事項」、「(3)言語活動及び言語の働きに関する事項」において、指導すべきポイントがまとめられている。

　前掲の 3 つの目標をまとめると、体験的な学びを通して、言語間の特徴に気付き、また相手への配慮を考慮したコミュニケーション・スキルとはという事への気付きを、児童・生徒に促すことが肝心であることがわかる。

　中学年における外国語活動では、「気付き」と「慣れ親しみ」をキーワードとして、自国語や自文化との違い、すなわち多様性についての意識を高めることが必要である。なお、冒頭にも述べたが、この外国語活動の評価は、総合所見としての記述のみであるので、「違いの分かる児童」を育てることに集中したいものである。

　そもそも児童は、違いに敏感であると言える。大人がやり過ごししてしまうふとした疑問を口に出し、それが何かを知ろうとする。教員が当該授業内容において想定していないような偶発的な「問い」を含めて、児童が疑問に思ったことを「問い」として、児童自らが検証可能な形に、整形して提示することが大切である。すぐに正解や模範的な解答を示すのではなく、何を手掛かりとしてその気付きに至ったのか、クラス全体で共有できるように、その気付きのプロセスについては、先生から丁寧に説明する必要がある。おそらく、疑問を持った児童も、どうして疑問に思ったのかというプロセスについては、言語化が難しいと思われるからである。

　2 つ目の指導のポイントである「相手に配慮しながら、伝え合う」という部分については、発達段階を考慮して、うまく導入したい。「話すこと［発表］」の領域であるが、この点については、他の教科とのつながりを意識させて、既習事項や並行して学んでいる他の科目との関連性の中で指導したい。例えば、中学年の国語においては、調べたことを発表するといった単元が設けられている。国語で学んだ発表に関する知識・技能が、国語という教科に閉じた内容として児童に理解されては、汎用的なスキルを身に付けさせるという別の観点を考慮しても、あまり得策とは言えない。他教科連携という考えの下、ある教科で学んだ知識や技能が、他の教科や様々なコンテクストで活かすことができることを児童が実感できるように工夫したい。

　以上をまとめると、小学校の中学年(3、4 年生)を対象として行われる「外国語活動」においては、外国語に慣れ親しむという体験的な学びを通して、

外国語の言語的な特徴(語句及び音韻)への気付きと異文化に対する理解を深め、高学年 (5、6 年生) での外国語 (英語) 科へのスムーズな橋渡しが重要となる。

外国語

　高学年向けの小学校外国語では、次の 3 つが目標として挙げられている。

---

(1) 外国語の音声や文字、語彙、表現、文構造、言語の働きなどについて、<u>日本語と外国語との違いに気付き</u>、これらの知識を理解するとともに、読むこと、書くことに慣れ親しみ、聞くこと、読むこと、話すことによる実際のコミュニケーションにおいて活用できる基礎的な技能を身に付けるようにする。

(2) <u>コミュニケーションを行う目的や場面、状況などに応じて</u>、身近で簡単な事柄について、聞いたり話したりするとともに、音声で十分に慣れ親しんだ外国語の語彙や基本的な表現を推測しながら読んだり、語順を意識しながら書いたりして、<u>自分の考えや気持ちなどを伝え合う</u>ことができる基礎的な力を養う。

(3) 外国語の背景にある文化に対する理解を深め、<u>他者に配慮しながら</u>、主体的に外国語を用いてコミュニケーションを図ろうとする態度を養う。

(下線は筆者による。)

　任意の表現がどのようなコンテクストで使用されるのかなど、具体的な使用場面を児童に考えさせるアクティビティが「思考力や判断力」の育成には重要であると言える。

　小学校外国語活動及び小学校外国語では、大きく次の 3 つの点に留意して、指導案やタスク、アクティビティ開発を考えたい。

・多様性への視点

　特定の国の習慣や文化に偏って内容を扱う事は本来の目的ではなく、英語は扱うが、その言葉を使用する多様な国々及び文化背景の人々といった多様性への気付きという視点を持って授業をデザインすることが必要である。

・慣れ親しむための手だて

　伝統的な学習と言っても過言ではない、場面設定を無視したパターンのドリル的な反復は、言語的な特徴への気付きを促さない。定着をめざすための

反復練習をすべて否定するわけではないが、外国語の学習が反復練習で終始するとの信念を抱かせないように指導方法を検討する必要がある。指導方法が、ある種の学習観を形成する可能性は否定できないわけであり、そのことを踏まえる必要がある。

・必然性

さらに、場面設定のないチャンツなど、日常的な会話におけるリズムとは異なる音韻刺激は、内容を適切に伝えようとする語・文強勢における音韻特徴とは言い難く、相手への配慮という指導の留意点ともかけ離れている。あらかじめ、各単元において、任意のタスクや目標のあるプロジェクトを想定し、バックワード・デザインで、それらのタスクやプロジェクトが達成できるようなアクティビティを開発する必要がある。

3. 指導

ことばを扱う授業であり、かつ口頭でのコミュニケーションを想定した活動を考えると、アクティブラーニング形式で行い、授業・レッスン毎の課題解決学習(Task-based learning: TBL)や任意のプロジェクトを一定期間(数週間から一学期など)かけて取り組むプロジェクト型学習(Project-based learning: PBL)など、何かしら英語を使って学びを深化させることを考えたい。

こうした考えに基づき、中学年向けの外国語活動については、PBL型学習を、高学年向けの外国語(英語)には、他教科との連携や結びつきを強調して授業をすすめる、すなわち内容言語統合型学習(Content and language integrated learning: CLIL)を想定して指導モデルをそれぞれ提案する。

実践①
実践学校及び児童・単元

PBLの事例として、愛媛県松山市立みどり小学校の実践を紹介する。小

学校 5 年生（男子児童 15 名、女子児童 14 名、合計 29 名）を対象とした全 5 時間（単位時間）の指導と評価の計画の最終時間の実践に焦点を当てて、活動のポイントをまとめる。

プロジェクト目標（課題）

　外国語活動の実践においては、「活動の必然性」が重視されていることを踏まえ、「外国語指導助手（Assistant Language Teacher: ALT）の先生が、クラスの児童・生徒の（下の）名前で呼びたいが、日本語がわからないため、読み方がわからない。どうすればよいか。」という ALT からの実際のニーズに基づいて課題が設定された。こうした現実的な目標を課題とすることで、児童の活動に対する意欲や関心が高まることを期待した。

プロジェクトの課題に対する解決案

　ALT の先生のために、外国語活動の時間帯に使用できるアルファベットを用いたネームタグを作る。この活動は、最終タスクとし、全 5 時間の第 5 時間目（単位時間）に設定することにした。

最終タスクのための準備（文字をどうなじませるか）

　全 5 時間（単位時間）の授業計画であったので、最初の 3 時間目（単位時間）までで、4 年生までに学んだローマ字を訓令式からヘボン式に変換すること

図 1　教員がタスクを説明している様子

や、アルファベットの大文字及び小文字について、慣れ親しむ活動を取り入れることにした。なお、第4時間目には、最終タスクに関連したコミュニケーション活動を取り入れることで、最終タスクにおける活動を充実させられるようにした。

最終タスクにおける留意点

　単に自分でローマ字を書いてネームプレートを作るだけでは、コミュニケーション活動ができない。Lesson 6 では、"What do you want 〜 ?"、"I want 〜 " の表現を扱うことになっているので、それらの表現を使ったコミュニケーション活動を取り入れて、上記タスクを完遂することにした。

手続き

　児童一人一人にアルファベットが入った袋を渡し、その袋に入っているアルファベットでローマ字綴り（ヘボン式）の自分の名前（first name）を完成させることにした。ただし、袋には無作為にアルファベットを入れておいたので、自分の名前と関係のないアルファベットの文字が沢山入っていた（図2）。児童は、自分の名前を完成させるために、他の児童が持っている自分の名前を完成させるためのアルファベットを探し出し、それを譲り受ける必要があった。この活動における必然性を利用し、本課で慣れ親しむ表現である "What do you want 〜 ?"、"I want 〜 " を使用するように仕組んだ。

図2　自分の名前と関係ないアルファベットが沢山入っていた袋の例

結果
　活動中の様子として、大変楽しく参加できていた様子がうかがえる一方で、授業後のリフレクションシートへの記述及び振り返りの発表からは、次のような「問い」に結びつくと思われる気付や感想がクラスで共有された。

①アルファベットの形や発音に対する気付き
　大文字と小文字の形が違うことや、身の回りにある英語表記には大文字と小文字が混在していること、さらに、発音が難しいアルファベット、覚えるのが難しい文字があることがわかった等、英語という言語に対する関心が意識化され、よく目にしている身の回りのことへの気付きが促されたと言えよう。

②活動に対する意欲と不安
　袋に入っていたアルファベットのパーツ全部が自分の名前と違う場合、半分が同じ場合で、活動に対する意欲に差があったことがわかる記述があった。タスクそのものは、遂行上、それほど困難ではない状況において、探し出さなければならないアルファベットの数が多いという条件が、数が少ないという条件よりも意欲を高めるということである。例えば、教育上の合理的配慮や特別な支援が必要な児童・生徒に対しての手だてとして、タスク量を調整することもあるが、今回の実践では、児童の感想として、もっと違うアルファベットのパーツが沢山入っていたらよかった、等の感想があった。実際に、今回とは異なるクラスで実践を行った際、児童の特性に応じて、手に入れなくてはならないアルファベットの数を少なくするなどの難易度の変更を行ったが、その結果、交流の機会が少なくなり、物足りなさを感じている様子が見られたとの、教員からの感想があった。
　また、英語を話すのが恥ずかしいという反面、普段あまり話さない友達とも話すことができているという趣旨の感想も見られた。英語を話すことに恥ずかしさを感じているならば、普段は話さないクラスメートとは、もっと話したくないと感じているかもしれない。あくまで、授業であるという制約が

あるので、話さないわけにはいかないのだが、この内面的な感情と行動については、教師は言語化を手伝い、そのプロセスを教室全体で共有すると面白いかもしれない。

児童自らの問いへ変えるポイント

　外国語活動においては、授業の終了間際に、振り返りシート（リフレクション・カード）を書かせる指導を行っている学校は多い。単なる感想で終わらせないための工夫や手だてが必要なのは、この時間であると言える。慣れ親しみに関する項目の他、何が難しくて、何が分からないのか、英語についての疑問等、単なる感想にとどまらず、気付きから自らの問い、すなわち、「質問」へとつなげたい。今回の活動では、ネームプレートを作るというアクティビティであったが、「なぜ、生徒の名前を呼ぶのに first name なのか？」といった言語文化背景を問う発問があってもよい。国語と関連を持たせた「調べ学習」へと繋げることも可能であろう。

　その他、話題は離れるが、例えば、「I like cats.」（私は猫が好きです。）という発話に対して、「どうして、「cat」に「s」がついているのかなど、英語の語法や英語学についての、ある種のトリビア（豆知識）を必要とするものから、「right」と「light」の発音の違いなど、「英語」の慣れ親しみの範疇を超える質問があると面白い。知識及びスキルの習熟は、単元のねらいとはなっていないが、そうした言語間の違いに、気付いている児童・生徒は、実際に教室には見受けられるわけであり、そうした気付きは、その気付きへの過程を含めてクラスで共有される必要がある。学習ポートフォリオなどのような作品集でも構わないので、授業の振り返りで書いた疑問が次の学習の動機づけとなるような成果物が出来上がるようにしたい。外国語活動では扱わない、文字や文法、言語音の差異に関する質問を集めた冊子を作成し、その答えが何年生（あるいは中学生）になったらわかるのかの道筋を示した、「発問集」を作るなど、次の学びにつながる冊子を作ってはどうだろうか。

実践②（試行と授業デザイン案）

　他教科の内容と語学教育を結びつけた教授法を CLIL という。この可能性を広げることができる一つの手段として、プログラミング教育がある。可能性を広げることができると述べたのは、英語教育とプログラミング教育を結びつけると、「英語」と「プログラミング」の組み合わせから、さらに「音楽」など、3 つの教科をコラボさせたりすることができるからである。複数の教科を統合できる接点は何なのか探ってみたい。

実践学校及び児童

　2017 年度（平成 29 年度）に、愛媛大学において、試行的にプログラミング教育を見据えた小学生を対象とした研修を行った。その研修に参加していた児童 2 名（A 君 4 年生と B 君 5 年生）の様子を観察した（図 3）。

図 3　Scratch（プログラミング用アプリ）を見つめる児童

プロジェクト目標

　協働でのプログラミング実践では、ロボットを動かすためのプログラムを異学年同士のペアで遂行することが求められた。

手続き

　プログラミング用アプリケーションの「Scratch」を使用し、教員の指示に

従い、ペアでロボットを動かすためのプログラムを作成させることにした。

結果

　携帯端末ゲームに強い関心がある児童のペアであったために、画面上のキャラクター(スプライト)や実際のロボットの動かしかたについて、ある種の共通理解を持って、活動に参加していたように見受けられた。プログラミングについて、多少の知識がある児童のペアであったが、他のグループ同様に、保護者やアシスタントがそれぞれについて、サポートすることで、画面上でスプライトに「Hello.」と言わせたり、また、USB でつながったロボットを操作したりすることができるようになった。

　この一連の過程で、興味深いやり取りが見られた。プログラムを PC 上で書いている際に、一方の児童が、「Hello.」とスプライトの発話させる「条件」と「設定」の処理に関するスクリプトを間違って選択してしまった。単一条件で、「Hello.」と言わせようとしたのだが、もう一つ別の条件を、イベント内のスクリプトから選択しており、その条件に対応する設定が選ばれていなかったので、うまく発話させられなかったのである。当然、児童は、「なんで?」という疑問を持ち、そこからプログラムの修正を、ペアで話し合いながら行ったのだか、その過程である気付きが生まれていた。選択ミスをした児童の「続けて発話させられるのかもね。」という発話であった。すかさず、「「How are you?」って続けて言わせることができるんじゃないの?」との別の児童の指摘があった。互いに、気付きが問いに変わった瞬間であった。

　こうした「気付き」から「問い」への変換は、児童・生徒の日常生活に頻繁に、多様に発生しており、そのことに教師も、また児童・生徒本人たちも、当たり前すぎて気づいていないのかもしれない。この当たり前と思えるやり取りの中に、児童自らの気付きを問いに変えるポイントが埋もれているのかもしれない。

児童自らの問いへ変えるポイント

　オリジナルの紙芝居を作って披露するという活動を外国語活動では行って

いるが、プログラミングで学んだ知識を活用して、それを披露するという発表の形もあらたな形態となると言えよう。「問い」にかかわる内容として、ロボットを動かすための条件を考え、また発するセリフを一定時間内に入力するなど、思考力・判断力にかかわるスキルの涵養につながると言える。

　相槌や、聞き返す表現、話者交替(turn-taking)の際の表現などを活用し、相手が求めている情報を理解し、何をすればよいのか(例えば、ネームプレートを作成するタスクにおいて、アルファベットのパーツを渡すなど)判断するようなことを織り込んだプログラムを考えさせるなら、その過程で、相手に配慮した発言は、どのような表現で、どのようなタイミングで発せられるべきなのか等、児童自らが気付き、そうしたことをグループで話合いながら、発表用のプログラムができるようタスクを仕組みたい。

Scratch を使ったプログラミング教育と英語のコラボの例
　CLIL(他教科の内容との統合)の例として、下記の3つの授業デザイン案を紹介したい。

①英語とプログラミング×社会科の例
　道案内の英語表現(turn right や go straight など)を、スペル(文字の入力)を学びつつ、課題に沿った形で実行できるプログラムを学ぶ。地図を読むという事であれば、英語とプログラミングの他、社会科との接点をも、持たせることが可能である。

②英語とプログラミング×音楽の例
　プログラミングで作成・使用できるアバターやスプライト等のキャラクターに歌を歌わせるなど、プログラミング教育を介在させて、英語と音楽をコラボさせるなど、既存の、英語で歌うという、単なるパフォーマンスレベルの活動を超えたコラボも可能である。

③英語とプログラミング×発表

　さらに、メッセージの機能（英語版では、「broadcast」機能という）を利用して、英語で作成したオリジナルの会話や物語を作成して、発表するなど、国語や社会科、あるいは、理科や算数などの内容と融合させた発表活動も可能となる。プログラミングとのコラボレーションでは、他のCLILと共通することだが、入力の際に英単語を使用することで、授業で学んだ英単語の他、新しい単語に対しても、スペルや発音の仕方に意識も向けられることで、相乗効果が得られるのではないだろうか。

4.「思考力・判断力・表現力」に結びつく児童の「問い」

思考力（なぜ？）

　日本語と英語の言語間にみられる相違点、さらに自国文化と異文化の差異への気付きから生まれる「なぜ？」を、どのように整理し、児童・生徒に、この疑問を内在化させることができるかということが、教材研究の柱となる。また、その差異を難しいと感じるのか、そしてその難しさはどのように克服できるのかなど、学習方法についての気付きを考えさせることも大切であるし、逆に、面白い・もっと調べてみたいといった意欲へとつながる思考力、すなわち「なぜ？」から始まる更なる自律的な学習を後押ししたい。

判断力（いつ？・どこで？・何を？）

　判断力は、その定義から考えると、「時間的制約や特定のコンテクストがある状況において、既知情報を活用し、任意のタスクを行う」という側面と「何等かの学びを通して、自分なりの考えを持つ」という側面の2つを想定することができる。3・4年生では、前者の判断力について、「どのタイミングで○○をする」等、ゲームのような条件を与えて、単語を選ばせるなど、ゲーム要素のあるタスク・アクティビティで、この判断力を養うことができるだろう。5・6年生でも、そうしたゲーム要素を用いた判断力の養成は可能だが、後者についても、異文化についての意見を自分でまとめられるよう

な授業作りを心がけたい。

表現力（どのように？）

　相手（クラスメートなど、親しい間柄について）・他者（知らない人に対して）への配慮というように、聞き手について、外国語活動から外国語（英語）では、その対象に発展性が想定されている。お互いに知っている者同士のコミュニケーションとして、例えば、その関係性を無視した「自己紹介の活動」については、児童・生徒も、その不適切さには、気が付くであろうし、どのような表現が良いのだろうかと、表現方法を考えたりするかもしれない。こうした他者に対して想いをめぐらせることは思考力ともリンクすることだが、そうした表現をどのタイミングで相手に投げかけるのか、また、他者との会話から、自分なりの考えを持つことは、判断力とも強く関連することである。それぞれの能力にフォーカスを当てた指導・アクティビティ開発も大切だが、それぞれの能力が統合されるような俯瞰した視点は大切であろう。

5. 結語

　私的なエピソードを紹介したい。「なんで算数なんか勉強しなきゃいけないの？」と、ある時、息子が質問してきた。「計算できないと、買い物でおつりを間違って、損するかもしれないよ。」と説明すると、「パソコンみたいな機械のレジのおつりが間違っているわけないじゃん。」と、言ってきた。答えるのが面倒になって、「お釣りを渡す人が間違うかもしれないだろう。」というと、「信用している。」と言ってくる。「じゃあ、計算が得意でない自分は、ちゃんとお釣りを間違わずに、渡せるのか。」と問い詰めると、「わからない。」と言ってきた。チャンスだと思った。「じゃあ、どうしたらいい？」と尋ねたら、「じゃあ、少し勉強する。」だと。

　タスクの必然性については、本章で触れたが、学習している内容が、児童・生徒の生活の中でどのように自分と関わってくるのか認識することができないと、意欲そのものがわかないのだろう。上記のエピソードでは、息子

をうまく説得できないと自分では思っている。仮に、今後、「英語って本当に必要なの?」というような、ある種、本質的な問いを投げかけて来た時に、どのように、「説得すべきか」、あるいは「説得しないか」は、面白い問いである。

　授業で、児童・生徒がこの質問を英語に対して投げかけてきたら、どのように取り上げるべきだろうか。あえて、この疑問を考えさせる授業もあってもよいだろうか。「先生は英語できるの?」という質問が出てきたら、それはそれで、厄介ではあるが、授業中の偶発的な問いを含め、児童・生徒からの素朴な疑問、すなわち「発問」をどのように受けとめ、それを次の学びへとつなげられるようにしたい。

　英語学習が、場合によっては、児童・生徒の個人レベルにおいて、その必要性に対するある種の否定的証拠(「やっぱり英語なんて勉強する必要はない。」という判断)となっても良い、と言えるような心構えで教えるということでも良いかもしれない。教育一般に言えることかもしれないが、目的として、授業を受けた児童・生徒が何らかの基準に達しなければならない、あるいはそうした基準をめざすということが期待されるが、ある外国語が自分にとって必要かどうかが、真に深い学びの後に判断されるなら、その判断は、自律的であり本来的には教育の成果と言える。そのためにも、そうした判断を短絡的に下すことがないように、言葉の教育に関わる教育・研究者は、教育内容について十分精査し、前掲の発問をあえて誘発するような仕組みや仕掛けをタスクやアクティビティに入れ込んでおきたい。

　一方で、いわゆるコミュニケーション能力など、人との関わり合いが重視される教科の為、そもそも第一言語である日本語での会話においても、困り感や苦手意識を持つ児童・生徒に対しては、何からかの手立てを考えなければならないが、その際の合理的配慮をどうすれば良いのか検討する必要がある。特に、対人コミュニケーションに、特性として、不安に感じる児童・生徒がいる場合には、合理的配慮は必要であるが、一方で、そうでない児童・生徒については、乗り越えなければならない壁であることには違いない。不安を喚起させる活動が悪いということではなく、「ことば」を学ぶという事

が、どのような心理的変化や葛藤を伴うのかなど、初習者に対してのレディ
ネス教育は必要かもしれない。児童・生徒から無理なく発問を導くための手
だてをしっかりと考える必要があろう。

引用文献
文部科学省（2017.3.31）『小学校学習指導要領』
　　Retrieved from http://www.mext.go.jp/component/a_menu/education/micro_detail/__
　　icsFiles/afieldfile/2019/09/26/1413522_001.pdf

コラム4

問いを活かした授業

道田泰司

　問いを活かした授業を行うことは、そんなに難しいことではない。そう思える授業に出会った。

　小学6年の算数でのこと。「きっちり進めようとする」ベテランの先生が授業者だった。その日は、図形の問題を、小グループで考える授業だった。どのように考えて立式して答えを出すか、その説明を小グループで考え、全8グループ、黒板に考えを書かせた。各グループの代表者が説明したところで残り数分となったが、そこで先生がふと、「みんなもっともらしいこと言ってるけど、なんでそう言えるの？って疑問ない？」と問いかけた。子どもたちは疑問がありそうな様子だった。

　次の時間は道徳を予定していたのだが、せっかくなので算数の続きをやることになった。先生もその1時間は、いい意味で無計画に使う覚悟をしたようだ。「グループで話し合って、他のグループが書いたものに疑問を書き込んでごらん」というと、最初は動きが遅かったものの、次第に書き込みがなされ、最終的にはすべてのグループの考えに、「なんでその式になるの？」、「どういう意味？」、「なんで2本と分かる？」などの書き込みがなされた。それを受けてもう一度、各グループが問いに答えた。さらに、もう一度自分の言葉で説明を書かせたところ、書けない子もいたので、考えを書くことを宿題として授業は終わった。

　この授業は、取り立てて教材や発問に大きな工夫がされているわけではない。進め方も、1時間目までは比較的オーソドックスなものだ。しかし、疑問を出す機会を保証すれば、意外に疑問は出るものである。そして、それを通して考えがさらに深められる、と感じさせる実践であった。

第 5 部

「問い」の理論と実践の整理

終章

質問実践の意義と方法
―― 本書各章からの示唆

道田泰司

1. はじめに

　本書には、質問と関わる多様な理論や実践が収められている。本章はそれらのうち、学習者が問いを発することに関して、若干の整理を試みる。整理のための視点としては、why（なぜ）、when（いつ）、how（どのように）、what（なに）という問いを設定する（図1）。

　ここには、「who（誰が）」という問いは入れていない。問いを生成する主体としては、学習者（児童・生徒）と教師がある。このうち教師が生成する問い（発問）について、本書では実践者や研究者がそれぞれの立場から興味深い

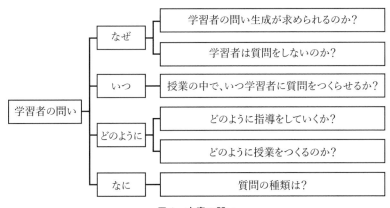

	なぜ	学習者の問い生成が求められるのか？
		学習者は質問をしないのか？
学習者の問い	いつ	授業の中で、いつ学習者に質問をつくらせるか？
	どのように	どのように指導をしていくか？
		どのように授業をつくるのか？
	なに	質問の種類は？

図1　本章の問い

論考を展開している。教師の発問については、これまで多くの実践や研究がなされているのに比べて、学習者の問いはそうではない。学習者が問いを生成し、それを機動力として学びを深めていくことは、まだまだ難しい課題と考えられる。そこで本章の残りの部分では、「学習者の問い生成」に焦点を当てて整理を行っていく。

学習者が問うことと教師が問うことは、相違点は多いだろうが、学習上果たす役割には共通点もある。それは、「問題を意識化」する機能があることである。そのように篠ヶ谷（2章）の論からは考えられる。篠ヶ谷は、学習者が形式的・機械的に問いを生成してしまう問題に対処するために、学習者に問いを出して答え（説明）を考えさせるという介入を行った。学習者は、説明できないときに、うまく解答できない問題があることを自覚化でき、授業内容の意味理解が促進されたのである。この場合に使われた問いは、授業者のほうから提示している。すなわち、教師の発問であれ、自分で考えた問いであれ、それが自分で答えられない問題（解消されるべき問題）であることが意識されることによって、その後の学びが深まるのである（図2）。以下では、学習者の問いに焦点化して整理しているが、両者の共通点を考えると、教師の発問生成にも役立つ部分はあると考えられる。

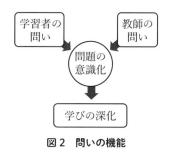

図2 問いの機能

2. なぜ？

学習者の問い生成の why として、ここでは「なぜ学習者の問い生成が求められるのか？」、「なぜ学習者は質問しないのか？」という2つの問いにつ

いて、検討を行う。

2.1　なぜ学習者の問い生成が求められるのか？

　いくつもの実践で、学習者が生成した問いを中核として学びを進めていっ
ている。あるいは、学習者が問うことを重視した組織的な取り組みも見られ
る（秋田県教育庁 2014; 沖縄県教育委員会 2018 など）。ではなぜ学習者の問
いが重要なのか。この問いには、社会レベルと個人レベルの答がありうるで
あろう（図 3）。

　社会レベルで考えるなら、社会の変化が様々な面で急速に進んでいるから
である。それを見据え、中央教育審議会（2016）では育てたい子供たちの姿
の一つとして、「試行錯誤しながら問題を発見・解決し、新たな価値を創造
していくとともに、新たな問題の発見・解決につなげていくこと」が挙げら
れている。このプロセスの出発点にあるのは「問題の発見」、すなわち「問
い」である。それは新たな知の創造と科学の総体的な向上（亀岡：10 章）に
寄与し、あるいは社会的な変革（白水・小山：1 章）をも生み出す出発点とな
るものである。

　個人レベルでいうと、問いがあることで学びが深まるからである。その場
合、学習指導要領的な言い方をするならば、知識・技能の習得と活用に関わ
る学習を行う場合と、探究に関わる学習を行う場合では、その意味が多少異
なるように思われる。

　知識・技能の習得や活用を主眼とした学習においては、問いを出し、疑問
を解消することが、理解を深めることにつながる。それは、白水・小山（1
章）の整理に従うなら、学習の過程において、知識の欠如や対立、障害など
の問題の存在に気づき、それを解決することを通して理解を深めることとい
える。そのような問いを学習者自身が見いだせることは、自律的に、生涯に
渡って学び続けるためには必要なことである。

　いっぽう探究を主眼とした学習においては、単にある事柄の理解にとどま
らず、探究を前進させるための原動力となるのが問いである。総合的な学習
の時間にせよ自由研究にせよ（8 章）、卒論・修論（9 章）、学術研究・学会発

表（10章）にせよ、問題解決過程としての探究の出発点には問い（リサーチ・クエスチョン）があり、それを起点として探究が進められる。探究の成果を聞いた他者から新たな問いが出され、それを起点としてさらに探究が深まっていく。このように、自らの探究や他者の探究に対して問いを発することは、探究を深めていくことになる。

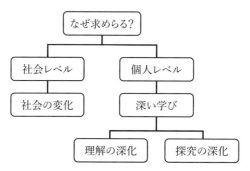

図3　なぜ学習者の問い生成が求められるのか？

　もっとも、習得・活用と探究という学習の過程は、必ずしもこのようにきれいに分けられるとは限らない。齊藤（6章）が論じるように、協調問題解決活動などを通して学びが深まることによって、次の学びにつながる問いが生まれる。そのなかには、指導内容の理解のための問いもあるであろうが、新たな探究の口火を切る問いが出ることもあるであろう。すなわち、理解を主眼とした学習が、問いによって探究を主眼とした学習につながることもある。

　この点と関わって亀岡（10章）は、問いを評価する興味深い視点を提出している。「ベネフィットの及ぶ範囲」という評価の観点である。想定されているのは学会発表などの研究報告場面で、質問者、聴衆、発表者という3つのレベルがある。質問者や聴衆のみが利益を得る質問というのは、聴衆が自分の理解を確認したり、理解を深めたりする質問である。これは、習得・活用の文脈に対応する。それに対して、発表者にも利益が及ぶ質問とは、「発表者も気づいておらず、「次の実験でそれも是非調べてみたい」と言わせるような質問」である。すなわち、新たな探究の口火を切る質問といえる。このように、その質問を通してどの範囲の人たちが利益を得るかという観点で

考えることで、その問いが、理解のためなのか探究につながるものかを考える観点となりそうである。

2.2　学習者はなぜ質問をしないのか？

　学習者はなぜ質問をしないのか。この問いは、対処法と表裏の関係にあるため、ありうる原因を整理しておくことは重要である。

　無藤・久保・大嶋 (1980) は学生が質問しない要因を、個人的要因と社会的対人的要因に分けている。社会的対人的要因を中心に大学生を対象として質問紙調査を行った結果、質問をあまりしない人は、「対人的な雰囲気を尊重する傾向があって、その場の調和を乱すことを恐れ、しかも質問によって豊かな情報が得られることを十分に認識していない」(p. 80) と論じている。

　生田 (3 章) は質問行動が生起していない理由として、「質問を思いついていないから質問しない」、「質問を思いつくけれども質問しない」という 2 種類を挙げているが、無藤・久保・大嶋の言い方でいうなら、能力など個人的要因に問題があれば質問が思いつかないであろうし、対人的雰囲気を尊重するなど社会的対人的要因が重視されていれば、思いついても質問しないであろう (図 4)。

　学習者の個人要因の一つは、知識不足である。それに配慮した実践としては齊藤、小山がある。齊藤 (6 章) が方法として用いている知識構成型ジグソー法では、問いに答えるために必要な部品を解説している資料 (エキスパート資料) が用意される (三宅 2016)。対話を通してそれを深め、各自が納得解を作るのだが、エキスパート資料によって問いについて考えるための情

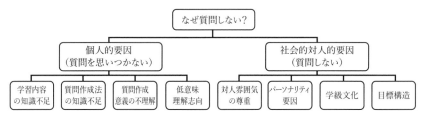

図 4　学習者はなぜ質問しないのか？

報が提供される。つまり、これによって知識不足が補われるのである。ジグ
ソー活動を通して理解が深まった結果、その先にある「わからなくなる」
状態が見えてくる。小山（7章）は、過去の実践で質問の質が低かったことか
ら、学習内容の見直しと削減を行ったり、使用する文章の難易度の調整を
行ったりしている。それは、情報を与えすぎて消化不良を起こすことなく、
質問を考えられるようにするためである。どれだけの知識を伝達するかに
ついてはさまざまな考えがありうるが、小山は授業の目的が「考えさせるこ
と」であることに鑑みて量などを調整し、質問を考えるのに必要十分な知識
の伝達を行っている。

　学習者が、どう質問を作っていいか分からない場合もある。その場合、質
問語幹リストを用いるなどして質問作成の手順を示す(篠ヶ谷：2章；生田：
3章；深谷：8章)、他者の質問を参照できるようにする (道田：5章)、など
の方策がありうる。

　このうち、篠ヶ谷が示している、歴史学習における質問作成手順は、教科
書の記述から、事実(出来事や行動)を確認し、その理由(背景因果)を考えた
上で、理由が分からないものを質問として書きだすというものであった。歴
史を含め、社会科学習において重要なことは、時間的・空間的な関係性の中
で事象を捉えるということであろう。それは、社会科ならではの見方・考え
方など教科等の本質に関わる観点 (中央教育審議会 2016) といっていい。そ
の意味では、質問作成指導を行うとしたら、単に機械的・形式的に指導を行
うのではなく、教科等の本質に関わる観点から質問を考えられるよう指導す
ることが、教科における深い学びを促すといえるのではないだろうか。

　質問をつくる意義が分からない、質問作成の意味が理解できていない、と
いった場合は、先に述べたように質問に答えられないことを自覚化させる
「問題の意識化」(篠ヶ谷：2章)が有効であろう。なお、問題が意識化できな
いことの背後には、意味理解の軽視(丸暗記志向)という学習観が潜んでい
る。教えられたことを覚えてしまうのが学習なのであれば、意味理解を重視
する必要もなく、疑問も生まれない。そのような意味理解志向が低い学習者
へのアプローチとしては、問題の意識化に加えて、意味理解に焦点を当てた

質問作成手順を指導することも有効である。また、学習観（意味理解志向）という観点から検討されているわけではないが、教えられた知識の丸暗記ではなく「納得解」を自分たちで作るよう促すこと（齊藤：6章）、既有知識と関連づけるなどの質問作成指導を意識的に授業に組み込むこと（小山：7章）なども有効であろう。

　社会的対人的要因とは、相手との関係、周りの人々との関係、社会規範などを意識することである。シャイであるなどのパーソナリティ特性も、個人特性ではあるが対人的機能という意味で社会的対人的要因と関わる。これらの要因がマイナスに働くと、質問を思いついてはいるけれども質問が行動として表に現れなくなる。

　学習者の質問を中核に据えた授業実践では、質問することが良いことであるという社会規範づくりが重視されている。学習者の質問を授業の中核に据えるということは当然、質問行動を抑制するような社会的対人的要因を減らし、質問行動を促進する雰囲気が必要になる。この点に関わって、学級文化に果たす教師の役割について論じている生田（3章）の指摘は興味深い。教師が教室でどう振る舞うかによって、学ぶうえで何が大事か、という目標が伝わってしまう。成績が良いか悪いかを大事にする（遂行目標）ように振る舞うとか、内容理解や熟達など学習する過程自体を重視する（熟達目標）ように振る舞う、などである。比較の結果、熟達目標を子どもたちが強く認識している学級の方が、質問生成数が多いという結果が得られている。またそのような学級の教師は、質問することを肯定的に評価し、授業で活用することを通して、どんな発言も受け入れられるという学級文化をつくっている。すなわち、授業のなかに質問生成を組み込めばよいというわけではなく、質問することや理解・熟達を重視する声掛けを通して質問を通して学びを深めることが良いことであるという学級文化をつくることで、質問に対する肯定的な社会的対人的環境がつくられるのである。

3. いつ？―授業の中での問い生成の位置づけ

　授業の中で、いつ学習者に質問をつくらせるか。すなわち、問いは授業の中にどのように位置づけられるであろうか（図5）。

　探究を主眼とした授業では、早い段階でリサーチ・クエスチョンを明確にする必要がある。その後も必要に応じて問いが明確化されたり、細分化されるなど、作り替えられたりすることはあるだろうが、しかし探究の出発点として何らかの問いが必要であることには変わりない。

　探究ではなく習得・活用を主眼とした授業では、大まかにいうと、「問い→学び」（問いを出してから学びを深める）スタイルの授業と、「学び→問い」（学びを深めから問いを出す）スタイルの授業が本書には収められている。

　「学び→問い」スタイルが意識されているのは、齊藤と小山である。このうち、知識構成型ジグソー法による授業を取り上げている齊藤（6章）は、ワークシートに「今日の学習で疑問に思ったことやもっと知りたくなったことを書いてください」という欄を設け、そこに問いを出させている。疑問に思ったことや知りたくなったことが特になければ書かなくてもよいことになっているが、一人平均1.2個以上の問いが確認されている。このような形で、授業の振り返りとして疑問やわかったことなどを書かせる実践は少なく

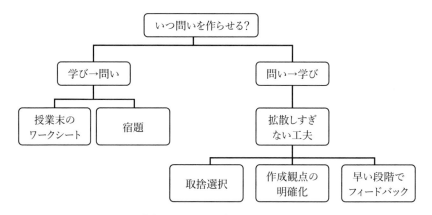

図5　授業中で、いつ学習者に質問を作らせるか？

ないが、単なる感想で終わってしまうことも多い。しかし齊藤の紹介する実
践では、問いが生まれやすい実践とそうではない実践があるにせよ、一定の
質と量の問い（次の学びにつながる問い）は生まれている。このような結果が
得られたのは、各自が納得のいく答えを作ることを目的に活動が仕組まれ、
他者とのやり取りを通して自分の考えの質を上げていくことができるよう授
業がデザインされているからである可能性が高い。ただし齊藤も指摘するよ
うに、知識構成型ジグソー法を用いれば問いの創発が安定的に促されるわけ
ではなく、授業のトピックや教師の問い方などによって、出される問いの量
や質が変化する。これについては、今後の研究の進展が期待される。

　小山（7章）は、最初は「問い→学び」スタイルで授業を行っていたが、質
問の質の問題や、話を聞いた直後では質問を考えにくいという問題から、講
義や学生の発表の後、授業後に宿題として質問を作らせるという「学び→問
い」スタイルの実践を行っている。その結果、質問作成のための事後学習が
非常に充実し、「授業後の質問作成が本学習で、授業は事前学習の一部」と
いってもいいようなアクティブラーニング学習となっている。

　「問い→学び」スタイルを紹介している章はいくつかあるが、そのような
特別な授業でなくても、算数・数学などで行われる問題解決的な学習では、
学習者の問いが重要な位置を占めているはずである。教師が提示した問題に
対して、知っていることとのずれを感じて問いを見出し、自分の問いとし
て解決するなかで学びを深めていくという形である（たとえば正木 1995; 山
本 2011）。しかし本書で齊藤も指摘するように、全ての子どもが教師の意
図どおりの問いをもつとは限らず、教師が誘導することも少なくないようで
ある。

　いっぽうで、本書にあるような比較的自由に問いを出させるスタイルをと
ると、問いの幅が広がりすぎるなどして、そのあとの扱いが難しくなること
がある。また、問い生成支援のために質問語幹リスト（King 1995 など）を
与えると、問いを機械的に作ってしまい、問い生成が学習の助けにならない
場合もある。そこで本書各章の実践では、そうならないための工夫が施され
ている。

　一つのやり方は、さまざまな問いから適切なものを選択する、というものである。道田（5章）は大学の授業で、発表チームの発表に問いを出させている。その際、小グループで相談して1つ質問を出す、発表チームが答える問いを取捨選択する、他チームが作成した質問を見て参考にする、などの形で問いが拡散しすぎず、意味のある質問が作れるよう工夫している。

　小山・八木橋（4章）は、道徳の授業において、教材内容に対して子どもに問いを生成させた後、教師や子どもが問いを精査して皆で検討するべき問いをいくつか選び、グループで話し合いを深めている。

　問いが拡散しすぎたり機械的に生成されたりするという問題は、探究を主眼とした授業でも生じる。深谷（8章）が紹介している小学校の自由研究の実践では、質問語幹リスト法（戸田山 (2012) はビリヤード法と呼んでいる）を用いているが、質問生成に2時間をかけて意味のある問いを作らせる工夫をしている。工夫とは、観点に沿って複数の問いを生成させること、生成した問いが探究に適したものかを確認させること、他の児童と交流しながら考えさせることである。

　もう一つのやり方は、問いを作成する方向性を明示することである。篠ヶ谷（2章）は中学生対象の歴史学習において、歴史的事象の背景因果に焦点化できるよう質問生成手順を明示化すること、ならびに、先にも紹介したように、一度答えを考えさせて、うまく答えられないことを自覚化（問題を意識化）させることで、問いの拡散や問いの形式的生成を防ぐ工夫がなされている。

　小山（7章）は、学習者が作成した問いに対する評価を早い段階でフィードバックすること、問いを書くポイントを3回に分けて順次指導するという工夫をしている。指導しているポイントは、「質問の背景も書く」、「講義のポイントを押さえて書く」、「既有知識と関連づけて書く」、「わかった点について質問する」の4点である。

　以上まとめるならば、意味のある問いを生成させるためには、いくつもの問いをださせたうえで、授業者なり学習者なりが適切な問いを選択するプロセスを組み込むか、問い作成指導をすることで広がりすぎないようにする

か、ということであろう。そして何より重要なのは、「問いを作成する」ことそのものが目的ではなく、目指すべきは「自分たちには答えられない重要な問題がある」ことを意識することで、その後の学びを深めることであることを、授業者も学習者も忘れないことではないだろうか。

4.　どのように？

　ここでは、学習者に問い生成を行わせるための授業者としての how について、2 つの観点から考える。一つは、「どのように段階的指導を行うのか？」であり、もう一つは、「どのように学習者が問う授業をつくるのか？」である。

4.1　どのように段階的指導を行うのか？

　学習者が質問を出せるよう、どのように指導していくか。筆者の経験では、質問を主軸とした授業を複数回繰り返す中で、学習者は問い生成に慣れ、工夫次第で質の向上もそれなりに見込める。しかし、より意識的に、一定期間をかけて段階的に質問に慣れさせる指導を行うこともできる。

　小山（7 章）は、大学の半期 15 回の授業を、3 〜 4 回をひとまとまりとした 4 部に分け、最初の 3 部で質問の段階的指導を行っている。第 1 部（3 週間）は、予習、講義の聞き方など学び方に関する練習を行い、問いを作らせてみている。第 2 部（4 週間）では、練習で作成した問いへの回答と評価をフィードバックすることと、先述したように問い作成ポイントの指導を 3 回に分けて行っている。これは通常の授業内容の進行と同時に行われている。第 3 部（4 週間）は、講義者を教員から学生に変え、学生が背景因果の説明役も担うことで、多角的に考えられることを目指している。

　亀岡（10 章）は、学会や研究発表会などで学生が質問できるようになるための 3 段階の指導を行っている。第一段階は、常に質問を考えながら聞く習慣をつけさせるために、質問振り返り表を配布して質問を書かせる。思いついた質問は何でも書いていいことになっている。第二段階は質問の質を向上

させるために、質問評価表を用いている。第三段階は、学生と指導教員が同じ学会などに出席し、質問振り返り表に書かれた質問、ならびにその場で出た質問を質問評価表を用いて評価し、その両者を用いて指導教員が指導するというものである。

　本章 2.2 で指摘したように、質問が出ないのは、そもそも質問を思いついていない場合もあれば、思いついていても、恥ずかしいなどの理由でしない場合もある。また本章 5 節で指摘するように、質問の質にはさまざまなものがある。そのような現状があるのであれば、段階的に質問が出せるよう、またその質を高めることができるよう、長いスパンのなかで指導することは重要であろう。

4.2　どのように学習者が問う授業をつくるのか？

　学習者が問う授業をどのように作っていけばよいのか。まず必要なのは、本章 3 節で論じたような、授業の方向性を考えることである。習得・活用を主眼とした授業か、探究を主眼とした授業か。前者なら、学んだ後に次につながる問いを出させたいのか、学びの入り口としての問いを出させたいのか。それが見えてくれば、先行実践をヒントに、授業を構想してみるといいであろう。

　しかしそれで終わりではない。実践を行う中で、思うとおりに学習者が問いを出してくれないことは少なくない。そこで見えてきた問題に向き合い、改善を行い、その結果を受講生の様子を元に検証し、さらに問題点を改善する。デザイン研究（Cobb et al. 2003; コンフリー 2009 など）のプロセスが必要になってくる。本書でそのプロセスを紹介しているものとしては、道田（5章）と小山がある。道田（5章）はそのプロセスを通して、豊富な質問経験の重要性にたどり着いている。また、実践改善のプロセスが終わりのないものであることを論じている。小山（7章）は学習者の学習方略使用に着目する重要性に気づき（小山 2018）、学習者を育てるための段階的指導を行い、宿題も含めたアクティブラーニングとしての質問作成の可能性を論じている。

　もちろん、学習者が問う授業をつくるうえで必要なのは、デザイン研究の

ような実践的な方法だけではない。たとえば篠ヶ谷（2章）のような厳密な比較研究から得られる知見は、実践を構想するうえで大きなヒントを与えてくれる。しかしそれを、特定の教科（内容）、特定の学習者にとって効果的な実践の形にするには、試行錯誤が必要であり、そのプロセスで見えてくることも多い。今後は、より多くの実践者が、試行錯誤の過程を開示し、そこで見えてきた改善のポイントを開示すれば、新たな実践を考えるうえでの重要な情報を共有することができ、さらなる授業開発に寄与するであろう。

5. なに？―質問の種類

　学習者がつくる質問を学習に活かしたり評価したりするためには、質問にはどのような種類があるのか。その枠組みをもっておくことは、質問作成指導上も有効であろう。

　学習者の質問は最も単純には、「事実を問う質問」と「思考を引き起こす質問」に分けることができる（King 1995）。道田（2011）はこの枠組みを用いて大学生の問いを分類したところ、前者に該当する「単純な説明を求める質問」、後者と同じ「思考を刺激する質問」に加えて、「意図不明な質問」（すでに答えが提示されている質問など）の3つのカテゴリに分けるのが妥当と考えた。2つに分けるか3つに分けるかはさておき、このように大きく分けることで、質問の質をざっくりと捉えることが可能になる。

　本書では、篠ヶ谷（2章）が高次質問と低次質問に分けている。歴史学習において背景因果を問う質問が高次質問である。この考え方からするなら、教科等の本質（教科特有の見方・考え方）と関わる質問が、どの教科であれ高次の質問といえよう。道徳では、小山・八木橋（4章）が、教材文に対して児童が出した質問を、話し合って考えが深まる問いと、話し合っても考えが深まる見込みのない問いにわけ、前者を中心に授業を展開している。前者は、それと向き合うことで道徳的価値に迫ることができるという意味で、教科等の本質と関わる問いといえよう。

　生田・丸野（2005）は、高次質問をさらに、一般的・包括的質問、具体的・

分析的質問、応用的質問と 3 分類している。それを参考に小山（7 章）は、高次質問のなかに「漠然とした質問」を加えた 4 段階とし（④漠然とした質問、⑤一般的・包括的質問、⑥具体的・分析的質問、⑦応用的質問）、また低次質問を 3 つ（①単なる感想、②無関係な質問、③思考を深めない質問）に分け、計 7 階層の質問レベルを想定している。小山の質問レベル階層は歴史学習で出された質問を基に作られたものであるので、他分野に適用するには慎重さが必要かもしれないが、このように質問の質を細分化できれば、学生の質の変化を比較分析するうえで有用であろう。

　なお本章 2.1 でも触れたが、亀岡（10 章）の提案する「ベネフィットの及ぶ範囲」という観点は、質問の質を受益者の広さで判断するという意味で、極めてプラクティカルで興味深い分類と考えられる。それ以外に亀岡は、質と関わる観点として、「重要性」「独自性」という 2 観点を提案している。これらも、研究発表を評価する際に役立つプラクティカルな観点といえる。

　質問の質という価値判断ではない観点で質問の種類を分けているものとしては、齊藤（6 章）がある。齊藤は質問を、「確認」「深化」「適用」「発展」の 4 カテゴリに分類しているが、そこに質の高低は想定していない。これは筆者の想像であるが、「確認」、すなわち提示された情報の不明点を確認しようとする質問は、事実確認という意味では低次質問的ではあるが、しかしそれでも、次の学びに発展する可能性はある。その意味では、深化、適用、発展という他のカテゴリと明確に差を想定することは難しいと考えたのではないだろうか。

　亀岡（10 章）も、質判断ではないカテゴリ分類として「ミクロ―マクロ」を挙げている。ミクロはデータや方法に関する質問、マクロは一般的・大局的意義・長期的展望に関する質問で、重要度に優劣はない。

　なお、質の分類のところで挙げた King（1995）は、思考を深める質問について、それによってどのような思考が導かれるかという観点から、分析、比較、予測、応用、類推などを挙げている。これらを King は、質の優劣で論じておらず、同一レベルのカテゴリとして挙げている。

　以上、質問の分類を、質に関わる側面と、質に関わらない側面で整理し

た。このような分類の観点を知ることで、学習者が出した質問を整理して理解することが可能になる。特に質の分類は、学習者の変容を知り実践の効果を定量的に評価できるという点で有用である。しかしそれらは、無条件に階層の想定を受け入れるのではなく、学習者の学習の様子や、問いが次の学びを誘発する様子を見ながら、その分野、その学習、その学習者にあった形で運用するのが望ましいのではないだろうか。

6. 終わりに

　本章では、why（なぜ）、when（いつ）、how（どのように）、what（なに）という問いを元に、学習者の質問作成に関する本書の知見を、筆者なりに整理してみた。筆者なりの整理であるので、これとは異なる整理も可能かもしれない。また、これらとは異なる問いを立てることで、本書の各章から、別の有用な知見を導き出すことができるかもしれない。本章の整理を通して得られた知見は、あくまでもありうる整理の一つとして受け取ってほしい。

　しかし本章で行ったように、何らかの問いを立てて、理論や実践から得られた知見を対象に整理を試みることは、それらの理論や実践からより多くを学び、今後に活かすための有用な手段であることを、整理を終えたいま、改めて実感している。

　筆者は、授業をつくり改善するということは、問題解決過程であると考えている。問題とは、目標状態と初期状態（現在の状態）とのずれである。とするとまずは、目標状態と現在の状態を明らかにする必要がある。目標状態を明らかにするのが、「なぜそれが求められているのか？」という問いであり、現在の状態を明らかにするのが、「なぜ学習者はそれをしないのか？」という問いである。本章ではこれらの問いについて、本書各章の記述を元に、一般論として述べてきた。しかし実際には、目標状態にはそれぞれの教師の思いや願いもあるであろうし、現在の状態は学習者によって異なるであろう。その意味で目標状態も現在の状態も、自分が対象とする目の前の学習者に即して、より具体的に押さえる必要がある。

　それらを踏まえ、授業の中のどこに(いつ)質問作成を組み込むのか、学習
者が質問できるようになるようどのように段階指導を行うのかを考えながら
授業を構想する。実施した結果、学習者の様子(質問の質やカテゴリ)を見な
がらどのように授業を改善していくか。このようなことを考え、試し、振り
返り、新たな手を構想し、さらに試す。これが問題解決過程としての授業創
造・授業改善である。このようなプロセスを進めていく一助として、本書各
章、ならびに本章での整理が役に立てれば、それに勝る喜びはない。

引用文献

秋田県教育庁 (2014)『"「問い」を発する子ども"の育成に向けて』秋田県教育庁義務
　　教育課 (https://www.pref.akita.lg.jp/pages/archive/5343)
中央教育審議会 (2016)『幼稚園、小学校、中学校、高等学校及び特別支援学校の学習
　　指導要領等の改善及び必要な方策等について(答申)』文部科学省
Cobb, P., Confrey, J., diSessa, A., Lehrer, R. and Schauble, L. (2013). Design experiments in
　　educational research. *Educational Researcher*, 32: pp.9–13.
コンフリー、J. 高橋智子 (訳)「方法論としてのデザイン研究の発展」ソーヤー、R. K.
　　(編)　森敏昭・秋田喜代美 (監訳)『学習科学ハンドブック』pp.110–120、培風館
生田淳一・丸野俊一 (2005)「教室での学習者の質問生成に関する研究の展望」『九州大
　　学心理学研究』6: pp.37–48.
King, A. (1995). Inquiring minds really do want to know: Using questioning to teach critical
　　thinking. *Teaching of Psychology*, 22: pp.13–17.
小山悟 (2018)「歴史を題材とした CBI で学習者の批判的思考をどう促すか―デザイン
　　実験による指導法の開発」『日本語教育』196: pp.78–92.
正木孝昌 (1995)「子どもの問いを引き出す問題提示の技術」算数授業研究会(編)『子
　　どもの問いを引き出す問題提示の技術』pp.9–26、東洋館出版社
無藤隆・久保ゆかり・大嶋百合子 (1980)「学生はなぜ質問をしないのか?」『心理学評論』
　　23: pp.71–88.
沖縄県教育委員会 (2018)『平成 30 年度版「問い」が生まれる授業サポートガイド』沖
　　縄県教育委員会義務教育課学力向上推進室 (https://www.pref.okinawa.jp/edu/gimu/
　　gakuryoku/toisapo/toisapo.html)
道田泰司 (2011)「授業においてさまざまな質問経験をすることが質問態度と質問力に
　　及ぼす効果」『教育心理学研究』59: pp.193–205.

三宅なほみ（2016）「「協調学習」の考え方」三宅なほみ・東京大学 CoREF・河合塾
　　（編著）『協調学習とは―対話を通して理解を深めるアクティブラーニング型授業』
　　pp.1–33、北大路書房
戸田山和久（2012）『新版　論文の教室―レポートから卒論まで』NHK 出版
山本良和（2011）「問題が子どもにとっての「問題」となっているか」『教育研究』
　　1314: p.30.

330

コラム5

授業において問い続ける生徒を育てる仕掛けづくり

道田泰司

　琉球大学教育学部附属中学校理科部では、2017年度「科学的に探究し問い続ける生徒の育成」をテーマに研究を行っている。そこで理科部の比嘉司先生（現宜野湾市立宜野湾中学校）、宮城将吾先生（現那覇市立寄宮中学校）、米重昇吾先生（現読谷村立読谷中学校）にお話を伺った。

　理科部の基本的な授業スタイルとして、単元の冒頭で実験をしたり、現象やモノを見せたり、日常経験を想起させたうえで、単元を貫く大きな課題を教員から投げかけている。そうすることで、単元で学んでいくなかで、生徒から問いが生まれやすくなっている。

　たとえば2学年「動物の体のつくり」でいうと、単元冒頭で日常経験を想起させたうえで、「激しい運動をすると、呼吸数だけでなく、心拍数も増えるのはなぜだろう」と問いかける。それを踏まえながら第2時で「肺のつくりと細胞の呼吸」、第3時で「心臓のつくりと血液の循環」の学習をしていくと、たとえば「なぜ静脈血と動脈血は色が違うのか？」、「なぜ動脈には弁がついていなくても大丈夫なの？」などの疑問が生まれてくる。それを教師が取り上げ、次の学びにつなげていく。そうすることが、楽しく考えることにつながり、深い理解につながると考え、研究を進めている。

　こういう話をすると、「附属だからじゃないの？」と言われることがあるが、私たちの実感は逆である。生徒にあった問いを教師が投げかけることができれば、公立中学校の生徒のほうが、素朴な問いをたくさん持ち、授業後に、なんで、なんで？と教卓に集まってきたりすることが少なくない。

　適切な「単元を貫く課題」があり、生徒の問いが授業に活かされれば、普通の授業でもこれは起きうる。しかしいくつかの仕掛けによって、より問いが生まれやすくなる。

　仕掛けの一つは、知識構成型ジグソー法（第6章参照）を単元冒頭で行うことである。教師が提示した問いに対して、異なる資料を読んだ生徒3人で小グループになり、各自の資料を説明しながら皆で答えを作る。学びのバト

ンを彼らに手渡してしまうので、生徒に任せて大丈夫なのか、教師として無責任ではないかと最初は感じた。しかし、協調学習の基本的な考え方「一人ひとりのわかり方は多様」(三宅 2016)を知り、肩の力が抜けた。実際、話している内容を聞くと、疑問だらけであることがわかる。そこで先生が答えてしまうと、生徒は先生の答えを待つようになり、考えなくなる。先生が説明する、生徒は考えない、つまらない授業になってしまう。それに、教師の説明が生徒の納得につながるとは限らない。むしろ生徒の疑問を活かし、自分たちの言葉で説明を作らせることが大事である。知識構成型ジグソー法を行うことで、それが実感できる。

もう一つの仕掛けは、1枚ポートフォリオ(堀 2013)である。A3用紙の片面に、単元を貫く課題に対する当初の考えと単元末の考えを書く欄がある。裏面には、1時間ごとの「要点」「問いや不思議に思ったこと」「感想」を書く欄がある。通常のワークシートでも問いは書けるが、問いが単発的になりやすい。1枚ポートフォリオだと、教師も生徒も、疑問のつながりが見えやすく、問いを紡ぐ思考が見えやすいのが利点である。

しかし、最も重要な仕掛けは、問いを発しても許される文化があることであろう。先生が問いを出させる余裕、出てきた問いを授業の中で扱う余裕がなく、教師主導の授業ばかりをやっていれば、生徒は問いを出さなくなる。授業後に教卓に集まってくることもなくなる。日ごろから、問うことの大切さを伝え、生徒から出てきた問いは授業の中で丁寧に扱い、問いを出すことがいいことだと生徒が感じるような文化づくりが必要である。

このような実践には、単元を貫く課題として適切なものが設定できることが肝となる。そのためには、という見通しを持つことが重要だが、いつもうまくいくとは限らない。しかし、教師が問い続けることが、生徒が楽しく、深く学ぶことにつながると考え、授業づくりを行っている。

引用文献

堀哲夫(2013)『一枚ポートフォリオ評価 OPPA——一枚の用紙の可能性』東洋館出版社

三宅なほみ(2016)「協調学習の考え方」三宅なほみ・東京大学 CoREF・河合塾(編著)『協調学習とは—対話を通して理解を深めるアクティブラーニング型授業』pp.1–33. 北大路書房

索　引

334

執筆者紹介
(五十音順、＊は編者)

生田淳一_{（いくた　じゅんいち）}

福岡教育大学教育学部教授
［研究テーマ］学習者の質問生成を促進する授業・学級づくり
［主な著書・論文］「質問作りを中心にした指導による児童の授業中の質問生成活動の変化」(共著、『日本教育工学会論文誌』29、2005)、「学習指導における「つながり」の醸成と教育効果」(共著、露口健司（編著）『「つながり」を深め子供の成長を促す教育学—信頼関係を築きやすい学校組織・施策とは』ミネルヴァ書房、2016)ほか。

植阪友理_{（うえさか　ゆり）}

東京大学高大接続研究開発センター准教授(大学院教育学研究科兼担)　博士(教育学)
［研究テーマ］自立した学習者の育成・学校現場との協同的授業設計
［主な著書・論文］『現代の認知心理学5　発達と学習』(分担執筆、北大路書房、2010)、「創作と鑑賞の一体化を取り入れた俳句指導—国語における新たな単元構成の提案」(共著、『教育心理学研究』61、2013)ほか。

小山義徳＊_{（おやま　よしのり）}

千葉大学教育学部准教授　博士(教育学)
［研究テーマ］質問生成スキルの育成・英語教育
［主な著書・論文］『基礎からまなぶ教育心理学』(編著、サイエンス社、2018)、The Hemingway effect: How failing to finish a task can have a positive effect on motivation (共著, *Thinking Skills and Creativity* 30, 2018)ほか。

鏑木良夫_{（かぶらぎ　よしお）}

NPO法人授業高度化支援センター代表
［研究テーマ］先行学習論・理科指導法

［主な著書・論文］『The 情意』(初教出版、1989)、『もっとわかる授業を！―「先行学習」のすすめ』(高陵社書店、2015)ほか。

亀岡淳一(かめおか　じゅんいち)

東北医科薬科大学医学部内科学第三(血液・リウマチ科)教授　博士(医学)
［研究テーマ］血液内科学(造血、貧血、悪性リンパ腫など)・医学教育学(アウトカム評価、質問力教育など)
［主な著書・論文］Direct association of adenosine deaminase with a T cell activation antigen, CD26 (共著, *Science* 261, 1993)、Causes of macrocytic anemia among 628 patients: Mean corpuscular volumes of 114 and 130 fL as critical markers for categorization (共著, *International Journal of Hematology* 104, 2016) ほか。

小山悟(こやま　さとる)

九州大学留学生センター日本語教育部門准教授　博士(日本語学・日本語教育学)
［研究テーマ］日本語教育・第二言語習得
［主な著書・論文］『J.BRIDGE for Beginners vol.1 & 2』(凡人社、2007・2008)、『プロフィシェンシーを育てる―真の日本語能力をめざして』(共著、凡人社、2008)ほか。

齊藤萌木(さいとう　もえぎ)

共立女子大学全学教育推進機構専任教師　博士(教育学)
［研究テーマ］学習科学・科学教育
［主な著書・論文］「学びのプロセスを評価する」(三宅芳雄・白水始 (編)『教育心理学特論』放送大学教育振興会、2018)、「理解深化を促進する協調問題解決活動による問いの生成支援―学校外の科学教室における STEM 授業を例に」(共著、『STEM 教育研究』1、2018)ほか。

篠ヶ谷圭太(しのがや　けいた)

日本大学経済学部教授　博士(教育学)
［研究テーマ］学習法・教授法・家庭学習指導と授業設計の接合
［主な著書・論文］Preparatory learning behaviors for English as a second language learning: The effects of teachers' teaching behaviors during classroom lessons (In Manalo, E.,

Uesaka, Y., & Chinn, C. A.(Eds.) *Promoting Spontaneous Use of Learning and Reasoning Strategies*, Routledge, 2017)、Motives, beliefs, and perceptions among learners affect preparatory learning strategies(*The Journal of Educational Research* 111(5), 2018)ほか。

白水始(しろうず　はじめ)

国立教育政策研究所初等中等教育研究部総括研究官　博士(認知科学)
［研究テーマ］協調学習・授業研究
［主な著書・論文］『対話力─仲間との対話から学ぶ授業をデザインする！』(東洋館出版社、2020)ほか。

たなかよしこ

日本工業大学共通教育学群准教授
［研究テーマ］学修支援システムとオンライン教材開発
［主な著書・論文］『やってみればおもしろい！　大学生のための日本語再発見』(共著、旺文社・日本リメディアル教育学会 E ラーニングコンテンツ、2006)、『理工系大学生のための日本語再入門』(共著、化学同人、2010)ほか。

中山晃(なかやま　あきら)

愛媛大学教育・学生支援機構教授　博士(教育学)
［研究テーマ］特別支援教育の視点を生かした英語教育
［主な著書・論文］「外国語活動・外国語科─外国語や外国の文化に触れることを通したコミュニケーション」(『特別支援教育研究』2020 年 4 月号、東洋館出版社)ほか。

野崎浩成(のざき　ひろなり)

愛知教育大学教育学部教授　博士(工学)
［研究テーマ］教育工学・情報教育
［主な著書・論文］「文字使用に関する計量的研究─日本語教育支援の観点から」(共著、『日本教育工学雑誌』20(3)、1996、日本教育工学会第 11 回論文賞受賞)ほか。

深谷達史（ふかや　たつし）

広島大学教育学部准教授　博士（教育学）
［研究テーマ］メタ認知・学習方略・教師教育
［主な著書・論文］『メタ認知の促進と育成—概念的理解のメカニズムと支援』（北大路書房、2016）、Investigating the effects of Thinking after Instruction approach: An experimental study of science class（共著, *Educational Technology Research* 41, 2018）ほか。

道田泰司 ＊（みちた　やすし）

琉球大学大学院教育学研究科高度教職実践専攻教授
［研究テーマ］思考力育成（特に批判的思考）
［主な著書・論文］『最強のクリティカルシンキング・マップ—あなたに合った考え方を見つけよう』（日本経済新聞出版社、2012）、『ワードマップ　批判的思考—21世紀を生きぬくリテラシーの基盤』（共著、新曜社、2015）ほか。

八木橋朋子（やぎはし　ともこ）

船橋市立法典小学校教頭
［今取り組んでいる研究・実践テーマ］役割演技を活用した対話的な道徳授業づくり
［主な著書・論文］『小学校「特別の教科　道徳」の通知表文例 318』（分担執筆、明治図書、2019）、『板書で見る全時間の授業のすべて　特別の教科　道徳　小学校高学年』（分担執筆、東洋館出版社、2020）ほか。

コラム執筆

桐島俊（きりしま　しゅん）

千葉大学教育学部附属中学校学校教諭　兼　千葉大学教育学部特命准教授

目取真康司（めどるま　やすし）

沖縄県教育庁参事（本文・目次での肩書き表記は初版 1 刷刊行時のもの）

「問う力」を育てる理論と実践—問い・質問・発問の活用の仕方を探る

Promoting Learners' Questioning Skills: Theory and Practice
Edited by OYAMA Yoshinori and MICHITA Yasushi

発行	2021 年 3 月 25 日　初版 1 刷
	2022 年 10 月 20 日　　2 刷
定価	2800 円＋税
編者	© 小山義徳・道田泰司
発行者	松本功
装丁者	三木俊一（文京図案室）
組版所	株式会社 ディ・トランスポート
印刷・製本所	株式会社 シナノ
発行所	株式会社 ひつじ書房
	〒 112-0011 東京都文京区千石 2-1-2 大和ビル 2 階
	Tel.03-5319-4916　Fax.03-5319-4917
	郵便振替 00120-8-142852
	toiawase@hituzi.co.jp　https://www.hituzi.co.jp/

ISBN978-4-8234-1035-2

[刊行書籍のご案内]

リフレクティブ・プラクティス入門

玉井健・渡辺敦子・浅岡千利世著　　定価 2,200 円＋税

リフレクティブ・プラクティスとは何か、また何をどのようにふり返ればよいかに答えるべく、本書はリフレクティブ・プラクティスの理論的背景、実践方法、研究手法等を紹介している。また、教師教育におけるリフレクティブ・プラクティスに焦点をあて、教員養成段階の学生と現職教師のふり返りの実践方法、さらに教師教育に従事している著者のリフレクティブ・プラクティスとの関わりも述べている。

ワークショップをとらえなおす

加藤文俊著　　定価 1,800 円＋税

近年「ワークショップ」への関心が高まり、さまざまな実践事例が報告されるようになった。しかし、実践への志向が強い分、「そもそもワークショップとは何か」という本質的な問いを忘れがちである。「ワークショップ」は、人びとが相互に影響をあたえながら構成される場であり、まさにコミュニケーションの過程として理解されるべきものである。本書では、実践事例をふり返りながら、いまいちど「ワークショップ」をとらえなおし、その意味や意義を問い直す態度が重要であることを論じる。